Hinter dem Sachregister befindet sich ein ausführliches Verzeichnis der

Guttentagschen Sammlung

Deutscher Reichs- und Preußischer Gesetze

— Textausgaben mit Anmerkungen; Taschenformat —,

die alle wichtigeren Gesetze in unbedingt zuverlässigem Abdruck und mit mustergültiger Erläuterung wiedergibt.

Guttentagsche Sammlung
Nr. 42. Preußischer Gesetze. Nr. 42.
Textausgaben mit Anmerkungen und Sachregister

Die Gesetzgebung
über die
Allgemeine Landesverwaltung
und über die
Zuständigkeit der Verwaltungs- und Verwaltungsgerichtsbehörden.

Kritische Textausgabe mit Anmerkungen und Sachregister.

Bearbeitet von
Justizrat Dr. Karl Friedrichs.

Dritte durchgesehene Auflage.

Berlin und Leipzig 1927.
Walter de Gruyter & Co.
vormals G. J. Göschen'sche Verlagshandlung — J. Guttentag, Verlagsbuchhandlung — Georg Reimer — Karl J. Trübner — Veit & Comp.

Inhalt.

Vorwort.

Der Zweck der vorliegenden Ausgabe ist die Herstellung eines möglichst zuverlässigen Textes der Gesetzgebung über die Allgemeine Landesverwaltung und die Zuständigkeit der Verwaltungs- und Verwaltungsgerichtsbehörden in Preußen. Diese Aufgabe ist keine leichte und einfache. Denn die grundlegenden Gesetze, das Landesverwaltungsgesetz und das Zuständigkeitsgesetz von 1883 sowie die Reste des Verwaltungsgerichtsgesetzes von 1880 sind nicht nur in vielen ihrer Bestimmungen durch ausdrückliche Gesetzesvorschriften für ganz Preußen oder einzelne Landesteile außer Kraft gesetzt worden, sondern ebenso oft stillschweigend und mittelbar beeinflußt worden. Es war daher wegen jeder einzelnen Bestimmung an der Hand der ganzen übrigen Gesetzgebung des öffentlichen Rechts zu prüfen, ob und wieweit sie noch in Kraft steht, und das Ergebnis dieser Prüfung ist in den Anmerkungen niedergelegt. Ob damit eine unbedingte Vollständigkeit erreicht ist, steht dem Verfasser nicht zu, zu beurteilen, aber jedenfalls ist alles geschehen, was in Menschen Kräften stand.

Außer den drei grundlegenden Gesetzen sind alle zu ihrer Ausführung oder Abänderung ergangenen Gesetze und gesetzesgleichen Landes-Verordnungen mit abgedruckt, mit Ausnahme der auf die gewerblichen Anlagen bezüglichen, auf Grund des § 109 ZustG. erlassenen Landes-Verordnungen. Diese waren bei ihrem stets gleichbleibenden Wortlaut zu entbehren, da der sachliche Inhalt in den Anmerkungen wiedergegeben ist. Alle übrigen sind aber zur Ergänzung und Vervollständigung unentbehrlich und finden sich deshalb auch in allen guten Ausgaben. Dasselbe gilt von der Verordnung über das Verwaltungszwangsverfahren vom 15. November 1899 und m. E. auch von dem hochwichtigen Sprachengesetz vom 28. August 1876. Diese sind daher auch mit aufgenommen, ebenso als Nr. 3b das Gesetz über die Verwaltungsrechtsräte.

Ausgeschlossen von der Aufnahme sind dagegen die ältere Gesetzgebung einerseits und die Ministerialerlasse anderseits. Die ältere Gesetzgebung bedarf einer ganz besonderen Bearbeitung, um sie für den praktischen Gebrauch geeignet zu machen, ohne die ursprüngliche Wortfassung unkenntlich zu machen. Durch ihre Aufnahme würde das Büchlein seinen einheitlichen Charakter verlieren. Die Aufnahme der Ministerialerlasse andererseits hätte die Handlichkeit des Büchleins vermindert.

Seit dem Erscheinen der ersten Auflage im Jahre 1908 hat die Gesetzgebung nicht still gestanden. Das Zuständigkeitsgesetz ist stark abgebaut worden, eine große Anzahl von Nebengesetzen ist wieder aufgehoben worden, jenes namentlich durch die neue Jagd- und Fischerei-Gesetzgebung, dieses durch die Vergrößerung der Stadtgemeinde Berlin und die Abschaffung des Landespolizeibezirks. Auch sonst ist eine Reihe von Veränderungen eingetreten, die alle so genau wie möglich nachgetragen sind. Von den großen politischen Ereignissen spiegelt sich nur weniges wieder; dagegen war eine eingehende Kleinarbeit notwendig, um wieder einen für die Gegenwart geltenden Gesetzestext herzustellen und die Einwirkungen der übrigen Gesetzgebung erschöpfend und richtig darzustellen.

Erste Aufgabe war und blieb, dem Benutzer das Gesetz und nicht eine schöpferische Arbeit des Verfassers zu geben. Dem Druck sind daher Ausschnitte aus der Gesetzsammlung und nicht Abschriften zugrunde gelegt worden. Von dem Text der Gesetzsammlung ist nur in folgender Weise abgewichen:

1. nachträgliche ausdrückliche gesetzliche Änderungen sind eingefügt, aber da sie nicht durch die ursprüngliche Unterschrift gedeckt werden, durch **Fettdruck** ausgezeichnet;

2. ausdrücklich aufgehobene Stellen, soweit sie nicht für den Zusammenhang und das Verständnis des Restes notwendig waren, sind weggelassen und in den Anmerkungen nachgewiesen, ebenso erledigte Übergangsvorschriften;

3. andere aufgehobene Stellen und solche, die, ohne aufgehoben zu sein, durch neuere Gesetzgebung unwirksam geworden sind, werden in kleinerer Schrift gegeben und zum Teil außerdem in [eckige Klammern] geschlossen.

4. Stellen, die nur durch das Kriegsverwaltungsgesetz von 1918 vorübergehend außer Kraft gesetzt worden sind, in [eckige Klammern] gesetzt, aber in gewöhnlicher Schrift gelassen. Nach Aufhebung der Änderung kann der Leser die Klammern wegstreichen.

Dagegen habe ich keine eigenen Änderungen am Text vorgenommen. Dieser enthält also nichts, als was in der Gesetzsammlung gestanden hat. Auch die Absatzzählung in Klammern kommt nur soweit vor, als sie in der Gesetzsammlung gestanden hat. Im übrigen sind längere Paragraphen außerhalb des für den Text bestimmten Raumes von mir durch römische Zahlen gezählt worden. An diesen ist auch zu erkennen, wenn ein ganzer Absatz weggelassen oder ein Absatz durch mehrere ersetzt worden ist.

In den Anmerkungen zum Landesverwaltungsgesetz habe ich auch in aller Kürze die Entstehungsgeschichte angedeutet. Bei neueren Auslegungsstreiten wird oft darauf zurückgegriffen. Ebenso wird zur Verwaltungszwangsordnung außer auf die Zivilprozeßordnung auch auf die Reichsabgabenordnung Bezug genommen.

Die Einleitung ist unverändert geblieben, nur durch Sperrdruck einzelner Worte belebt worden.

Eine besondere Sorgfalt ist dem Verzeichnis der Stichworte gewidmet. Bei der vielfach wechselnden Ausdrucksweise der Gesetze war aber nicht zu vermeiden, daß derselbe Gegenstand gelegentlich unter verschiedenen Stichworten gesucht werden muß, z. B. „Grundstück“ und „unbewegliche Sache“ usw. Eine neuartige Druckanordnung sucht Raumersparnis und Übersichtlichkeit zu verbinden.

Die in sehr beschränktem Umfang verwandten Abkürzungen sind die üblichen und allbekannten.

Ilmenau, Februar 1927.

Karl Friedrichs.

Verzeichnis der Gesetze und Verordnungen nach der Zeitfolge.

Einleitung.

Unter der absoluten Herrschaft genoß die Preußische Regierung viele Generationen hindurch den Ruf strengster Gerechtigkeit und Unparteilichkeit. Beschwerden gegen die Gesetzmäßigkeit oder Zweckmäßigkeit der Anordnungen gingen von der Ortsbehörde an den Landrat, weiter an die Provinzialbehörde (namentlich die im Jahre 1723 geschaffenen Kriegs- und Domänenkammern), an den Staatsrat, endlich an den König selbst. Die höheren Verwaltungsbehörden waren mit rechtskundigen, erfahrenen Beamten besetzt, und die Könige aus dem Hause Hohenzollern waren fast alle von dem Geist der Unparteilichkeit erfüllt, so daß der Despotismus in Preußen einen großen Teil der Vorwürfe nicht verdiente, die man ihm in andern Ländern mit Recht zu machen hatte.

Aber die Verwaltung war gerade durch ihre gründliche Gewissenhaftigkeit so schwerfällig geworden, daß die Steinsche Reformgesetzgebung den verwickelten und ungefügigen Verwaltungsapparat nicht bestehen lassen konnte.

So wurde denn in dem Aufschwung des preußischen öffentlichen Lebens, der der Schlacht von Jena folgte und die Befreiungskriege begleitete, auch die innere Verwaltung umgestaltet.

Schon das Jahr 1808 brachte eine Verordnung vom 26. Dezember wegen verbesserter Einrichtung der Provinzial-Polizei und Finanzbehörden; darauf folgte als erstes Gesetz der neueingerichteten Gesetzsammlung die Vdg. v. 27. Oktober 1810 über die veränderte Verfassung aller obersten Staatsbehörden, wodurch die Kraft der Verwaltung von dem Staatsrat auf die Ministerien übertragen wurde und die letzteren eine klare und übersichtliche Geschäftsverteilung als Zentralbehörden für die ganze Monarchie bekamen. Die Vdg. v. 30. April 1815 wegen verbesserter Einrichtung der Provinzialbehörden teilte den Staat in zehn Provinzen und 25 Regierungsbezirke, führte die Oberpräsidenten mit den Konsistorien und den Provinzial-Medizinalkollegien in allen Provinzen ein, wandelte die zu schwerfälligen Kriegs- und Domänenkammern in Regierungen mit mehreren Abteilungen um, und machte den Landrat zum Organ der Regierung für die innere Verwaltung des ganzen Kreises mit Einschluß der kleinen Städte. Unter dem 23. Oktober 1817 wurden für die Oberpräsidenten, die Konsistorien, die Medizinalkollegien und die Regierungen ausführliche Dienstinstruktionen erlassen und der Regierungsinstruktion die Vdg. v. 26. Dezember 1808, soweit sie noch von praktischer Bedeutung war, als Anhang beigefügt. In zwei Kabinettsorders vom 31. Dezember 1825 wurde die Instruktion für die Oberpräsidenten durch eine neue ersetzt und die für die Konsistorien (unter Teilung in das eigentliche Konstistorium und das Provinzialschulkollegium), die Medizinalkollegien und die Regierungen in einzelnen Punkten abgeändert.

Die in diesen Verordnungen und Instruktionen niedergelegten Verwaltungsgrundsätze haben die Stürme des Jahres 1848 überstanden, da eine Kreis-, Bezirks- und Provinzialordnung vom 11. März 1850 (GS. 251), welche die Selbstverwaltung der Angelegenheiten der Kommunalverbände durch Kreisversammlungen und Kreisausschüsse, Bezirksräte und Provinzialversammlungen anordnete, niemals in Kraft getreten ist. Im Jahre 1867 sind sie in den neuen Provinzen eingeführt worden, und sie bilden noch heute das gemeine subsidiäre Recht für die Organisation und das Verfahren, nicht nur für die eigentlichen Behörden der inneren Verwaltung, sondern z. B. auch für die Königlichen Eisenbahndirektionen.

Aber die Verwaltung nach diesen Verordnungen hatte sich innerlich überlebt. Schon durch die Gesetzgebung von 1808—1825 waren die Garantien für eine unparteiische innere Verwaltung verringert worden und die Verfassung vom 31. Januar 1850 brachte mit dem konstitutionellen System auch den Einfluß der politischen Parteien. Nach dem schlechten Beispiel Frankreichs wurde die Zuständigkeit der ordentlichen Gerichte planmäßig zugunsten der Verwaltungsbehörden eingeengt, und da jeder Minister die seinen Verwaltungszweig betreffenden Gesetze in höchster Instanz selbst auszulegen hatte, so wurde in den letzten Jahren der Regierung Friedrich Wilhelms IV. die Handhabung der Verwaltungsgesetze nach dem Zeugnis Gneists grundsätzlich so parteiisch, daß zuletzt selbst die Bestätigung der Gemeindebeamten, die Genehmigung von Gast- und Schankwirtschaften, die Erteilung von Pässen und Baukonzessionen usw. von der politischen Parteistellung der Beteiligten abhängig gemacht wurde. Man suchte auf diese Weise die Wahlen zum Abgeordnetenhause zu beeinflussen, und rühmte als Verdienst einer starken und konservativen Regierung, daß selbst die Polizeigewalt in der Hauptstadt Berlin im Parteiinteresse ausgeübt wurde.

Der notwendig gewordene Umschwung kam nun von oben, und zwar nach Gneists Zeugnis, aus eigenster Entschließung Bismarcks, der, alsbald nach Beendigung des

Konflikts mit dem Abgeordnetenhause, die Einführung der Selbstverwaltung als Garantie für die Unabhängigkeit der Verwaltung mit allen Kräften in Bewegung setzte, nachdem die 1861 in Angriff genommene Erweiterung des Rechtsweges sich nicht als das geeignete Mittel erwiesen hatte.

Diese Selbstverwaltung bezieht sich nicht nur auf die Erledigung der eigentlichen Staatsgeschäfte (allgemeine Landesverwaltung), sondern auch auf die der größeren Kommunalverbände (Kreise und Provinzen) sowie der Bezirksverbände in Hessen-Nassau und Hohenzollern. Diese erhielten eine Verfassung und Vertretung, durch die sie, wie schon vorher die Städte, zu besserer Erfüllung bestehender und neu zu stellender wirtschaftlicher Aufgaben befähigt wurden. Die Angelegenheiten der Staatsverwaltung wurden nach Möglichkeit den der Sache näherstehenden Instanzen überwiesen und zugleich auf unabhängige, an die Weisungen der Minister nicht gebundene, Kollegien übertragen. Beiden Zwecken diente die Schaffung von neuen Kollegien, die aus Berufsbeamten und Laien zusammengesetzt sind, wobei die für die Staatsverwaltung und Kommunalverwaltung bestimmten Kollegien in allen Instanzen aneinander geschlossen und zum Teil identisch wurden. Dazu gehörte ferner die Ordnung eines Verfahrens für streitige und nicht streitige Verwaltungssachen, und eine selbstverständliche Folge war es, daß diejenigen Angelegenheiten der inneren Verwaltung, welche den Selbstverwaltungsbehörden nicht übertragen wurden, sondern bei den Berufsbehörden zurückblieben, nicht mehr in kollegialischer Beratung, sondern nach den Anweisungen des Vorsitzenden erledigt werden.

Zunächst wurde eine Kreisordnung für die östlichen Provinzen geschaffen, deren erster Entwurf vom 8. Oktober 1869 nur zur Vorberatung einiger Paragraphen gelangte. Der zweite Entwurf vom 21. Dezember 1871 wurde, nachdem unter vielen Kämpfen eine Verständigung zwischen der Regierung und dem Abgeordnetenhause erzielt war, am 31. Oktober 1872 von dem Herrenhause abgelehnt. Der dritte Entwurf vom 16. November 1872 wurde im Abgeordnetenhause am 26. November und den aus allerhöchstem Vertrauen um 24 Mitglieder verstärkten Herrenhause am 9. Dezember 1872 angenommen, er wurde am 13. Dezember 1872 verkündet und trat am 1. Januar 1874 in beiden Preußen, Brandenburg, Pommern, Schlesien und Sachsen in Kraft. Das Gesetz enthält nicht nur Vorschriften über die Verfassung der Kreisverbände, sondern auch eine Neuordnung der Ortspolizei auf dem Lande durch Schaffung der Amtsvorsteher und Vorschriften über das Verfahren in zwei Instanzen und die Zuständigkeit der Behörden in Verwaltungsstreit- und Beschlußsachen. Diesem Gesetz folgt als nächstes Obergeschoß die Provinzialordnung vom 29. Juni 1875, welche zugleich das Beschlußverfahren weiter ausbaute, das Dotationsgesetz vom 8. Juli 1875, welches die Aufgaben der Provinzen erweiterte und ihnen zugleich die Mittel zur Erfüllung dieser Aufgaben — beides auf Kosten des Staates — gewährte, während die Vorschriften der Kreisordnung über das Verwaltungsstreitverfahren durch das Verwaltungsgerichtsgesetz vom 3. Juli 1875 ersetzt und durch Schaffung des Oberverwaltungsgerichts als dritter Instanz gekrönt wurden. Das Zuständigkeitsgesetz vom 26. Juli 1876 ersetzte die Vorschriften der Kreisordnung über die Zuständigkeit der Behörden und schuf zugleich eine Reihe neuer Vorschriften über Verwaltungsbeschwerden, Rechtsmittel gegen polizeiliche Verfügungen und Zwangsverfahren.

Alle Verhandlungen und Beratungen, welche zu dieser Gesetzgebung geführt hatten, wurden noch durch zwei vergebliche Versuche der Staatsregierung erschwert. Der eine bezog sich auf die Vereinfachung der Provinzialverwaltung, für welche die Verordnung vom 30. April 1815 die Regierungen und die Oberpräsidenten nicht als über- und untergeordnete, sondern als streng nebengeordnete Instanzen eingeführt hatte. Die Staatsregierung glaubte, eine dieser Instanzen entbehren zu können, und zwar die Bezirksregierungen, da man die durch alte geschichtliche Erinnerungen und vielfache wirtschaftliche Angelegenheiten zusammengehaltenen Provinzen nicht zerreißen mochte. Aber diesem Plane stand die ungleiche und zum Teil sehr erhebliche Größe der Provinzen entgegen, und es zeigte sich auch nicht als möglich, die Bezirksregierungen, die seit langer Zeit die wichtigsten Provinzialbehörden für die meisten Zweige der Verwaltung gewesen waren, zu beseitigen. Es wurden also beiden Instanzen beibehalten, und sogar, gegen den ursprünglichen Plan, der Oberpräsident in vielen Angelegenheiten zur Beschwerdeinstanz über den Regierungspräsidenten bestellt.

Der zweite Versuch betraf die Berliner Behördenverfassung, die schon seit dem Jahre 1822 abnorm und nur provisorisch gewesen war, aber mehrere Entwürfe einer planmäßigen Neuordnung der Verwaltung wurden abgelehnt, und es mußten hier und dort einige Sonderbestimmungen eingeschoben werden, um die Einführung der neuen Gesetze in der Hauptstadt notdürftig zu ermöglichen.

Durch alle diese Schwierigkeiten und Wandlungen hatte die Gesetzgebung eine äußere Form gewonnen „halb Rohbau, halb Ruine", nach den Worten des Ministers Grafen Botho zu Eulenburg, so daß sie in den neuen Provinzen nicht wohl eingeführt werden konnte, obgleich sich der sachliche Inhalt der wichtigsten und grundsätzlichen Bestimmungen ausgezeichnet bewährt hatte. Man schritt also zu einer Umwandlung der äußeren Form und schuf das Organisationsgesetz vom 26. Juli 1880, in dem die Vorschriften der Provinzialordnung und des Zuständigkeitsgesetzes über die Behördenverfassung, das Beschlußverfahren und einige andere Gegenstände zusammengenommen und neu gefaßt wurden, ferner wurden das Verwaltungsgerichtsgesetz, die Kreisordnung und die Provinzialordnung in verschiedenen, aber nicht grundsätzlichen Bestimmungen abgeändert und neu verkündet, das erstere am 2. August 1880, die beiden letzteren unter dem 19. und 22. März 1881. Die Neuverkündung der Kreisordnung und der Provinzialordnung geschah namentlich im Interesse der neuen Provinzen, um die in andere Gesetze übernommenen oder sonst aufgehobenen und nicht mehr gültigen Bestimmungen weglassen zu können.

Die Neufassung des Organisationsgesetzes wurde von der Staatsregierung schon drei Jahre später in die Hand genommen, weil man glaubte, die bisher festgehaltene scharfe Unterscheidung zwischen dem Beschlußverfahren und dem Verwaltungsstreitverfahren verwischen zu sollen. Das Abgeordnetenhaus wollte aber diese Unterscheidung nicht aufgeben, sondern nur die bis dahin scharf getrennten

Behörden der Mittelinstanz, Bezirksrat und Bezirksverwaltungsgericht, unter dem Namen Bezirksausschuß zu einer Behörde zusammenfassen. Zu diesem Zwecke wurden die Verfahrensbestimmungen des Verwaltungsgerichtsgesetzes mit möglichst genauer Beibehaltung des Wortlautes in den Entwurf aufgenommen und das letztere mit Ausnahme der Vorschriften über das Oberverwaltungsgericht formell aufgehoben. So enstand das Landesverwaltungsgesetz vom 30. Juli 1883. Gleichzeitig mit ihm wurde das neue Zuständigkeitsgesetz vom 1. August 1883 beraten und verkündet. In diesem werden die Reste des Zuständigkeitsgesetzes vom 26. Juli 1876 revidiert und zugleich durch Vorschriften über die Angelegenheiten der Städte, die Wegepolizei, und wasserpolizeiliche Vorschriften für die neuen Provinzen bereichert.

Nunmehr konnte die Einführung in die neuen Provinzen erfolgen, die denn auch Jahr um Jahr geschehen ist, indem die Kreisordnung und die Provinzialordnung trotz der Neufassung von 1880 für jede Provinz neu verkündet wurden, während das Landesverwaltungsgesetz und das Zuständigkeitsgesetz mit einzelnen Zusätzen oder Abänderungen für anwendbar erklärt wurden.

Damit hat die Schaffung umfassender Gesetze aufgehört, aber noch nicht die Fortbildung des Rechtes selbst. Das Landesverwaltungsgesetz ist am wenigsten und meist nur mittelbar beeinflußt worden; das Verwaltungsgerichtsgesetz hat drei Novellen erfahren; am reichsten ist das Zuständigkeitsgesetz bedacht worden, und zwar teils durch Bereicherungen, infolge des Ausbaues des Reichsverwaltungsrechts, teils durch Streichungen in ausgebauten preußischen Verwaltungsgesetzen, welche mit dem materiellen Recht auch die Zuständigkeit und das Verfahren geordnet haben.

Auf diese Weise sind die Gesetze, die schon bei ihrer Verkündung keineswegs klar und scharf umrissen waren, wiederum in hohem Maße zerstückelt und unübersichtlich geworden; dagegen ist der sachliche Inhalt der Bestimmungen durch die Rechtsprechung des Oberverwaltungsgerichts, daneben auch des Kammergerichts, weniger durch die Literatur, zu einem Gesetzgebungswerke von großer Einheitlichkeit und Folgerichtigkeit ausgebildet worden und die Gesetzgebung enthält einen bedeutenden Fortschritt in der Entwicklung des öffentlichen Lebens und Rechts für Preußen und unmittelbar auch für das Deutsche Reich. Durch dasselbe ist dem Verwaltungsrecht ein Rechtsschutz gesichert, wie er in einzelnen Deutschen Staaten in der Folgezeit annähernd erreicht, aber in keinem Staate des europäischen Festlandes übertroffen wird.

Was uns noch fehlt, ist eine Vereinfachung, etwa im Sinne der Ausführungen des Grafen Hue de Gray in Bd. 15 S. 325—376 des Verwaltungsarchivs. Dagegen findet sich kaum ein Gegenstand für eine grundsätzliche sachliche Verbesserung.

Düsseldorf, 16. September 1908.

1. Gesetz vom 30. Juli 1883 über die allgemeine Landesverwaltung.

(GS. 195)[1].

Wir Wilhelm, von Gottes Gnaden, König von Preußen usw. verordnen, mit Zustimmung beider Häuser des Landtags, für den gesamten Umfang der Monarchie[2], was folgt:

Erster Titel[3].

Grundlagen der Organisation.

§ 1. Die Verwaltungseinteilung[4] des Staatsgebiets in Provinzen[5], Regierungsbezirke und Kreise bleibt mit der Maßgabe bestehen, daß die Stadt Berlin aus der Provinz Brandenburg ausscheidet[6] und einen Verwaltungsbezirk für sich bildet.

1. Eingeführt in Pyrmont Vdg. v. 31. 3. 1922 (GS. 70) Art. 2 I Nr. 2. Erläuterungen von Stier-Somlo (1902), Friedrichs (1910), v. Brauchitsch, Verwaltungsgesetze Bd. 1. Systematische Werke von Mueller, Begriffe der Verwaltungsrechtspflege (1895), Popitz, Parteibegriff (1907), Bartels, Verfahren vor den Verwaltungsgerichten (1907), Kunze, Verwaltungsstreitverfahren (1908), Friedrichs, Verwaltungsrechtspflege 3 Bde. (1920—1921), Dieckmann (1924).

2. des Landes. Über das Inkrafttreten vgl. §§ 154, 155.

3. Zusammengesetzt aus Verwaltungsgerichtsgesetz v. 3. 7. 1875/2. 8. 1880 §§ 1—7; OrganisationsG. v. 26. 7. 1880 (GS. 291) §§ 1—7.

4. Anlage zur Vdg. v. 30. 4. 1815 (GS. 85) mit vielen Ergänzungen.

5. Provinz Oberschlesien: G. v. 14. 10. 1919 (GS. 169), geändert durch G. v. 14. 1. 1921 (GS. 132); besondere Verfassungsbestimmungen, G. v. 7. 4. 1921 (GS. 353); Auseinandersetzung, G. v. 28. 10. 1926 (GS. 292). Verfassung der bei Deutschland verbliebenen Teile von Posen und Westpreußen: G. v. 21. 7. 1922 (GS. 171). Siedlungsverband Ruhrkohlenbezirk: G. v. 5. 5. 1920 (GS. 286). Wahl zum Reichsrat, G. v. 3. 6. 1921 (GS. 379); G. v. 15. 5. 1926 (GS. 163).

6. In Kraft getreten am 1. 4. 1881, OrgG. § 1. Über das Ausscheiden aus dem Kommunalverband vgl. ProvO. v. 29. 6. 1875 (GS. 335) § 2. G. v. 27. 4. 1920 (GS. 123), vorbereitet durch G. v. 21. 1. 1920 (GS. 49); G. v. 17. 12. 1920 (GS. 623) § 56; G. v. 11. 3. 1921 (GS. 339).

§ 2. In der Provinz Hannover bleiben die Landdrosteibezirke[1] als Regierungsbezirke bestehen.

Die Abänderung der Kreis- und Amtseinteilung der Provinz Hannover erfolgt mittels besonderen Gesetzes[2].

1. Über die Behördenverfassung vgl. § 25.
2. KrO. v. 6. 5. 1884 (GS. 181).

§ 3. Die Geschäfte der allgemeinen Landesverwaltung werden, soweit sie nicht anderen Behörden überwiesen sind, unter Oberleitung der Minister, in den Provinzen von den Oberpräsidenten, in den Regierungsbezirken von den Regierungspräsidenten und den Regierungen, in den Kreisen von den Landräten geführt.

Die Oberpräsidenten, die Regierungspräsidenten und die Landräte handeln innerhalb ihres Geschäftskreises selbständig unter voller persönlicher Verantwortlichkeit, vorbehaltlich der kollegialischen Behandlung der durch die Gesetze bezeichneten Angelegenheiten.

§ 4. Zur Mitwirkung bei den Geschäften der allgemeinen Landesverwaltung nach näherer Vorschrift der Gesetze bestehen für die Provinz am Amtssitze des Oberpräsidenten der Provinzialrat[1], für den Regierungsbezirk am Amtssitze des Regierungspräsidenten der Bezirksausschuß[2], für den Kreis am Amtssitze des Landrats der Kreisausschuß[3].

An die Stelle des Kreisausschusses tritt in den durch die Gesetze vorgesehenen Fällen in den Stadtkreisen, in welchen ein Kreisausschuß nicht besteht[4], der Stadtausschuß[5], in den einem Landkreise angehörigen Städten mit mehr als 10 000 Einwohnern[6] der Magistrat (kollegialische Gemeindevorstand)[7].

In Stadtgemeinden, in welchen der Bürgermeister allein den Gemeindevorstand bildet[8], treten für die in dem zweiten Absatze bezeichneten Fälle an die Stelle des Magistrats der Bürgermeister und die Beigeordneten als Kollegium.

1. §§ 10—15.

2. §§ 28—35, 54.

3. §§ 36, 39, 40.

4. z. Z. gibt es keine Stadtkreise mit KrA.

5. §§ 37, 39, 40. Vorschriften über die Zuständigkeit finden sich ZustG. (Nr. 2) §§ 75, 100, 109, 114, 151; Vdg. v. 31. 12. 1883 (Nr. 10); Vdg. v. 30. 7. 1900 (Nr. 16) § 1; WasserG. v. 7. 4. 1913 (GS. 53) § 93 und ost. FischereiG. v. 11. 5. 1916 (GS. 55) § 12 II und ost. Vdg. v. 25. 7. 1910

(Nr. 20). Über die Verfassung der StA. Berlin G. v. 27. 4. 1920 (GS. 123) § 40, Übergangsvorschrift § 58 Nr. 12.

6. ZustG. § 162; HannKrO. v. 6. 5. 1884 (GS. 181) § 23 Nr. 1, §§ 27, 28.

7. Vgl. Abs. III. Vorschriften über die Zuständigkeit finden sich ZustG. §§ 109, 114; Vdg. v. 31. 12. 1883 § 1; Vdg. v. 30. 7. 1900 § 1.

8. RheinStO. v. 15. 5. 1856 (GS. 406) § 53.

§ 5. In den Hohenzollernschen Landen[1] tritt, soweit nicht die Gesetze anderes bestimmen, an die Stelle des Oberpräsidenten und des Provinzialrats der zuständige Minister, an die Stelle des Kreises der Oberamtsbezirk, an die Stelle des Landrats der Oberamtmann, an die Stelle des Kreisausschusses der Amtsausschuß[2].

1. Vdg. v. 7. 1. 1852 (GS. 35); Amts- und LandesO. v. 2. 7. 1900 (GS. 324); VGG. v. 26. 7. 1880 § 80. Für die landwirtschaftliche Unfallversicherung der Rheinprovinz angeschlossen, G. v. 23. 7. 1912 (GS. 207) § 1 III.

2. Ausdrücklich aufgehoben G. v. 7. 10. 1925 (GS. 132) Art. III (2).

§ 6. In bezug auf die amtliche Stellung, die Befugnisse, die Zuständigkeit und das Verfahren der Verwaltungsbehörden bleiben die bestehenden Vorschriften[1] in Kraft, soweit dieselben nicht durch das gegenwärtige Gesetz abgeändert werden.

1. Vdg. v. 30. 4. 1815 (GS. 85) wegen verbesserter Einrichtung der Provinzialbehörden; Instruktion v. 23. 10. 1817 (GS. 248) zur Geschäftsführung der Regierungen, mit Beilage; KabO. v. 31. 12. 1825 (GS. 1826, 5); Instruktion v. 31. 12. 1825 für die Oberpräsidenten (GS. 1826, 1) mit vielfachen Änderungen.

§ 7. Die Verwaltungsgerichtsbarkeit (Entscheidung im Verwaltungsstreitverfahren)[1] wird durch die Kreis-(Stadt-) Ausschüsse und die Bezirksausschüsse[2] als Verwaltungsgerichte, sowie durch das in Berlin für den ganzen Umfang der Monarchie[3a] bestehende Oberverwaltungsgericht[3b] ausgeübt. Die Entscheidungen ergehen unbeschadet aller privatrechtlichen Verhältnisse[4]. I

Die sachliche Zuständigkeit dieser Behörden zur Entscheidung in erster Instanz wird durch besondere gesetzliche Bestimmungen geregelt[5]. II

Die Bezirksausschüsse treten überall an die Stelle der Deputationen für das Heimatwesen[6]. III

Wo in besonderen Gesetzen[7] das Verwaltungsgericht genannt wird, ist darunter im Zweifel der Bezirksausschuß zu verstehen. IV

1. §§ 50—112.

2. die Bergausschüsse, BergG. v. 14. 7. 1905 (GS. 307) § 192a II, § 194a; Zuständigkeit erweitert, G. v. 29. 4. 1922 (GS. 93) § 6, v. 22. 7. 1922 (GS. 203) § 6 I, v. 3. 1. 1924 (GS. 18), Art. V (2). Der durch G. v. 28. 6. 1909 (GS. 677) Art. IV gefaßte Abs. I des § 192a ist durch G. v. 18. 12. 1920 (GS. 1921, 97) wieder aufgehoben worden. Aber § 192a III ist in Kraft geblieben. Die Beschlußbehörde für Groß-Berlin ist durch G. v. 27. 4. 1920 (GS. 123) wieder aufgehoben. Verbandsrat für den Siedlungsverband Ruhrkohlenbezirk G. v 5. 5. 1920 (GS. 286) § 26.

3a. des Landes.

3b. VerwGerG. v. 2. 8. 1880 (Nr. 6 dieser Ausgabe) §§ 17 bis 30a, § 88. Die Geschäftsräume stehen in Charlottenburg. Durch die Eingemeindung Charlottenburgs in Berlin ist die Frage, ob damit auch der Sitz nach Charlottenburg verlegt sei, gegenstandslos geworden.

4. Wiederholt in § 127 V und ZG. § 160 II.

5. oder durch Vdgen. auf Grund ZustG. § 109 II, § 121; G. v. 27. 4. 1885 (Nr. 4); neuere Zuständigkeiten: MittelschullehrerdiensteinkG. § 21 (3); AusfG. v. 29. 3. 1924 zum JugendwohlfahrtG. (GS. 180) § 16 (2); ev. KirchenverfG. v. 8. 4. 1924 (GS. 221) Art. 11, 12; kath. KirchenbauG. v. 24. 11. 1925 (GS. 161) Art. 1 (2).

6. Übergangsvorschrift gegenstandslos gegenüber AusfVdg. v. 17. 4. 1924 zur FürsorgeVdg. v. 13. 2. 1924 (GS. 210). Eine Sondervorschrift über die Beschlußfähigkeit enthält LVG. § 33.

7. WaldschutzG. v. 6. 7. 1875 (GS. 416) § 21 II.

Zweiter Titel.

Verwaltungsbehörden.

I. Abschnitt.

Provinzialbehörden[1].

1. Oberpräsident[2].

§ 8. An die Spitze der Verwaltung der Provinz steht der Oberpräsident[3]. Demselben wird ein Oberpräsidialrat[4] und die erforderliche Anzahl von Räten[5] und Hilfsarbeitern beigegeben, welche die Geschäfte nach seinen Anweisungen bearbeiten. Auch ist der Oberpräsident befugt, die Mitglieder der an seinem Amtssitz befindlichen Regierung, sowie die dem Regierungspräsidenten daselbst beigegebenen Beamten (§ 19 Abs. 1) zur Bearbeitung der ihm übertragenen Geschäfte heranzuziehen.

1. Abweichung von dem sonst üblichen Sprachgebrauch, nach welchem der Ausdruck auch solche Behörden bezeichnet, die nur für einen RegBez. zuständig sind.

2. Aus OrgG. §§ 8, 9.

3. Publikandum v. 16. 12. 1808 (GS. 1806/10, 361); Vdg. v. 30. 4. 1815 (GS. 85) §§ 2, 4; Instruktion v. 31. 12. 1825

(GS. 1826, 1), vielfach vor und nach 1883 abgeändert. Mitwirkung des Provinzialausschusses bei der Ernennung Verf.-Urk. v. 30. 11. 1920 (GS. 543) Art. 86. Gehalt der Ministerialdirektoren. Gesetzlich verbunden mit dem Amt des Regierungspräsidenten in der Grenzmark Posen-Westpreußen, G. v. 21. 7. 1922 (GS. 171) § 4; tatsächlich verbunden in Oberschlesien.

4. Vizepräsident des Oberpräsidiums, DiensteinkommenG. v. 13. 5. 1924 (Gruppe 13).

5. Oberregierungsräte und Regierungsräte.

§ 9. Die Stellvertretung[1] des Oberpräsidenten in Fällen der Behinderung erfolgt, soweit sie nicht für einzelne Geschäftszweige durch besondere Vorschriften[2] geordnet ist, durch den Oberpräsidialrat[3]. Die zuständigen Minister[4] sind befugt, in besonderen Fällen eine andere Stellvertretung anzuordnen.

1. in allen Geschäften, die dem OPräs. zugeteilt sind.
2. z. B. ProvO. § 26.
3. Vgl. § 8 Anm. 4.
4. Min. Inn. und Fin.

2. Provinzialrat[1].

§ 10. Der Provinzialrat besteht aus dem Oberpräsidenten beziehungsweise dessen Stellvertreter[2] als Vorsitzenden, aus einem von dem Minister des Innern auf die Dauer seines Hauptamtes am Sitze des Oberpräsidenten ernannten höheren Verwaltungsbeamten beziehungsweise dessen Stellvertreter und aus fünf Mitgliedern, welche vom Provinzialausschusse[3] aus der Zahl der zum Provinziallandtage wählbaren[4] Provinzialangehörigen[5] gewählt werden. Für die letzteren werden in gleicher Weise fünf Stellvertreter gewählt[6].

Von der Wählbarkeit ausgeschlossen sind der Oberpräsident, die Regierungspräsidenten, die Vorsteher Königlicher[7] Polizeibehörden, die Landräte und die Beamten des Provinzialverbandes[8].

1. ProvO. v. 29. 6. 1875 §§ 51—62, OrgG. §§ 10—14.

2. Vgl. § 9 Anm. 4.

3. ProvO. §§ 45 ff.; eingeführt in der Provinz Grenzmark Posen-Westpreußen durch G. v. 21. 7. 1922 (GS. 171) § 4 (2); für Hessen-Nassau Vdg. v. 16. 12. 1887 (GS. 487).

4. ProvO. § 17, jetzt G. v. 16. 7. 1919 (GS. 129) § 3; StME. v. 4. 5. 1920 (GS. 188); G. v. 3. 12. 1920 (GS. 1921, 1) §§ 2, 5; G. v. 14. 1. 1921 für Schlesien (GS. 132).

5. ProvO. § 5; KrO. § 6.

6. Geändert G. v. 25. 7. 1922 (GS. 195) § 1.

7. Staatlicher.

8. Abs. II anwendbar auf die Mitglieder des Oberstromausschusses nach G. v. 12. 8. 1905 (GS. 335) §§ 3, 11 II. Wegen des Verbandsrats für den Siedlungsverband Ruhrkohlenbezirk vgl. VerbandsO. v. 5. 5. 1920 (GS. 286) § 26.

§ 11[1]. Die Wahl der Mitglieder des Provinzialrats und deren Stellvertreter erfolgt auf sechs Jahre[2].

Jede Wahl verliert ihre Wirkung mit dem Aufhören einer der für die Wählbarkeit vorgeschriebenen Bedingungen. Der Provinzialausschuß hat darüber zu beschließen, ob dieser Fall eingetreten ist. Gegen den Beschluß des Provinzialausschusses findet innerhalb zwei Wochen[3] die Klage bei dem Oberverwaltungsgerichte statt. Die Klage steht auch dem Vorsitzenden des Provinzialrats zu. Dieselbe hat keine aufschiebende Wirkung; jedoch dürfen bis zur Entscheidung des Oberverwaltungsgerichts Ersatzwahlen nicht stattfinden,

1. Anwendbar auf die Mitglieder des BezA. § 28 V, des Bergausschusses BergG. v. 14. 7. 1905 (GS. 307) § 194a (7) und des Oberstromausschusses oben § 10 Anm. 5.

2. Statt dessen gilt G. v. 25. 7. 1922 (GS. 495) § 6: „Die zu wählenden Mitglieder des Provinzialrats, des Bezirksausschusses und des Stadtausschusses werden unmittelbar nach jeder Neuwahl ihres Wahlkörpers neu gewählt. Sie üben ihr Amt bis zum Eintritt ihrer Nachfolger aus."

3. § 52.

§ 12[1]. Alle drei Jahre scheidet die Hälfte der gewählten Mitglieder und Stellvertreter, und zwar das erstemal die nächstgrößere Zahl, aus und wird durch neue Wahlen ersetzt. Die Ausscheidenden bleiben jedoch in allen Fällen bis zur Einführung der Neugewählten in Tätigkeit. Die das erstemal Ausscheidenden werden durch das Los bestimmt. Die Ausscheidenden sind wieder wählbar.

Für die im Laufe der Wahlperiode ausscheidenden Mitglieder und Stellvertreter haben Ersatzwahlen stattzufinden. Die Ersatzmänner bleiben nur bis zum Ende desjenigen Zeitraums in Tätigkeit, für welchen die Ausgeschiedenen gewählt waren.

§ 13[1]. Die Dauer der Wahlperiode kann durch das Provinzialstatut auch anders bestimmt werden.

1. §§ 12, 13 ersetzt durch G. v. 25. 7. 1922 (GS. 195).

§ 14[1]. Die gewählten Mitglieder und stellvertretenden Mitglieder des Provinzialrats werden von dem Oberpräsidenten vereidigt und in ihre Stellen eingeführt. I

Sie können aus Gründen, welche die Entfernung eines Beamten aus seinem Amte rechtfertigen (§ 2 II des Gesetzes vom 21. Juli 1852, betreffend die Dienstvergehen der nicht richterlichen Beamten, Gesetz-Samml. S. 465), im Wege des Disziplinarverfahrens ihrer Stellen enthoben werden.

III Für das Disziplinarverfahren gelten die Vorschriften des genannten Gesetzes mit folgenden Maßgaben[2]:

IV Die Einleitung des Verfahrens sowie die Ernennung des Untersuchungskommissars und des Vertreters der Staatsanwaltschaft erfolgt durch den Minister des Innern.

V Disziplinargericht ist das [Plenum des[3]] Oberverwaltungsgericht[s].

1. Anwendbar auf den Oderstromausschuß. Über die Entschädigung vgl. ProvO. § 100; Hessen-Nassau § 89 II.

2. und den Maßgaben des § 157 Nr. 2.

3. Geändert durch G. v. 8. 5. 1889 (Nr. 7).

§ 15[1]. Der Provinzialrat ist beschlußfähig, wenn mit Einschluß des Vorsitzenden fünf Mitglieder anwesend sind. Die Beschlüsse[2] werden nach Stimmenmehrheit gefaßt. Bei Stimmengleichheit gibt die Stimme des Vorsitzenden den Ausschlag.

1. Anwendbar auf den Oderstromausschuß.

2. GeschRegul. v. 28. 2. 1884 (MBlInn. 35) § 2.

3. Generalkommissionen.

§ 16[1].

1. Gegenstandslos nach dem G. v. 3. 6. 1919 über Landeskulturbehörden (GS. 101).

II. Abschnitt.

Bezirksbehörden.

1. Regierungspräsident und Bezirksregierung[1].

§ 17. An die Spitze der Bezirksregierung am Sitze des Oberpräsidenten tritt, unter Wegfall des Regierungsvizepräsidenten[2], ein Regierungspräsident[3]. Der Oberpräsident ist fortan nicht mehr Präsident dieser Regierung.

1. §§ 17—27 aus OrgG., §§ 16—26; §§ 17—20 anwendbar auf das Verbandspräsidium des Siedlungsverbandes Ruhrkohlenbezirk, G. v. 5. 5. 1920, AusfBest. v. 4. 6. 1920 24 VIII

2. Vdg. v. 30. 4. 1815 § 32; KabO. v. 31. 12. 1825 D IV, wiederhergestellt in anderem Sinne § 19 Anm. 1.

3. Ernennung im Einvernehmen mit dem Provinzialausschusse. VerfUrk. v. 30. 11. 1920 (GS. 530) Art. 86.

§ 18. Die Regierungsabteilung des Innern[1] wird aufgehoben. Die Geschäfte derselben[2] werden, soweit nicht durch das gegenwärtige Gesetz abweichende Bestimmungen getroffen sind, von dem Regierungspräsidenten mit den der Regierung zustehenden Befugnissen[3] verwaltet.

1. d. h. die kollegiale beratende Verfassung: die Geschäfte, soweit sie nicht auf die Beschlußbehörden übergehen, bleiben dieselben und werden von denselben Beamten, aber in bürokratischer Weise (nach Anweisungen), bearbeitet; auch die Stellung zu den über- und untergeordneten Behörden ist dieselbe geblieben.

2. und der Katasterverwaltung, RundErl. v. 29. 3. 1920; ErlFinMin. v. 11. 5. 1920 (RAnz. 109, Spalte 5).

3. § 6 Anm. 1.

§ 19. Dem Regierungspräsidenten wird für die ihm persönlich übertragenen Angelegenheiten ein[1] Oberregierungsrat[2] und die erforderliche Anzahl von Räten und Hilfsarbeitern[3], von denen mindestens einer die Befähigung zum Richteramte haben muß, beigegeben, welche die Geschäfte nach seinen Anweisungen bearbeiten.

Diese Beamten können zugleich bei der Regierung beschäftigt werden und nehmen an den Plenarberatungen derselben nach Maßgabe der für die Regierungsmitglieder[4] bestehenden Vorschriften teil.

Die Mitglieder der Regierung können von dem Regierungspräsidenten zur Bearbeitung der ihm übertragenen Geschäfte herangezogen werden.

1. oder mehrere, aber nur einer, der Regierungsvizepräsident, hat die besonderen Befugnisse aus § 20.

2. der auch Dirigent der Abt. II sein kann.

3. Regierungsdirektoren, Oberregierungsräte, Regierungsräte, Assessoren, ferner Wohnungsaufsichtsbeamte, WohnungsG. v. 28. 3. 1918 (GS. 23) Art. 6 § 5; Art. 7. Regierungs- und Landjägereiräte G. v. 9. 3. 1923 (GS. 55) §§ 1, 2.

4. RegInstr. v. 23. 10. 1817 § 5; KabO. v. 31. 12. 1825, DV; KabO. v. 21. 9. 1905 (GS. 403).

§ 20. Die Stellvertretung[1] des Regierungspräsidenten in Fällen der Behinderung erfolgt durch den ihm beigegebenen Oberregierungsrat[2] und, wenn auch dieser behindert ist, durch einen Oberregierungsrat[3] der Bezirksregierung. Die zuständigen Minister sind befugt, in besonderen Fällen eine andere Stellvertretung anzuordnen.

1. erledigte Übergangsvorschrift § 146.

2. Vizepräsidenten.

3. Regierungsdirektor.
4. Min. Inn. und Fin.

§ 21. Die Geschäfte der Regierungen zu Stralsund[1] und zu Sigmaringen[2], soweit sie zur Zuständigkeit der Regierungsabteilungen des Innern gehören, werden nach Maßgabe des § 18 von den Regierungspräsidenten verwaltet. Die Mitglieder der Regierung bearbeiten diese Geschäfte nach den Anweisungen des Präsidenten.

Die Stellvertretung des Präsidenten in Fällen der Behinderung erfolgt durch ein von den zuständigen Ministern[3] beauftragtes Mitglied der Regierung.

1. Geändert durch Vdg. v. 22. 4. 1892 (GS. 96), es ist eine besondere Finanzabteilung gebildet. Die Regierung hat jetzt die üblichen drei Abteilungen, einen Vizepräsidenten und drei Direktoren.
2. Die Regierung ist noch nicht in Abteilungen gegliedert.
3. Min. Inn. und Fin.

§ 22[1]. Bei den Regierungen zu Danzig, Erfurt, Münster, Minden, Arnsberg, Koblenz, Köln, Aachen und Trier tritt an die Stelle der Abteilung des Innern für die bisher von derselben bearbeiteten Kirchen- und Schulsachen eine Abteilung für Kirchen- und Schulwesen.

1. Übergangsbestimmung.

§ 23[1].

1. Gegenstandslos geworden wie § 16.

§ 24. Der Regierungspräsident ist befugt[1], Beschlüsse der Regierung oder einer Abteilung derselben, mit welchen er nicht einverstanden ist, außer Kraft zu setzen und, sofern er den Aufenthalt in der Sache für nachteilig erachtet, auf seine Verantwortung anzuordnen, daß nach seiner Ansicht verfahren werde. Andernfalls ist höhere Entscheidung einzuholen.

Auch der Regierungspräsident ist befugt[2], in den zur Zuständigkeit der Regierung gehörigen Angelegenheiten an Stelle des Kollegiums unter persönlicher Verantwortlichkeit Verfügungen zu treffen, wenn er die Sache für eilbedürftig oder, im Falle seiner Anwesenheit an Ort und Stelle, eine sofortige Anordnung für erforderlich erachtet.

1. Ersatz für die Befugnisse aus RegInstr. v. 23. 10. 1817 § 39, 3; KabO. v. 31. 12. 1825, D I, V, VII.

2. neben den Befugnissen aus RegInstr. § 39, Nr. 4, § 40 III, § 42 IV.

§ 25. In der Provinz Hannover treten an die Stelle der Landdrosteien und der Finanzdirektion[1] sechs Regierungspräsidenten und Regierungen, welche, gleich dem Oberpräsidenten, die Verwaltung mit den Befugnissen[2] und nach den Vorschriften führen, welche dafür in den übrigen Provinzen gelten, beziehungsweise in dem gegenwärtigen Gesetz gegeben sind.

Welche der vorbezeichneten Regierungen nach dem Vorbild der Regierung zu Stralsund zu organisieren sind, bleibt Königlicher Verordnung[3] vorbehalten.

1. Erl. v. 5. 4. 1869 (GS. 511). 2. § 6 Anm. 1.

3. Vdg. v. 3. 11. 1884 (GS. 349); Vdg. v. 22. 4. 1892 (GS. 173); Vdg. v. 2. 9. 1894 (GS. 173); später verschiedentlich geändert.

§ 26. Die Zuständigkeit der Konsistorialbehörden in der Provinz Hannover in betreff des Schulwesens sowie die kirchlichen Angelegenheiten, welche bisher zum Geschäftskreise der katholischen Konsistorien zu Hildesheim und Osnabrück gehörten, werden den Abteilungen für Kirchen- und Schulwesen der betreffenden Regierungen überwiesen.

Die genannten katholischen Konsistorien werden aufgehoben.

§ 27. Den evangelischen Konsistorialbehörden in der Provinz Hannover verbleiben, bis zur anderweitigen gesetzlichen Regelung[1], in Kirchensachen ihre bisherigen Zuständigkeiten.

1. G. v. 8. 4. 1924 betr. die Kirchenverfassungen in den evangelischen Landeskirchen (GS. 221), ZustVdg. v. 4. 8. 1924 (GS. 594); G. v. 24. 7. 1924 über die Verwaltung des katholischen Kirchenvermögens (GS. 585), ZustVdg. v. 24. 10. 1924 (GS. 731).

2. Bezirksausschuß[1].

§ 28. Der Bezirksausschuß besteht aus dem Regierungspräsidenten als Vorsitzenden und aus sechs Mitgliedern. I

Zwei dieser Mitglieder, von denen eins zum Richteramte, eins zur Bekleidung von höheren Verwaltungsämtern befähigt[2] sein muß, werden vom Könige[3] auf Lebenszeit ernannt. Aus der Zahl dieser Mitglieder ernennt der König[3] gleichzeitig den Stellvertreter des Regierungspräsidenten im Vorsitze mit dem Titel Verwaltungsgerichtsdirektor. Zur sonstigen Stellvertretung des Regierungspräsidenten im Bezirksausschusse[4] und zur Stellvertretung jedes der beiden auf Lebenszeit ernannten Mitglieder[5] ernennt der König[3] ferner aus der Zahl der am Sitze des Be- II zirksausschusses ein richterliches oder ein höheres Verwaltungsamt bekleidenden Beamten einen Stellvertreter. Die Ernennung der Stellvertreter erfolgt auf die Dauer ihres Hauptamts am Sitze des Bezirksausschusses.

III Die vier anderen Mitglieder des Bezirksausschusses[6] werden aus den Einwohnern seines Sprengels durch den Provinzialausschuß gewählt. In gleicher Weise wählt letzterer vier Stellvertreter, über deren Einberufung das Geschäftsregulativ bestimmt[7].

IV Wählbar ist mit Ausnahme des Oberpräsidenten, der Regierungspräsidenten, der Vorsteher Königlicher[8] Polizeibehörden, der Landräte und der Beamten des Provinzialverbandes jeder zum Provinziallandtage wählbare[9] Angehörige des Deutschen Reichs. Mitglieder des Provinzialrats können nicht Mitglieder des Bezirksausschusses sein.

V Im übrigen finden auf die Wahlen beziehungsweise die gewählten Mitglieder die Bestimmungen der §§ 11, 12 und 13 sinngemäße Anwendung[10].

1. ProvO. § 67 VGG. §§ 9—16, OrgG. §§ 27, 28.

2. S. unten Nr. 6 § 17 Anm. 6.

3. Staatsministerium.

4. auf ihn sind §§ 29, 33 anwendbar, aber nicht §§ 30, 31, 32, 64 III, 67 IV.

5. auf sie sind §§ 29, 30, 32, 33 anwendbar, aber nicht § 31.

6. auf sie sind §§ 29, 32, 33, 34 anwendbar.

7. G. v. 25. 7. 1922 (GS. 1922) § 6, vgl. oben § 11 Anmerkung 2.

8. staatlicher.

9. Vgl. § 10 Anm. 4.

10. Statt der §§ 12, 13 gilt das G. v. 25. 7. 1922 auch für den BezA. Ausnahme für Berlin, G. v. 27. 4. 1920 (GS. 123) § 39, 2.

§ 29. Wo der Geschäftsumfang es erfordert, können durch Königliche[1] Verordnung[2] Abteilungen des Bezirksausschusses für Teile des Regierungsbezirks gebildet werden[3]. In solchen Fällen gehören der Vorsitzende, und sofern nicht für die verschiedenen Abteilungen besondere Ernennungen erfolgen, die ernannten Mitglieder allen Abteilungen an. Die gewählten Mitglieder und deren Stellvertreter müssen für jede Abteilung gesondert bestellt werden. Im übrigen gelten die für den Bezirksausschuß gegebenen Vorschriften sinngemäß für jede Abteilung.

1. Staatsministerium, VerfUrk. v. 30. 11. 1920 (GS. 543) Art. 82 (1).

2. Düsseldorf Vdg. v. 28. 5. 1888 (GS. 136); Arnsberg Vdg. v. 6. 3. 1889 (GS. 31).

3. Auf den BezA. Berlin nicht anwendbar, vgl. § 43 und G. v. 27. 4. 1920 § 39, 1 (2) abgedruckt bei § 43.

§ 30. Der Vorsitz im Bezirksausschusse geht in Behinderungsfällen von dem Regierungspräsidenten bzw. dem Verwaltungsgerichtsdirektor auf das zweite ernannte Mitglied, sodann auf den Stellvertreter des Verwaltungsgerichtsdirektors über. Der Regierungspräsident gilt als behindert[1] in allen Fällen, in welchen über eine Beschwerde[2] gegen die Verfügung eines Regierungspräsidenten verhandelt wird[3].

1. ausgeschlossen LVG. §§ 61, 115.

2. oder Verwaltungsklage, Berner im v. Brauchitsch.

3. Der Satz 2 ist auf das Verhältnis des Berghaupt-

manns zum Bergausschuß nicht anzuwenden, BergG. § 192a II, § 194a VII.

§ 31[1]. [Den ernannten Mitgliedern[2] darf eine Vertretung des Regierungspräsidenten oder eine Hilfsleistung in den diesem persönlich überwiesenen Geschäften nicht aufgetragen werden[3].] Beide nehmen an den Plenarberatungen der Regierung[4] nach Maßgabe der für die Regierungsmitglieder bestehenden Vorschriften teil. Im übrigen ist ihnen die Führung eines anderen Amtes nur gestattet, wenn dasselbe ein richterliches ist oder ohne Vergütung[5] geführt wird.

1. Gilt in Berlin und Hohenzollern nicht §§ 35, 43.

2. Bezieht sich nicht auf die Stellvertreter.

3. Satz 1 vorübergehend gestrichen, G. v. 13. 5. 1918 (GS. 53) Art. 1 Nr. 1; Geltung verlängert bis 11. 11. 1927 durch 3. VerlängerungsG. v. 10. 11. 1925 (GS. 157) in Verbindung mit G. v. 31. 7. 1921 (GS. 481) und Vdg. v. 29. 12. 1921 (GS. 1922, 10); G. v. 5. 1. 1922 (GS. 3).

4. § 19 Anm. 3.

5. Gemeint ist eine Beschäftigung in den Abt. II, III der Regierung.

§ 32[1]. Die gewählten Mitglieder[2] und stellvertretenden Mitglieder werden durch den Vorsitzenden vereidigt. Alle Mitglieder und stellvertretenden Mitglieder unterliegen in dieser ihrer Eigenschaft den Vorschriften des Gesetzes betreffend die Dienstvergehen der Richter usw., vom 7. Mai 1851 (Gesetz-Samml. S. 218), beziehungsweise des Gesetzes vom 26. März 1856 (Gesetz-Samml. S. 201[3]).

Disziplinargericht ist das [Plenum des] Oberverwaltungsgericht[s][4]; der Vertreter der Staatsanwaltschaft wird von dem Präsidenten des Oberverwaltungsgerichts ernannt.

1. Anwendbar auf den Bergausschuß BergG. § 194a VII und auf den Verbandsrat des Siedlungsverbandes Ruhrkohlenbezirk, G. v. 5. 5. 1920 (GS. 286) § 26 (4).

2. aber nicht der RegPräs. und sein „sonstiger" Stellvertreter (im Stimmrecht).

3. Das G. v. 9. 4. 1879 betr. Abänderung von Bestimmungen der Disziplinargesetze (GS. 345) findet keine Anwendung, wohl aber § 157 Nr. 2.

4. Disziplinarsenat, vorübergehend der I. Senat, G. v. 8. 5. 1889 (Nr. 7) in der Fassung des G. v. 13. 5. 1918, Geltung wie § 31 Anm. 3.

§ 33[1]. Der Bezirksausschuß ist bei Anwesenheit[2] von fünf Mitgliedern, in Streitsachen unter Armenverbänden[3] bei Anwesenheit von drei Mitgliedern beschlußfähig, unter denen sich in allen Fällen mit Einschluß des Vorsitzenden mindestens zwei ernannte, [darunter ein zum Richteramte befähigtes[4],] und ein gewähltes Mitglied befinden muß.

Die Beschlüsse werden nach Stimmenmehrheit gefaßt. Bei gerader Stimmenzahl scheidet, wenn außer dem Vorsitzenden zwei ernannte Mitglieder anwesend sind, das dem Dienstalter nach jüngste ernannte, wenn außer dem Vorsitzenden nur ein ernanntes Mitglied anwesend ist, das dem Lebensalter nach jüngste gewählte Mitglied mit der Maßgabe aus, daß das Stimmrecht vorzugsweise

[1. unter den ernannten Mitgliedern einem zum Richteramte befähigten, sofern es dessen zur Beschlußfähigkeit bedarf,

2. im übrigen[4]] dem Berichterstatter verbleibt.

1. Anwendbar auf den Bergausschuß und den Verbandsrat, § 32 Anm. 1.

2. Über die Ladung Regul. v. 28. 2. 1884 (MBlInn. 37) § 3 II.

3. Fürsorgeverbänden; in der AusfVdg. v. 17. 4. 1924 zur FürsorgeVdg. (GS. 210) und in dem Nachtrag v. 17. 2. 1926 (GS. 79) ist die Richtigstellung dieses Wortes versäumt worden.

4. Vorübergehend gestrichen. G. v. 13. 5. 1918 (GS. 53) Art. 1 Nr. 2, Geltung wie § 31 Anm. 3.

§ 34[1]. Die gewählten Mitglieder und deren Stellvertreter erhalten[2] Tagegelder und Reisekosten nach den für Staatsbeamten der vierten Rangklasse bestehenden gesetzlichen Bestimmungen[3].

Alle Einnahmen des Bezirksausschusses fließen zur Staatskasse. Derselben fallen auch alle Ausgaben zur Last[4].

1. aus KrO. § 196; BGG. §§ 15, 16. Anwendbar auf den Bergausschuß und den Verbandsrat, § 32 Anm. 1.

2. RechtswegG. v. 24. 5. 1861 (GS. 241) §§ 1—6.

3. Regierungsräte, jetzt Besoldungsgruppe X, Beamten-DiensteinkommenG. v. 13. 5. 1924 (GS. 487); ReisekostenG. v. 3. 1. 1923 (GS. 3); Erl. FinMin. v. 1. 12. 1924 (PrBesBl. 363), v. 28. 2. 1925 (PrBesBl. 80); Brand, Beamtenrecht 217.

4. ErlMinFinInn. v. 17. 1. 1895 (MBlInn. 23) § 3.

§ 35. In den Hohenzollernschen Landen[1] kommen in Betreff des Bezirksausschusses die Bestimmungen der §§ 28, 30, 32, 33, 34[2] mit der Maßgabe zur Anwendung, daß die zu wählenden Mitglieder von dem Landesausschusse aus der Zahl der zum Kommunallandtage wählbaren Angehörigen des Landeskommunalverbandes[3] gewählt werden. Der Regierungspräsident, die Oberamtmänner[4] und die Beamten des Landeskommunalverbandes sind von der Wählbarkeit ausgeschlossen.

1. Vgl. § 5.

2. auch die durch § 28 gedeckten §§ 11—13.

3. Amts- und LandesO. v. 2. 7. 1900 (GS. 228); G. v. 16. 7. 1919 (GS. 135) § 2, nicht berührt durch G. v. 3. 12. 1920, v. 7. 10. 1925.

4. Landräte, vgl. oben § 5 Anm. 2.

III. Abschnitt.

Kreisbehörden.

§ 36. An der Spitze der Verwaltung des Kreises steht der Landrat. Derselbe führt den Vorsitz im Kreisausschusse. Im übrigen wird die Zusammensetzung des Kreisausschusses durch die Kreisordnungen[2] geregelt[3].

1. Aus VGG. § 8; ZustG. 1876 §§ 5—11; OrgG. § 29 bis 33. Vgl. Gelpke, geschichtliche Entwicklung des Landratsamts in VerwArch. 10, 211—297 (1902).

2. KrO. östl. §§ 74—76, 130, 131, 136, 137; Hannover v. 6. 5. 1884 (GS. 181) §§ 22—24, 87, 88, 90 bis 93; Hessen-Nassau v. 7. 6. 1885 (GS. 193) §§ 24—26, 88, 89, 91—94; Westfalen vom 31. 7. 1886 (GS. 217) §§ 30—32, 75, 76, 79 bis 81; Rheinprovinz v. 30. 5. 1887 (GS. 209) §§ 30—32, 75, 76, 78—81, Schleswig-Holstein v. 26. 5. 1888 (GS. 139) §§ 66—69, 118, 119, 121—124; Lauenburg ebenda § 145 in Verb. mit Vdg. v. 24. 8. 1882 (GS. 343). In Posen als Teil der Provinz Grenzmark Posen-Westpreußen ist die KrO. östl. eingeführt durch G. v. 21. 7. 1922 (GS. 171) § 3, doch bleibt die Einrichtung der Distriktskommissarien unberührt.

3. Über den Geschäftsgang Regul. v. 28. 2. 1884 (MBlInn. 41).

I **§ 37.** Der Stadtausschuß[1] besteht aus dem Bürgermeister beziehungsweise dessen gesetzlichem Stellvertreter als Vorsitzenden und vier Mitgliedern, welche vom Magistrate (kollegialischen Gemeindevorstande[2]) aus seiner Mitte für die Dauer ihres Hauptamtes[3] gewählt werden.

II Für Fälle der Behinderung sowohl des Bürgermeisters wie seines gesetzlichen Stellvertreters wählt der Stadtausschuß den Vorsitzenden aus seiner Mitte. Derselbe bedarf der Bestätigung des Regierungspräsidenten, in dem Stadtkreise Berlin des Oberpräsidenten der Provinz Brandenburg.

III Der Vorsitzende oder ein Mitglied des Stadtausschusses muß zum Richteramt oder zum höheren Verwaltungsdienst befähigt sein.

IV **Bei dem Stadtausschuß des neuen Stadtkreises Berlin können durch Ortsgesetz je nach dem Bedürfnis Abteilungen für einzelne Teile des Stadtkreises und für einzelne Geschäftszweige gebildet werden; dabei werden die Geschäfte des Stadtausschusses von Mitgliedern der Bezirksämter wahrgenommen. Die für den Stadtausschuß gegebenen Vorschriften gelten sinngemäß für jede Abteilung des Stadtausschusses. Die Wahl der Mitglieder der einzelnen Abteilungen des Stadtausschusses erfolgt durch den Magistrat[4].**

Zu Abs. I—III: VGG. 1875 § 8; KompG. §§ 6, 7; OrgG. § 30.

1. Vgl. § 4 II.

2. Diese Erläuterung ist seit Erlaß der Hessisch-Nassauischen StädteO. v. 4. 8. 1897 überflüssig geworden.

3. Geändert durch G. v. 25. 7. 1922 (GS. 195); s. oben § 11 Anm. 2.

4. Abs. IV aus dem G. v. 27. 4. 1920 (GS. 123) § 40, Übergangsvorschrift § 58, 12.

§ 38. In Stadtkreisen, in denen der Bürgermeister allein den Gemeindevorstand bildet[1], werden die außer dem Vorsitzenden zu bestellenden Mitglieder von der Gemeindevertretung aus der Zahl der Gemeindebürger gewählt. I

Die Wahl erfolgt auf sechs Jahre. II

Alle drei Jahre scheidet die Hälfte der gewählten Mitglieder aus und wird durch neue Wahlen ersetzt. Die Ausscheidenden bleiben jedoch in allen Fällen bis zur Einführung der neu Gewählten in Tätigkeit. III

Die das erste Mal Ausscheidenden werden durch das Los bestimmt. Die Ausscheidenden sind wieder wählbar[2]. IV

Für die im Laufe der Wahlperiode ausscheidenden Mitglieder haben Ersatzwahlen stattzufinden. Die Ersatzmänner bleiben nur bis zum Ende desjenigen Zeitraums in Tätigkeit, für welchen die Ausgeschiedenen gewählt worden. V

Im übrigen gelten in betreff der Wählbarkeit, der Wahl, der Einführung und der Vereidigung der Mitglieder, sowie des Verlustes ihrer Stellen unter[3] einstweiliger Enthebung von denselben, die für unbesoldete Magistratsmitglieder bestehenden gesetzlichen Vorschriften[4]. VI

1. RheinStO. v. 15. 5. 1856 (GS. 406) § 53.

2. Abs. II, III, IV ersetzt wie bei § 12.

3. „unter" ist ein Diktatfehler statt „und der", OVG. 17, 85; in PrVBl. 10, 254 l., 476 r.

4. Titel VIII der RheinStO. v. 15. 5. 1856 (GS. 406).

Die RheinStO. unterscheidet zwischen Magistratsmitgliedern und Magistratspersonen (vor § 28).

I **§ 39**[1]. Die gewählten Mitglieder des Kreis-(Stadt-)Ausschusses können aus Gründen, welche die Entfernung eines Beamten aus seinem Amte rechtfertigen (§ 2 des Gesetzes vom 21. Juli 1852, betreffend die Dienstvergehen der nicht richterlichen Beamten[2]), im Wege des Disziplinarverfahrens ihrer Stellen enthoben werden.

II Für das Disziplinarverfahren gelten die Vorschriften des genannten Gesetzes mit folgenden Maßgaben[3]:

III Die Einleitung des Verfahrens sowie die Ernennung des Untersuchungskommissars erfolgt durch den Regierungspräsidenten.

IV Die entscheidende Behörde erster Instanz ist der Bezirksausschuß, die entscheidende Behörde zweiter Instanz das [Plenum des] Oberverwaltungsgericht[s][4].

V Der Vertreter der Staatsanwaltschaft wird für die erste Instanz von dem Regierungspräsidenten[5], für die zweite Instanz von dem Minister des Innern ernannt.

1. Gilt in Posen schon seit G. v. 19. 5. 1889 (GS. 108), Art. IV § 3 Abs. III und bezieht sich auch auf die Angelegenheiten der Kommunalverwaltung, KrO. östl. § 132; Hannover § 90 III; Hessen-Nassau § 91 II; Westfalen, Rheinprovinz § 78 II; Schleswig-Holstein § 121 III.

2. Neuerdings meist Verwaltungsdisziplinargesetz genannt.

3. und denen des § 157 Nr. 2.

4. jetzt der Disziplinarsenat, vorübergehend der I. Senat G. v. 8. 5. 1889 in der Fassung des G. v. 13. 5. 1918 (Nr. 7), Geltung wie § 31 Anm. 3.

5. in Berlin vom OPräs. § 42 I.

§ 40. Der Kreis-(Stadt-)Ausschuß ist beschlußfähig[1], wenn mit Einschluß des Vorsitzenden drei Mitglieder anwesend sind. Die Beschlüsse werden nach Stimmenmehrheit gefaßt. Ist eine gerade Zahl von Mitgliedern anwesend, so nimmt das dem Lebensalter nach jüngste gewählte Mitglied an der Abstimmung nicht teil. Dem Berichterstatter steht jedoch in allen Fällen Stimmrecht zu.

1. in Sachen der allg. Landesverwaltung. Wegen der Kommunalangelegenheiten vgl. KrO. östl. § 138.

IV. Abschnitt.

Behörden für den Stadtkreis Berlin[1].

§ 41. Der Oberpräsident der Provinz Brandenburg ist zugleich Oberpräsident von Berlin.

Ingleichen fungieren das Provinzialschulkollegium[2], das Medizinalkollegium[3], die Generalkommission[4] und die Direktion der Rentenbank für die Provinz Brandenburg auch für den Stadtkreis Berlin[5].

1. OrgG. §§ 34—40.
2. Bek. OPräs. v. 16. 12. 1826 (Amtsbl. Potsdam 47).
3. Aufgehoben und ersetzt durch gerichtsärztliche Ausschüsse, Beschl. StMin. v. 30. 4. 1921 (GS. 372).
4. § 16. auch die landwirtschaftliche Berufsgenossenschaft, G. v. 23. 7. 1912 (GS. 207) § 1 III.
5. im übrigen nicht geändert durch G. v. 27. 4. 1920 (GS. 123) wo die Bestimmungen dieses Abschnittes hätten aufgenommen werden können.

§ 42. Anstelle des Regierungspräsidenten führt der Oberpräsident die Aufsicht des Staats über die Verwaltung der Gemeindeangelegenheiten der Stadt Berlin. Auf welche Behörden die sonstigen Zuständigkeiten der Regierungsabteilung des Innern zu Potsdam in betreff Berlins übergehen, wird durch Königliche[1] Verordnung[2] bestimmt.

Im übrigen, und soweit nicht sonst die Gesetze anderes bestimmen, tritt für den Stadtkreis Berlin an die Stelle des Regierungspräsidenten der Polizeipräsident von Berlin[3].

1. Staatsministerium.

2. Vdg. v. 26. 1. 1881 (Nr. 8).

3. Bek. OPräs. Brandenburg v. 28. 12. 1821 (Amtsbl. Berlin 265, Potsdam 1822, 13); Bek. OPräs. v. 27. 6. 1822 (Amtsbl. Potsdam-Berlin 141); Kgl. PolizeiRegl. v. 18. 9. 1822 (Beil. Amtsbl. Potsdam 1824, v. Kamptz Annalen 1824, 491); KabO. v. 16. 5. 1830 (v. Kamptz Annalen 359); Bek. OPräs. Berlin v. 7. 7. 1830 (v. Kamptz Annalen 360); KabO. v. 31. 12. 1838; Bek. OPräs. v. 30. 12. 1854 (Amtsbl. Potsdam 1855, 2); KabO. v. 28. 12. 1875 (Amtsbl. Potsdam 1876, 8); G. v. 12. 6. 1889 (Nr. 9); G. v. 27. 4. 1920 (GS. 123) § 33. Vdg. Min. Wissensch. 5. 5. 1919 (GS. 90) Art. 2.

§ 43. An die Stelle des Provinzialrats tritt in den Fällen, in welchen derselbe in erster Instanz beschließt, der Oberpräsident, in den übrigen Fällen der zuständige Minister.

Für den Stadtkreis Berlin besteht ein besonderer Bezirksausschuß. Auf denselben finden die Bestimmungen der §§ 28, 30 Satz 1, 31 Satz 3, 32, 33, 34 mit folgenden Maßgaben Anwendung:

1) An Stelle des Regierungspräsidenten tritt ein vom Könige[1] ernannter Präsident. Die Ernennung dieses Beamten kann im Nebenamte auf die Dauer seines Hauptamtes in Berlin

erfolgen[2]. Beamte des Polizeipräsidiums sind von dieser Ernennung ausgeschlossen.

2) Die zu wählenden Mitglieder werden durch den Magistrat und die Stadtverordnetenversammlung unter dem Vorsitz des Bürgermeisters gewählt. Dasselbe Kollegium beschließt anstelle des Provinzialausschusses[3] über das Aufhören einer der für die Wählbarkeit vorgeschriebenen Bedingungen sowie über die Abänderung der Dauer der Wahlperiode. Die Mitglieder des Magistrats und der Stadtverordnetenversammlung sind von der Wählbarkeit ausgeschlossen.

Zur Zuständigkeit des Bezirksausschusses für den Stadtkreis Berlin gehören die im Verwaltungsstreitverfahren zu behandelnden Angelegenheiten und diejenigen im Beschlußverfahren zu behandelnden Angelegenheiten, welche im einzelnen durch die Gesetze seiner Zuständigkeit überwiesen werden[4]; in betreff der übrigen im Beschlußverfahren zu behandelnden Angelegenheiten tritt für den Stadtkreis Berlin der Oberpräsident an die Stelle des Bezirksausschusses, soweit nicht in den Gesetzen ein anderes bestimmt ist[5].

Bis zum Erlasse neuer Bestimmungen gelten für den Bezirksausschuß der neuen Stadtgemeinde Berlin folgende Vorschriften:

1. (1) Der § 43 des Landesverwaltungsgesetzes vom 30. Juli 1883 (Gesetz-Samml. S. 195) findet mit folgenden Maßgaben Anwendung:

(2) Der Bezirksausschuß besteht aus zwei oder mehreren Abteilungen, auf welche die Dienstgeschäfte nach sachlichen Merkmalen verteilt werden[6].

(3) Der Präsident und die ernannten Mitglieder gehören allen Abteilungen an, sofern nicht für jede Abteilung besondere Mitglieder ernannt werden.

(4) Für jede der Abteilungen werden je vier Mitglieder und Stellvertreter durch den Magistrat und die Stadtverordnetenversammlung unter dem Vorsitz des Oberbürgermeisters nach den Grundsätzen der Verhältniswahl jedesmal auf sechs Jahre gewählt. Die Wahl der Mitglieder und der Stellvertreter hat auf Grund getrennter Wahlvorschläge zu erfolgen[7].

(5) Die Wahlzeit der bisherigen gewählten Mitglieder (Stellvertreter) endet mit Ablauf des Monats, in dem die Neuwahl stattfindet.

2. Die Bestimmungen der §§ 12 und 13 des Landesverwaltungsgesetzes vom 30. Juli 1883 (Gesetzsamml. S. 195) finden auf den Bezirksausschuß der neuen Stadtgemeinde keine Anwendung.

3. Die näheren Anordnungen über die Zahl der Abteilungen und die Verteilung der Dienstgeschäfte auf diese[8], ferner über den Zeitpunkt des Amtsbeginns der neugewählten Mitglieder (Stellvertreter) sowie über die Durchführung der Verhältniswahl erläßt der Minister des Innern[9].

1. Staatsministerium.

2. zugleich Präsident der Preußischen Bau- und Finanzdirektion, Vfg. v. 16. 11. 1922 (MinBlJust. 595, i. V. 1076).

3. also auch Klage an das OVG. § 11 II.

4. z. B. ZustG. (Nr. 2) § 161 I; PolizeikostenG. v. 3. 6. 1908 (GS. 149), Fassung v. 6. 11. 1924 (GS. 727) § 7 III. FischereiG. v. 11. 5. 1916 § 120.

5. Die Schulaufsichtsbehörde SchulUntG. v. 28. 7. 1906 (GS. 335) § 36 VII; der Polizeipräsident ZustG. §§ 115, 117, 124, 141; Vdg. v. 31. 12. 1883 (Nr. 17) § 3.

6. Zur Zeit zwei Abteilungen: die zweite für Steuern, Gebühren und Beiträge, die erste für alle übrigen Angelegenheiten, AusfBest. v. 29. 6. 1920 (MinBlInn. 279) § 39 Nr. 1.

7. nach den Bestimmungen über die Wahl der unbesoldeten Magistratsmitglieder, AusfBest. (wie Anm. 6) § 39 Nr. 2. Geschäftsverteilung und Einberufung ebenda Nr. 3.

8. AusfBest. (wie Anm. 6) § 39 Nr. 3.

9. G. v. 27. 4. 1920 (GS. 123) § 39; Übergangsvorschrift § 58, Nr. 11.

§ 44. In Angelegenheiten der kirchlichen Verwaltung tritt für den Stadtkreis Berlin an die Stelle der Regierungsabteilung für Kirchen- und Schulwesen der Polizeipräsident[1].

Bezüglich der Verwaltung des landesherrlichen Patronats[2] und des Schulwesens[3] verbleibt es bei den bestehenden Bestimmungen.

1. ZustVdg. v. 4. 8. 1924 betr. ev. Landeskirche (GS. 594) § 3; Vdg. StMin. v. 24. 10. 1924 betr. kath. Kirchenvermögen (GS. 731).

2. Vdg. v. 9. 9. 1876 (GS. 395) Art. III Nr. 3; Vdg. v. 5. 9. 1877 (GS. 215) Art. IV.

3. Bek. OPräs. v. 16. 2. 1826 (Amtsbl. Potsdam 47).

4. Beeinflußt durch G. v. 27. 4. 1920 §§ 42—52, Übergangsvorschrift § 58, Nr. 13, 14.

§ 45[1].

1. Aufgehoben durch G. v. 15. 11. 1919 (GS. 1920, 1). Vfg. FinMin. v. 29. 3. 1920 (FinMinBl. 108).

§ 46[1].

1. Aufgehoben durch EinkStG. v. 24. 6. 1891 (GS. 175) § 41 II, ersetzt durch EinkStG. v. 19. 6. 1906 (GS. 259) §§ 32 ff., jetzt erledigt wie § 45 Anm. 1.

§ 47. Für diejenigen Kategorien der in Berlin angestellten Beamten, bezüglich deren nicht die Zuständigkeit einer anderen Behörde in Disziplinarsachen begründet ist, behält es bei den Bestimmungen des § 25 des Gesetzes vom 21. Juli 1852 mit der Maßgabe sein Bewenden, daß die Einleitung des Disziplinarverfahrens, sowie die Ernennung des Untersuchungskommissars und des Vertreters des Staatsanwalts für die erste Instanz dem Oberpräsidenten von Berlin zusteht[1].

1. Wegen der Landgendarmen, jetzt Landjäger, AusfVdg. MinInn. v. 10. 4. 1913 (MinBlInn. 156), vgl. jetzt Vdg. v. 10. 3. 1919 (GS. 37). Vdg. v. 21. 6. 1920 (GS. 357).

V. Abschnitt.

Stellung der Behörden[1].

§ 48. Die dienstliche Aufsicht[2] über die Geschäftsführung des Kreis-(Stadt-)Ausschusses wird von dem Regierungspräsidenten, in Berlin von dem Oberpräsidenten, die Aufsicht über die Geschäftsführung des Bezirksausschusses von dem Oberpräsidenten, die Aufsicht über die Geschäftsführung des Provinzialrats von dem Minister des Innern geführt.

Vorstellungen gegen die geschäftlichen Aufsichtsverfügungen des Regierungspräsidenten unterliegen der endgültigen Beschlußfassung des Oberpräsidenten, Vorstellungen gegen die Aufsichtsverfügungen des Oberpräsidenten der endgültigen Beschlußfassung des Ministers des Innern.

Die Aufsichtsbehörden sind zur Vornahme allgemeiner[3] Geschäftsrevisionen befugt.

1. LVG. § 7. ZustG. 1876 §§ 1—3. OrgG. §§ 58, 59.

2. VerwDiszG. v. 21. 7. 1852 (GS. 465) § 18; DiszG. v. 9. 4. 1879 (GS. 345) § 23; AusfG. v. 21. 9. 1899 z. GVG. § 80. Ein sachliches Eingreifen ist nur im Umfange des § 50 III zulässig; vgl. aber Vfg. Min. Fin. Inn. v. 17. 1. 1905 (MinBlInn. 23) § 7 II.

3. Spezielle Revisionen nach Art der ehemaligen MilStr.-GerO. § 113 finden nicht statt.

§ 49. Die im § 48 bezeichneten Behörden haben sich gegenseitig[1] Rechtshilfe zu leisten. Sie haben den geschäftlichen Aufträgen und Anweisungen der ihnen im Instanzenzuge vorgesetzten Behörden Folge zu leisten.

1. Die Pflicht der Gerichte zur Rechtshilfe, die gegenwärtig in tatsächlicher und unbestrittener Übung ist, wird stillschweigend bestätigt in PrGKG. v. 31. 10. 1922 (GS. 363) § 7 (1) Nr. 2. Über die Rechtshilfepflicht gegenüber anderen Verwaltungsbehörden vgl. z. B. G. v. 25. 11. 1899 über die ärztlichen Ehrengerichte (GS. 565) § 11 I. Friedrichs Amtshilfe in Stengel-Fleischmanns Wörterbuch 1, 118.

Dritter Titel.

Verfahren.

I. Abschnitt.

Allgemeine Vorschriften[1].

§ 50. Das Gesetz bestimmt, in welcher Weise Verfügungen (Bescheide, Beschlüsse) in Verwaltungssachen angefochten werden können. Zur ersten Anfechtung dienen in der Regel die Beschwerde oder die Klage im Verwaltungsstreitverfahren[2].

Die Beschwerde ist ausgeschlossen, soweit das Verwaltungsstreitverfahren zugelassen ist, vorbehaltlich abweichender besonderer Bestimmungen des Gesetzes[3].

Unberührt[4] bleibt in allen Fällen die Befugnis der staatlichen Aufsichtsbehörden, innerhalb ihrer gesetzlichen Zuständigkeit Verfügungen und Anordnungen der nachgeordneten Behörden außer Kraft zu setzen, oder diese Behörden mit Anweisungen zu versehen[5].

1. KrO. §§ 136, 137; ProvO. § 127; BGG. § 81. ZustG. 1876 §§ 27, 39; OrgG. §§ 41—44, 49. Zu den allg. Vorschriften gehören ferner §§ 4, 6, 7, 48, 49, 68, 71, 72, 73, 75, 76, 77, 79, die sowohl im VerwStrVerf. als im BeschlußVerf. anzuwenden sind, und G. v. 28. 8. 1876 betr. die Geschäftssprache der Behörden, Beamten und politischen Körperschaften des Staats (Nr. 3) §§ 4—9.

2. ferner der Einspruch ZustG. §§ 10, 46, 47, 56; Komm.-AbgG. § 69, der Antrag auf mündliche Verhandlung § 69, ZustG. § 161 II.

3. § 128.

4. Der Abs. III schafft kein neues Recht.

5. Beschwerde der angewiesenen Behörde nur im Falle ZustG. § 145.

§ 51. Wo die Gesetze für die Anbringung der Beschwerde gegen Beschlüsse des Kreis-(Stadt-)Ausschusses, des Bezirksausschusses oder des Provinzialrats, oder der Klage beziehungsweise des Antrags auf mündliche Verhandlung im Verwaltungsstreitverfahren[1] eine andere als eine zweiwöchentliche Frist vorschreiben, beträgt die Frist fortan zwei Wochen. Das gleiche gilt von den im § 11 des Gesetzes vom 14. August 1876, betreffend die Verwaltung der den Gemeinden und öffentlichen Anstalten gehörigen Holzungen in den Provinzen Preußen, Brandenburg, Pommern, Posen, Schlesien und Sachsen, (Gesetz-Samml. S. 373) und im § 91 des Gesetzes vom 1. April 1879, betreffend die Bildung von Wassergenossenschaften, (Gesetz-Samml. S. 297[2]) vorgeschriebenen Fristen.

1. keine analoge Ausdehnung auf andere Fristen oder Verhältnisse.

2. Aufgehoben WasserG. § 399, 11.

§ 52. Die Fristen für die Anbringung der Beschwerde und der Klage beziehungsweise des Antrags auf mündliche Verhandlung im Verwaltungsstreitverfahren, sowie alle Fristen im Verwaltungsstreitverfahren sind präklusivisch[1] und beginnen, sofern nicht die Gesetze anderes[2] vorschreiben, mit der Zustellung[3]. Für die Berechnung der Fristen sind die bürgerlichen Prozeßgesetze maßgebend[4].

Bezüglich der Beschwerde kann die angerufene Behörde in Fällen unverschuldeter Fristversäumung Wiedereinsetzung in den vorigen Stand gewähren.

Für eine im Verwaltungsstreitverfahren zu gewährende Wiedereinsetzung in den vorigen Stand sind lediglich die für das Verwaltungsstreitverfahren besonders getroffenen Bestimmungen maßgebend (§ 112).

1. Ausnahmen für Irrläufer §§ 111 IV, 129 V, ZustG. § 56 II, für Erklärungsfristen LVG. §§ 65 I, 86 II.

2. z. B. § 100 in Verb. mit ZPO. § 586; FluchtlinienG. v. 2. 7. 1875 (GS. 561) § 7; KommAbgG. § 69; UnterbringungsG. v. 30. 3. 1920 (GS. 63) § 12 (2).

3. Über die Form der Zustellung vgl. GeschRegul. OVG. v. 22. 2. 1892 (MinBlInn. 133) § 16; Regul. v. 28. 2. 1884 für ProvRat (MinBlInn. 35) § 17, f. BezA. (MinBlInn. 37) § 17, f. KrA. (MinBlInn. 41) § 17; JagdO. v. 15. 7.

1907 (GS. 207) § 58 II; VerwZwO. v. 15. 11. 1899 (Nr. 5) §§ 9--16; AusfAnw. v. 28. 11. 1899 Art. 28, 29; AusfAnw. z. KommAbgG. Art. 43 Nr. 1 Abs. V. VI, Art. 45 Nr. 2 Abs. II; GewStG. v. 24. 6. 1891 § 32 II.

4. ZPO. §§ 222, 224 III in Verb. mit BGB. §§ 187 I 188 II, 190, 193. Jebens in PrVBl. 24, 773.

§ 53[1a]. Die Anbringung der Beschwerde sowie der Klage beziehungsweise des Antrags auf mündliche Verhandlung im Verwaltungsstreitverfahren hat, sofern nicht die Gesetze anderes[1b] vorschreiben, aufschiebende Wirkung. Verfügungen, Bescheide und Beschlüsse können jedoch, auch wenn dieselben mit der Beschwerde oder mit der Klage beziehungsweise dem Antrag auf mündliche Verhandlung im Verwaltungsstreitverfahren angefochten sind, zur Ausführung gebracht werden[2], sofern letztere nach dem Ermessen der Behörde ohne Nachteil für das Gemeinwesen nicht ausgesetzt bleiben kann[3], vorbehaltlich der Bestimmung im § 133 Absatz 3 dieses Gesetzes[4].

1a. Anzuwenden in kath. Schulbausachen G. v. 24. 11. 1925 (GS. 161) Art. 1 (6).

1b. Keine aufschiebende Wirkung besteht z. B. nach § 123 VI und RG. v. 30. 6. 1900 betr. die Bekämpfung gemeingefährlicher Krankheiten (RGBl. 306) und G. v. 28. 8. 1905 betr. die Bekämpfung übertragbarer Krankheiten (GS. 373) § 12 IV; ZustG. § 11 II, 18 V, 28 III, 34 V, 44 IV, 46 VII, 101; LGemO. (östl.) §§ 9 II, 67 III, 71 IV, 136; KommAbgG. § 75; KommBeamtG. § 7; Kr. und ProvAbgG. v. 23. 4. 1906 (GS. 163) §§ 11 V, 14 II, 28 V, 30 Nr. 4, § 34; G. v. 22. 3. 1906 (GS. 41) Art. IV § 5; JagdO. v. 15. 7. 1907 (GS. 207) §§ 59 II, 61 II. FischereiG. v. 11. 5. 1916 (GS. 55) §§ 55 (2), 60.

2. Beschwerde an die Aufsichtsbehörde nach § 133 II.

3. so auch G. v. 11. 5. 1842 (GS. 192) § 3; ZustG. § 55.
4. Weitere Ausnahme § 123 VI.

§ 54. Das Verfahren des Kreis-[1](Stadt-[2])Ausschusses und des Bezirksausschusses[3] in Angelegenheiten der allgemeinen Landesverwaltung ist entweder das Verwaltungsstreitverfahren[4] oder das Beschlußverfahren. I

II Das Verwaltungsstreitverfahren tritt in allen Angelegenheiten ein, in welchen die Gesetze von der Entscheidung in streitigen Verwaltungssachen oder von der Erledigung der Angelegenheit im Streitverfahren oder durch Endurteil oder von der Klage bei dem Kreisausschusse, dem Bezirksausschusse oder einem Verwaltungsgerichte sprechen, und wo sonst dieses Verfahren gesetzlich vorgeschrieben ist.

III In allen anderen Angelegenheiten ist das Verfahren des Kreis-(Stadt-)Ausschusses und des Bezirksausschusses das Beschlußverfahren.

IV **Das Oberverwaltungsgericht verfährt in den durch besondere gerichtliche Vorschriften bezeichneten Angelegenheiten im Beschlußverfahren, sonst im Verwaltungsstreitverfahren[5], der Provinzialrat nur im Beschlußverfahren.**

Zusammengesetzt von der Komm. HH. aus der § 45 der Regierungsvorlage und § 62 des Organisationsgesetzes KommBer. HH. Drucks. 1883 Nr. 158 S. 44, und schon für das damalige, vollends für das heutige Recht unvollständig.

1. außerdem Kommunalverwaltung KrO. östl. §§ 130, 166; landwirtschaftliche Unfallversicherung G. v. 23. 7. 1912 (GS. 207) § 4; Disziplinarverfahren KrO. §§ 68, 134 Nr. 3, ZustG. § 36.

2. außerdem landwirtschaftliche Unfallversicherung s. Anm. 2.

3*

3. außerdem Disziplinarverfahren ZustG. § 20; ProvO. § 98 Nr. 5; eine Art Verordnungsrecht JagdO. v. 15. 7. 1907 §§ 40, 42, 48, 49. Führung des Wasserbuches WasserG. v. 7. 4. 1913 (GS. 53) § 183. FischereiG. v. 11. 5. 1916 (GS. 55) § 11.

4. Im VerwStrV. verfahren auch der Bergausschuß, oben § 7 Anm. 2 und der Verbandsrat des Siedlungsverbandes Ruhrkohlenbezirk, G. v. 5. 5. 1920 (GS. 286) § 26.

5. Abs. IV Halbsatz 1 in der Fassung des G. v. 12. 3. 1924 (GS. 130) Art. IV, aber noch immer nicht vollständig. Das OVG. hat außerdem Kompetenzkonflikte, Disziplinarverfahren sowie freiwillige Gerichtsbarkeit: Vereidigung des Direktors und der Mitglieder der Hauptverwaltung der Staatsschulden und Verpflichtung des Präsidenten der Oberrechnungskammer als Mitglieder der Staatsschuldenkommission G. v. 28. 1. 1879 (GS. 10) § 1. Alle diese Verfahren gehören nicht zum VerwStrV. Ferner Beschwerdeinstanz im VerwStrV., § 78 II, 110 und im BeschlVerf., § 120 am Ende.

§ 55. Der Vorsitzende[1] des Kreis-(Stadt-)Ausschusses, des Bezirksausschusses und des Provinzialrats beruft[2] das Kollegium, leitet[3] und beaufsichtigt den Geschäftsgang und sorgt für die prompte Erledigung der Geschäfte. Er bereitet die Beschlüsse der Behörde vor und trägt für deren Ausführung Sorge. Er vertritt die Behörde nach außen, verhandelt namens derselben mit anderen Behörden und mit Privatpersonen, führt den Schriftwechsel und zeichnet alle Schriftstücke namens der Behörde.

1. oder Stellvertreter.
2. GeschRegul. ProvR., BezA. §§ 2—4, KrA. §§ 3, 4.
3. GeschRegul. ProvR. §§ 5—8, BezA., KrA. §§ 6—9.

§ 56. Soweit Geschäftsgang und Verfahren des Kreis-(Stadt-)Ausschusses, des Bezirksausschusses und des Provinzialrats nicht durch die nachstehenden oder durch besondere gesetzliche Bestimmungen geregelt sind, werden dieselbe durch Regulative[1] geordnet, welche der Minister des Innern erläßt.

1. OVG. v. 22. 2. 1892 (MinBlInn. 133); Nachtrag v. 15. 5. 1893 (MinBlInn. 123); ProvR., BezA., KrA. v. 28. 2. 1884 (MinBlInn. 35, 37, 41); Kreisausschuß in Hohenzollern v. 28. 2. 1884 (AmtsblSigm. 80); BergA. v. 8. 12. 1905 (Min.-BlHand. 333; Zschr. f. Berg-, Hütten- und SalinenW. 101; Zschr. f. Bergrecht 47, 137). Über die Ausdehnung auf die neuen Provinzen Bek. Min. Inn. f. Hannover v. 3. 1. 1885; Hessen-Nassau v. 9. 6. 1886; Westfalen v. 31. 5. 1887; Rheinprovinz v. 4. 4. 1888; Schleswig-Holstein v. 4. 3. 1889; Posen v. 8. 2. 1900.

§ 57[1a]. Die örtliche Zuständigkeit für das Verwaltungsstreit- und Beschlußverfahren bestimmt sich, wie folgt:

Zuständig in erster Instanz ist:

1) in Angelegenheiten, welche sich auf Grundstücke beziehen, die Behörde der belegenen Sache[1b];

2) in allen sonstigen Fällen die Behörde desjenigen Bezirks (Kreis, Regierungsbezirk, Provinz), in welchem die Person wohnt[2] oder die Korporation beziehungsweise öffentliche Behörde ihren Sitz[3] hat, welche im Verwaltungsstreitverfahren in Anspruch genommen wird oder auf deren Angelegenheiten sich die Beschlußfassung bezieht. Wenn die Korporation oder öffentliche Behörde ihren Sitz außerhalb ihres räumlichen Bezirks[4] hat, ist diejenige Behörde zuständig, welcher dieser Bezirk angehört.

Bezüglich des Kommunalverbandes der Provinz Brandenburg ist der Bezirksausschuß zu Potsdam zuständig.

1a. §§ 57—59 stammen aus ProvO. §§ 70, 71; BGB. §§ 31, 32, 34a; ZustG. 1876 §§ 13, 16, 20, 21, 22; OrgG. § 46—48.

1b. in Waldschutzsachen gelten die besonderen Vorschriften G. v. 6. 7. 1875 (GS. 416) §§ 8 III, 31 III; in Fürsorgesachen AusfVdg. v. 17. 4. 1924 § 30 (2) in der Fassung v. 17. 2. 1926 (GS. 80) Art. I § 5.

2. BGB. §§ 7—11; dagegen finden ZPO. §§ 13—16, 20 bis 35 keine Anwendung.

3. Vgl. BGB. § 24. Die Vorschriften ZPO. §§ 17—19 und der auf Grund der Berliner Gerichtsorganisation ergangenen Bek. RK. v. 21. 4. 1906 (RGBl. 464), Bek. JMin. v. 23., 24., 25. 4. 1906 (JMBl. 125, 128) könnten nur soweit herangezogen werden, als sie bestehende staatsrechtliche Sätze einfach wiederholen. Wegen der Fürsorgesachen vgl. Unt.-WohnsG. v. 30. 5. 1908 (RGBl. 381) §§ 38, 56, aufrechterhalten in FürsorgeVdg. v. 13. 2. 1924 (RGBl. I 100) § 29.

4. Dazu gehören diejenigen Landratsämter von Landkreisen, die ihren Sitz in den gleichnamigen Stadtkreisen haben, auch die von Niederbarnim und Teltow in Berlin, ferner eine große Anzahl von Behörden in Berlin, deren Bezirk teilweise einen oder mehrere Kreise, teilweise die ganze Provinz Brandenburg ohne Berlin umfaßt. Die Vorschrift gilt sicher auch dann, wenn nicht der gesetzliche Sitz, sondern nur die Geschäftsräume außerhalb des Bezirks sind.

§ 58[1]. Sind die Grundstücke in mehreren Bezirken belegen, oder ist es zweifelhaft, zu welchem Bezirke sie gehören, so wird die zuständige Behörde

1) für das Verwaltungsstreitverfahren durch den Bezirksausschuß und, wenn die Grundstücke in

verschiedenen Regierungsbezirken liegen, durch das Oberverwaltungsgericht,

2) für das Beschlußverfahren[2] durch den Regierungspräsidenten, den Oberpräsidenten oder den Minister des Innern, je nachdem die betreffenden Bezirke demselben Regierungsbezirke, derselben Provinz, aber verschiedenen Regierungsbezirken, oder verschiedenen Provinzen angehören,

endgültig[3] bestimmt[4].

Dasselbe findet statt, wenn die Personen oder Korporationen, deren Angelegenheit den Gegenstand der Entscheidung oder Beschlußfassung bildet, in mehreren Bezirken wohnen oder ihren Sitz haben[5].

1. Anwendbar auch nach HannovFischereiG. v. 26. 6. 1897 (GS. 196); vgl. FischereiG. v. 11. 5. 1916 (GS. 55) § 133, 12. AusfAnw. v. 29. 7. 1907 zur JagdO. (MinBlHand. 297) Nr. 14 Abs. II.

2. Die Bestellung gilt für das demnächstige VerwStrV. nur dann, wenn dieses durch Antrag auf mündliche Verhandlung nach § 69 eröffnet wird.

3. § 126, gegen die Ablehnung Beschwerde nach § 110.

4. Die Verjährung wird durch den bloßen Antrag auf Bestellung der zuständigen Behörde unterbrochen BGB. §§ 210, 220; AG. z. BGB. Art. 8 § 2; die Ausschlußfrist nur dann, wenn neben dem Antrag auf Bestellung zugleich eine vollständige Klage oder Beschwerde vorgelegt wird.

5. Das OVG. ist auch in Fürsorgesachen zuständig.

§ 59. Ist bei einer Angelegenheit, welche zur Zuständigkeit des Kreis-(Stadt-)Ausschusses gehört, die betreffende Kreiskorporation (Stadtgemeinde) als solche beteiligt[1], so wird

1) für das Verwaltungsstreitverfahren von dem Bezirksausschusse und, wenn ein Stadtkreis beteiligt ist, von dem Oberverwaltungsgerichte,
2) für das Beschlußverfahren von dem Regierungspräsidenten, für Berlin von dem Oberpräsidenten,

ein anderer Kreis- oder Stadtausschuß mit der Entscheidung oder Beschlußfassung beauftragt.

1. Ausnahme: FürsAusfVdg. v. 17. 4. 1924 (GS. 210); § 30 (2).

§ 60[1]. Die Vollstreckung[2] im Verwaltungsstreitverfahren und im Beschlußverfahren erfolgt im Wege des Verwaltungszwangsverfahrens[3]. Die Vollstreckung wird namens der Behörde, welche in der ersten Instanz entschieden beziehungsweise beschlossen hatte, von deren Vorsitzendem verfügt[4]. Über Beschwerden[5] gegen die Verfügungen des Vorsitzenden entscheidet die Behörde. Gegen die Entscheidung der Behörde findet innerhalb zwei Wochen die Beschwerde an die im Instanzenzuge zunächst höhere Behörde[6] statt.

Die Entscheidung der letzteren ist endgültig.

1. Stammt aus KrO. § 165. VGG. § 79. Anwendbar auf die Landeskulturbehörden, G. v. 3. 6. 1919 (GS. 101) § 28 und nach UntWohnsG. v. 30. 5. (7. 6.) 1908 (RGBl. 380) § 53, FürsVdg. v. 13. 2. 1924 (RGBl. I 100) § 29.

2. Wegen der Kosten Vfg. MinFinInn. v. 17. 1. 1905 (MinBlInn. 23).

3. Vdg. v. 15. 12. 1899 (Nr. 5); AusfAnw. v. 28. 11. 1899; soweit es sich um Handlungen, Duldungen oder Unterlassungen handelt, sind §§ 132, 133 anzuwenden; soweit dem Vorsitzenden die Zuständigkeit fehlt, greift § 49 ein.

4. Vollstreckung gegen Fiskus, Gemeinden, Kommunalverbände und gegen Korporationen, deren Vermögen von Staatsbehörden verwaltet wird: im ehemaligen Geltungsgebiet des ALR.: Allg. GerO. Anhang § 153 zu Teil I, Titel 24 § 45; Teil I Titel 35 § 33 und Anhang § 242; im ehemaligen Geltungsgebiet des Rheinischen Rechts Konsularbeschluß v. 12. Brumaire XI (3. 11. 1802); Staatsratsgutachten v. 11./26. 5. 1813 (v. Daniels 4, 421; 5, 860. Friedrichs, Rheinisches Verwaltungsrecht 374); im ehemaligen Geltungsgebiet des Gemeinen Rechts Erl. JustMin. v. 18. 7. 1881 (JMBl. 160). Vogeler, Verwaltungszwang (1914). Waldecker, Zwangsvollstreckung (1918). Friedrichs, Verwaltungsrechtspflege § 645.

5. ohne Frist; nur in Waldschutzsachen gilt eine zehntägige Frist WaldSchG. v. 6. 7. 1875 (GS. 416) § 20.

6. in Fürsorgesachen das OVG.

II. Abschnitt.

Verwaltungsstreitverfahren.

1. Von der Ausschließung und Ablehnung der Gerichtspersonen[1].

§ 61. Die Bestimmungen der bürgerlichen Prozeßgesetze[2] über Ausschließung und Ablehnung der Gerichtspersonen[3] finden für das Verwaltungsstreitverfahren sinngemäße Anwendung.

Aus der innerhalb seiner Zuständigkeit geübten amtlichen Tätigkeit des Landrats beziehungsweise des Regierungspräsidenten darf kein Grund zur Ablehnung desselben wegen Besorgnis der Befangenheit entnommen werden.

1. KrO. § 139; VGG. §§ 33, 34.

2. ZPO. §§ 41—49. Über die (streitige) Anwendbarkeit vgl. Friedrichs, Verwaltungsrechtspflege 1, 220.

3. §§ 75, 77 II; ZPO. § 49.

§ 62. Über das Ablehnungsgesuch beschließt das Gericht, welchem der Abgelehnte angehört, und wenn der Vorsitzende des Kreis-(Stadt-) oder Bezirksausschusses abgelehnt werden soll, das nächst höhere Gericht[1].

Der Beschluß, durch welchen das Gesuch für begründet erklärt wird, ist endgültig[2]. Wird das Gesuch für unbegründet erklärt, so steht der mit demselben zurückgewiesenen Partei innerhalb zwei Wochen die Beschwerde an das im Instanzenzuge zunächst höhere Gericht zu. Das letztere entscheidet endgültig. Die Verhandlung über die Ablehnung erfolgt in nicht öffentlicher Sitzung.

Das im Instanzenzuge zunächst vorgesetzte Gericht entscheidet desgleichen endgültig und bestimmt das zuständige Gericht, wenn das Gericht, dem das ausgeschlossene oder abgelehnte Mitglied angehört, bei dessen Ausscheiden beschlußunfähig wird.

1. Auch wenn in der Hauptsache eine andere Behörde zuständig sein würde wie in dem Falle ZustG. § 36 Nr. 4, §§ 78 II, 113 und in Fürsorgesachen, ist der BezA. oder das OVG. zuständig.

2. Wiederaufnahme des Verfahrens § 100 in Verb. mit ZPO. § 579 Nr. 2, 3.

2. Von dem Verfahren in erster Instanz[1].

§ 63. Die Klage ist bei dem zuständigen Gericht[2] schriftlich einzureichen[3]. Die Klage beim Kreisausschusse kann zu Protokoll erklärt werden. In der

Klage ist ein bestimmter Antrag zu stellen, und sind die Person des Beklagten, der Gegenstand des Anspruchs, sowie die den Antrag begründenden Tatsachen genau[4] zu bezeichnen.

1. KrO. §§ 140—154. LVG. §§ 35—51. § 74 entwickelt aus ZustG. 1876 § 14.

2. Ausnahme § 129 II. Über die örtliche Zuständigkeit vgl. § 57.

3. Wahrung der Frist durch Einreichung. Im übrigen Eintritt der Rechtshängigkeit (BGB. §§ 291, 292, 818) und der übrigen Wirkungen der Klageerhebung (BGB. §§ 209, 211, 212, 220, 284, 285), die wenigstens in bezug auf Wildschaden und die Ansprüche aus der Bereicherung und Geschäftsführung reichsgesetzliche Geltung haben, erst mit der Zustellung, EG. z. BGB. Art. 152. Nicht anwendbar sind ZPO. §§ 264—266, 271, 276, 281 und vor allen Dingen nicht §§ 693, 695, 700, 701. Friedrichs, Verwaltungsrechtspflege 424.

4. Ergänzung und Berichtigung des sachlichen Inhalts einer formell ausreichenden Klageschrift § 71, Vervollständigung einer materiell unvollständigen Klage ZustG. §§ 47, 48, 56. Klageänderung § 71 II.

§ 64[1]. Stellt sich der erhobene Anspruch sofort als I
rechtlich unzulässig oder unbegründet heraus, so kann die Klage ohne weiteres durch einen mit Gründen versehenen Bescheid zurückgewiesen werden.

Scheint der erhobene Anspruch dagegen rechtlich II
begründet, so kann dem Beklagten ohne weiteres durch einen mit Gründen versehenen Bescheid die Klaglosstellung des Klägers aufgegeben werden[2].

Namens des Kreisausschusses steht auch dem Vor- III
sitzenden desselben, namens des Bezirksausschusses

auch dem Vorsitzenden [im Einverständnis mit den ernannten Mitgliedern[3]] der Erlaß eines solchen Bescheides zu.

IV In dem Bescheide ist den Parteien zu eröffnen[4], daß sie befugt seien, innerhalb zwei Wochen, vom Tage der Zustellung ab, entweder die Anberaumung der mündlichen Verhandlung zu beantragen oder dasjenige Rechtsmittel[5] einzulegen, welches zulässig wäre, wenn der Bescheid als Entscheidung des Kollegiums ergangen wäre.

V Wird mündliche Verhandlung beantragt, so muß dieselbe zunächst stattfinden.

VI Hat einer der Beteiligten mündliche Verhandlung beantragt, ein anderer das Rechtsmittel eingelegt, so wird nur dem Antrag auf mündliche Verhandlung stattgegeben.

VII Wird weder mündliche Verhandlung beantragt, noch das Rechtsmittel eingelegt, so gilt der Bescheid als endgültiges Urteil.

1. Anwendbar nach § 111 III.

2. Der zusprechende und der abweisende Vorbescheid sind auch in Fürsorgesachen zulässig, dagegen nicht in den Fällen GewO. § 21, LVG. § 69, im Disziplinar- oder Kompetenzkonfliktverfahren und den höheren Instanzen.

3. Abs. III gilt vorübergehend in der Fassung des G. v 13. 5. 1918 (GS. 53) Art. 1, 3: „Namens des Kreisausschusses und namens des Bezirksausschusses steht auch dem Vorsitzenden der Erlaß eines solchen Bescheides zu". Geltungsdauer wie § 31 Anm. 3.

4. Über die Form Regul. ProvR., BezA., KrA. § 16. BergA. § 15. Anwendbar ist ferner § 103 II trotz § 107 Nr. 2.

5. in Fürsorgesachen die Berufung an das Bundesamt.

§ 65[1]. Wird ein Bescheid nach den Bestimmungen des § 64 nicht erlassen, so ist die Klage dem Beklagten mit der Aufforderung zuzufertigen, seine Gegenerklärung[2] innerhalb einer bestimmten, von einer bis zu vier Wochen zu bemessenden Frist schriftlich einzureichen. Wenn das Verfahren bei dem Kreisausschusse anhängig ist, so kann die Gegenerklärung auch zu Protokoll erklärt werden.

Die Frist kann in nicht schleunigen Sachen der Regel nach nicht über zwei Wochen verlängert werden. Die Gegenerklärung des Beklagten wird dem Kläger zugefertigt.

1. Gilt nur in I. Instanz; wegen der Oberinstanzen vgl. §§ 86, 95.
2. Repliken und weitere Schriftsätze § 68 III.

§ 66[1]. Allen Schriftstücken sind die als Beweismittel in bezug genommenen Urkunden im Original oder in Abschrift beizufügen. Von allen Schriftstücken und deren Anlagen sind Duplikate einzureichen[2].

Das Gericht kann geeignetenfalls gestatten, daß statt der Einreichung von Duplikaten die Anlagen selbst zur Einsicht der Beteiligten in seinem Geschäftslokale offen gelegt werden.

1. Gültig in den Oberinstanzen, §§ 92, 95.
2. Über die Anfertigung durch das Gericht auf Kosten der Parteien GeschRegul. BezA., KrA. § 6 III. BergA. § 5 III.

§ 67[1]. [Ist weder vom Kläger noch vom Beklagten die Anberaumung der mündlichen Verhandlung ausdrücklich verlangt, so kann das Gericht auch ohne solche Verhandlung schon auf Grund der Erklärung der Parteien seine Entscheidung in der Form eines mit Gründen versehenen Bescheides fällen. Dabei gelten die Bestimmungen der Absätze 4 bis 7 des § 64[2].]

Erscheint durch die Erklärung der Parteien das Sach- und Rechtsverhältnis genügend geklärt, so kann auf Grund dieser Erklärungen das Gericht oder namens desselben der Vorsitzende auch ohne mündliche Verhandlung seine Entscheidung in der Form eines mit Gründen versehenen Bescheides[2] fällen. Dabei gelten die Bestimmungen des § 64[3].

1. Wegen der höheren Instanzen vgl. §§ 89, 95.

2. Über den Bescheid in Waldschutzsachen, der in Wahrheit ein Beschluß (im Beschlußverfahren) ist, vgl. G. v. 6. 7. 1875 (GS. 416) §§ 15, 33, 36.

3. Vorübergehende Fassung des G. v. 13. 5. 1918 (GS. 53) Art. 1, Nr. 4. Geltungsdauer wie § 31 Anm. 3.

§ 68[1]. [Hat dagegen auch nur eine Partei die Anberaumung der mündlichen Verhandlung gefordert oder[2]] erachtet das Gericht eine solche für erforderlich, so werden[3] die Parteien zur mündlichen Verhandlung[4] unter der Verwarnung[5] geladen[6], daß beim Ausbleiben nach Lage der Verhandlungen werde entschieden werden.

Das Gericht kann zur Aufklärung des Sachverhältnisses das persönliche Erscheinen einer Partei anordnen[7].

Den Parteien steht es frei, ihre Erklärungen, auch ohne dazu besonders aufgefordert zu sein, vor dem Termine schriftlich einzureichen und zu ergänzen. Das Duplikat solcher Erklärungen ist der Gegenpartei zuzufertigen. Kann dies nicht mehr vor dem Termine zur mündlichen Verhandlung bewirkt werden, so ist der wesentliche Inhalt der Erklärungen in dieser Verhandlung mitzuteilen[8]).

1. Gilt auch im Verfahren aus § 69 und nach erhobenem Einspruch gegen einen Vorbescheid § 64, oder Bescheid § 67. Wegen der höheren Instanzen vgl. §§ 90, 95.

2. Die eingeklammerten Worte durch die Änderung des § 67 gegenstandslos.

3. nach Fertigstellung des Referats GeschRegul. OVG. § 8 I.

4. Sitzungstage GeschRegul. BAH. § 1; OVG. § 6 I; BezA. § 2; Ermessen des Vorsitzenden GeschRegul. BergA. § 2, KrA. § 3. Ferien OVG. v. 15. 7.—15. 9. GeschRegul. § 18 I; BAH. v. 1. 7.—31. 8. GeschRegul. § 2; ProvR., BezA., KrA. v. 21. 7.—1. 9. GeschRegul. ProvR. § 2, BezA., KrA. § 5. Der BergA. hat keine Ferien.

5. § 79 Satz 2. 6. § 52 Anm. 3.

7. kein Zwangsmittel, kein Rechtsmittel gegen die Ablehnung.

8. wenn der Gegner anwesend ist.

§ 69. Wo die Gesetze[1] zur Einleitung des Verwaltungsstreitverfahrens statt der Klage den Antrag auf mündliche Verhandlung im Verwaltungsstreitverfahren geben, erfolgt auf den Antrag ohne weiteres[2] die Vorladung der Parteien zur mündlichen Verhandlung.

Der Antrag muß alles enthalten, was nach § 63 für den Klageantrag[3] erfordert wird, soweit dasselbe nicht aus den Vorverhandlungen bei der Behörde sich ergibt.

1. z. B. WaldSchG. v. 6. 7. 1875 (GS. 416) §§ 15, 33, 36; ZustG. §§ 114 II, 115 II, 117, 124 II, 140 II.

2. nach Zustellung der Beiladung § 70, Erledigung der Beweisaufnahme § 76 und Fertigstellung des Referats GeschRegul. OVG. § 8 I.

3. soll heißen Klageschrift.

§ 70. Das Gericht kann[1] auf Antrag oder von Amts wegen die Beiladung Dritter, deren Interesse durch die zu erlassende Entscheidung berührt wird, verfügen[2]. Die Entscheidung ist in diesem Falle auch den Beigeladenen gegenüber gültig[3].

1. Auch in der Berufungsinstanz § 92. Notwendige Beiladung: Friedrichs, Verwaltungsrechtspflege 2, 628 § 313.

2. Die Verfügung ist unanfechtbar, gegen die Ablehnung Beschwerde aus § 110.

3. Diesem Satz gibt das OVG. eine aus dem Wortsinne nicht ohne weiteres erkennbare Bedeutung, vgl. Kunze im VerwArch. 1, 198—212; Anschütz ebenda 5, 403; Schultzenstein ebenda 9, 100; Kunze, VerwStrV. 1, 36—58; Friedrichs, Verwaltungsrechtspflege 2, 628 § 312. OVG. 10, 87; 11, 192; 15, 75; 18, 413; in PrVBl. 11, 287 r.; 22, 56 l.; KAH. in PrVBl. 12, 595; 16, 614.

I § 71[1]. In der mündlichen Verhandlung sind die Parteien oder ihre mit Vollmacht[2] versehenen Vertreter zu hören.

II Dieselben können ihre tatsächlichen oder rechtlichen Anführungen ergänzen oder berichtigen und die Klage abändern, insofern durch die Abänderung nach dem Ermessen des Gerichts das Verteidigungsrecht der Gegenpartei nicht geschmälert oder eine erhebliche Verzögerung des Verfahrens nicht herbeigeführt wird. Sie haben sämtliche Beweismittel anzugeben und, soweit dies nicht bereits geschehen, die schriftlichen ihnen zu Gebote stehenden Beweismittel vorzulegen; auch können von ihnen Zeugen zur Vernehmung vorgeführt werden.

III Der Vorsitzende des Gerichts hat dahin zu wirken, daß der Sachverhalt vollständig aufgeklärt und die sachdienlichen Anträge von den Parteien gestellt werden.

Er kann einem Mitgliede des Gerichts gestatten, das Fragerecht auszuüben. III

Eine Frage ist zu stellen, wenn das Gericht diese für angemessen erachtet. IV

1. Anwendbar (beschränkt nach) §§ 92, 95, 119 III; auch in Wasserbeschlußsachen, LWasserA. in PrVBl. 38, 43 r. Ergänzt durch GeschRegul. OVG. § 8; ProvR. §§ 10—12; BezA., KrA. §§ 11—13; BergA. §§ 10—13.

2. Stempel: G. v. 27. 10. 1924 (GS. 627); TarifSt. 19 (7) b; Fassung des G. v. 26. 7. 1926 (GS. 233).

§ 72[1]. Die mündliche Verhandlung erfolgt in öffentlicher Sitzung des Gerichts. I

Die Öffentlichkeit kann durch einen öffentlich zu verkündigenden Beschluß ausgeschlossen werden[2], wenn das Gericht dies aus Gründen des öffentlichen Wohls oder der Sittlichkeit für angemessen erachtet. II

Der Vorsitzende kann[3] aus der öffentlichen Sitzung jeden Zuhörer entfernen lassen, der Zeichen des Beifalls oder des Mißfallens gibt oder Störung irgendeiner Art verursacht. III

Parteien[4], Zeugen, Sachverständige, welche den zur Aufrechthaltung der Ordnung erlassenen Befehlen des Vorsitzenden nicht gehorchen, können auf Beschluß des Gerichts aus dem Sitzungszimmer entfernt werden[5]. Gegen die bei der Verhandlung beteiligten Personen wird sodann in gleicher Weise verfahren, wie wenn sie sich freiwillig entfernt hätten. IV

1. Anwendbar in den höheren Instanzen §§ 92—95; im Kompetenzkonfliktsverfahren §§ 113, 114; im Beschlußver-

fahren § 119. In Gewerbesachen finden auf die Öffentlichkeit GVG. §§ 173—176 Anwendung GewO. § 21 Nr. 5. Der § 72 ist nicht anwendbar nach § 157 Nr. 2. Die Verhandlungen vor dem BAH. sind immer öffentlich, UntWohnsG. v. 30. 5. 1908 (RGBl. 381) § 50. Nicht öffentlich § 62 II; FürsVdg. § 29.

2. StrGB. § 184 II ist anwendbar, aber weder GVG. § 175 II, noch RG. v. 5. 4. 1888 (RGBl. 133) Art. II, III.

3. Beschwerde nach § 110.

4. ohne Ausnahme, auch öffentliche Beamte und Rechtsanwälte.

5. Beschwerde nach § 110, eventuell Revision.

§ 73. Die Parteien sind in der Wahl der von ihnen zu bestellenden Bevollmächtigten nicht beschränkt[1].

Das Gericht kann Vertreter, welche, ohne **Verwaltungsrechtsräte oder**[2] Rechtsanwälte zu sein, die Vertretung vor dem Gerichte geschäftsmäßig betreiben, zurückweisen. Eine Anfechtung dieser Anordnung findet nicht statt.

Gemeindevorsteher, welche als solche legitimiert sind, bedürfen zur Vertretung ihrer Gemeinden einer besonderen Vollmacht nicht[3].

1. auch in den Fällen ZustG. §§ 4 III, 21 II, 37 II; KrO. § 180 III; LGemO. 88, 1 I, § 144 II.

2. G. v. 25. 5. 1926 (unter Nr. 3b) § 12.

3. Vorsteher aller öffentlich-rechtlichen Körperschaften, OVG. in **4**, 408; **13**, 82; in PrVBl. **8**, 169 r.; **11**, 115 l.; **12**, 279. Friedrichs, Verwaltungsrechtspflege **2**, 587. Die Vorschrift wird wiederholt in WasserG. § 212 (3), § 299 (3) FischereiG. § 41 (3). PrAusfVdg. v. 15. 12. 1919 zum SiedlungsG. § 22 (3), Vertretung der Justizbehörden im Verw.-StrVerf. Vfg. JustMin. v. 19. 1. 1898 (JustMinBl. 29).

§ 74[1]. Liegt einer öffentlichen Behörde als Partei die Wahrnehmung des öffentlichen Interesses ob, so kann auf deren Antrag der Regierungspräsident für die mündliche Verhandlung vor dem Bezirksausschusse, und der Ressortminister für die mündliche Verhandlung vor dem Oberverwaltungsgerichte einen Kommissar zur Vertretung der Behörde bestellen.

Der Regierungspräsident beziehungsweise der Ressortminister kann in geeigneten Fällen auch ohne Antrag einer Partei einen besonderen Kommissar zur Wahrnehmung des öffentlichen Interesses für die mündliche Verhandlung bestellen[2]. Der Kommissar ist vor Erlaß des Endurteils[3] mit seinen Ausführungen und Anträgen zu hören, zur Einlegung von Rechtsmitteln aber nicht befugt[4].

Der Vorsitzende des Kreis-(Stadt-)Ausschusses beziehungsweise des Bezirksausschusses und der Ressortminister hat behufs der erforderlichen Wahrnehmung des öffentlichen Interesses einen Kommissar zu bestellen, wenn das Gesetz[5] die öffentliche Behörde, welche die Rolle des Klägers oder des Beklagten wahrzunehmen hat, nicht bezeichnet.

1. Anwendbar in den höheren Instanzen §§ 92—95, aber nicht im BeschlVerf. § 119 III.

2. vor jeder Instanz. Anzeigepflicht der Präsidenten des OVG. GeschRegul. § 6. Vor dem wasserwirtschaftlichen Senat der OVG. gilt Vdg. StMin. v. 12. 3. 1924 (GS. 130) Art. I § 5 (2).

3. nach den Parteien GeschRegul. OVG. § 8 IV; BezA. § 11 I. BergA. § 10 I.

4. Trotzdem Zustellung des Urteils § 81.

5. Beispiele: WaldschutzG. v. 6. 7. 1875 (GS. 416) §§ 15,

36, 45; G. v. 14. 3. 1881 (GS. 261) § 4 III; ZustG. (Nr. 2) §§ 26, 114, 115, 117; AnsiedlungsG. v. 10. 8. 1904 (GS. 227) Art. I § 18 II; Erl. Min. Kult. Inn. Hand. Fin. v. 28. 12. 1904 (MBlInn. 1905, 2) Nr. 10.

§ 75[1]. **[Die mündliche Verhandlung erfolgt unter Zuziehung eines vereidigten Protokollführers. Das Protokoll muß die wesentlichen Hergänge der Verhandlung enthalten. Dasselbe wird von dem Vorsitzenden und dem Protokollführer unterzeichnet[2].]**

1. Gilt vorübergehend in der Fassung: „Über die mündliche Verhandlung ist entweder von einem vereidigten Protokollführer oder einem Mitgliede des Gerichtshofs eine Niederschrift zu verfassen", G. v. 13. 5. 1918 (GS. 53) Art. 1 Nr. 5. Geltungsdauer wie § 31 Anm. 3.

2. Anwendbar in den höheren Instanzen §§ 92, 95, und im BeschlVerf. § 119 III, aber nicht bei der Beweisaufnahme, § 77 II; Regul. ProvR., BezA., KrA. § 12. Über die Gerichtsschreiber vgl. im übrigen VerwGerG. (Nr. 6) § 30a; Regul. OVG. § 4 I, § 13 II; ProvR. §§ 5, 20; BezA. §§ 6 II, 21; BergA. § 5 II. KrO. § 116, 7, § 134, 3; Regul. KrA. § 6 II.

§ 76[1]. **[Das Gericht ist befugt — geeignetenfalls schon vor Anberaumung der mündlichen Verhandlung — Untersuchungen an Ort und Stelle zu veranlassen, Zeugen und Sachverständige zu laden und eidlich zu vernehmen, überhaupt den angetretenen oder nach dem Ermessen des Gerichts erforderlichen Beweis in vollem Umfange zu erheben[2].]**

1. Geändert aus KrO. § 146 (trennte die staatsrechtliche Vorschrift von der verfassungsrechtlichen). VGG. § 46. Das Gesetz gilt vorübergehend in der Fassung: „Das Gericht oder namens desselben der Vorsitzende ist

befugt, geeignetenfalls schon vor Anberaumung der mündlichen Verhandlung Untersuchungen an Ort und Stelle zu veranlassen, Zeugen und Sachverständige zu laden und eidlich zu vernehmen, überhaupt den angetretenen oder für erforderlich erachteten Beweis in vollem Umfange zu erheben." G. v. 13. 5. 1918 (GS. 101) Art. 1 Nr. 6. Geltung wie § 31 Anm. 3.

2. Anwendbar in der Berufungsinstanz § 92, und im Beschlußverfahren § 120, auch in Gewerbesachen GewO. § 21, 1. Dagegen galt in Heimatssachen AG. v. 8. 3. 1871 z. UntWohnsG. (GS. 130) § 49 I, aufgehoben AusfVdg. v. 17. 4. 1924 (GS. 210) § 33.

§ 77. Das Gericht kann die Beweiserhebung durch eines seiner Mitglieder oder erforderlichenfalls durch eine zu dem Ende zu ersuchende[1] sonstige Behörde bewirken lassen. Es kann verordnen, daß die Beweiserhebung in der mündlichen Verhandlung stattfinden soll.

Die Beweisverhandlungen sind unter Zuziehung eines vereidigten oder von der betreffenden Behörde durch Handschlag zu verpflichtenden Protokollführers[2] aufzunehmen; die Parteien sind zu denselben zu laden.

1. § 49. 2. § 61 I.

§ 78[1]. Hinsichtlich der Verpflichtung, sich als Zeuge oder Sachverständiger vernehmen zu lassen, sowie hinsichtlich der im Falle des Ungehorsams zu verhängenden Strafen kommen die Bestimmungen der bürgerlichen Prozeßgesetze[2] mit der Maßgabe zur Anwendung, daß im Falle des Ungehorsams die zu erkennende Geldbuße den Betrag von einhundertfünfzig Mark nicht übersteigen darf[2a].

Gegen die eine Strafe oder die Nichtverpflichtung des Zeugen oder Sachverständigen aussprechende Entscheidung steht den Beteiligten innerhalb zwei Wochen die Beschwerde[3] an das im Instanzenzuge zunächst vorgesetzte Gericht, gegen die in zweiter Instanz ergangene Entscheidung des Bezirksausschusses die weitere Beschwerde[4] an das Oberverwaltungsgericht zu[5].

1. Anwendbar auch im Disziplinarverfahren vor dem OVG., BezA., KrA.; in Heimatssachen galt AG. v. 8. 3. 1871 z. UntWohnsG. (GS. 130) § 49 II, aufgehoben durch AusfVdg. v. 17. 4. 1924 (GS. 210) § 33.

2. ZPO. §§ 375 II, 376, 378, 380—385, 390, 402, 406 bis 409.

2a. Eine Abweichung von der ZPO. besteht nicht mehr, da in beiden Verfahren der Höchstbetrag der Geldstrafe auf 1000 RM. bemessen ist, Vdg. v. 6. 2. 1924 über Vermögensstrafen und Bußen (RGBl. I S. 44) Art. II Abs. 2; Zweite DurchfVdg. v. 12. 12. 1924 zum MünzG. (RGBl. I S. 775) § 2.

3. Berechnung § 52, aufschiebende Wirkung § 53.

4. Ausnahme von § 110.

5. Über die Gebühren vgl. § 106.

§ 79[1]. Das Gericht hat nach seiner freien, aus dem ganzen Inbegriffe der Verhandlungen und Beweise geschöpften Überzeugung zu entscheiden. Beim Ausbleiben der betreffenden Partei oder in Ermangelung einer Erklärung derselben können die von der Gegenpartei vorgebrachten Tatsachen für zugestanden erachtet werden. Die Entscheidungen dürfen nur die zum Streitverfahren vorgeladenen Parteien und die in demselben erhobenen Ansprüche betreffen.

1. Anwendbar auch in den höheren Instanzen §§ 92, 95, auch in Gewerbe- und Fürsorgesachen, für Bescheide § 67, und Vorbescheide § 64. Alle diese Entscheidungen sind Urteile im Sinne BGB. § 839.

§ 80[1]. Die Entscheidung kann ohne vorgängige Anberaumung einer mündlichen Verhandlung erlassen werden, wenn beide Teile auf eine solche ausdrücklich verzichtet haben.

1. Gültig auch in den höheren Instanzen §§ 92, 95, aber nicht in Gewerbesachen.

§ 81. Die Verkündigung der Entscheidung erfolgt der Regel nach[1] in öffentlicher Sitzung[2] des Gerichts. Eine mit Gründen versehene Ausfertigung[3] der Entscheidung ist den Parteien und, sofern ein besonderer Kommissar zur Wahrnehmung des öffentlichen Interesses bestellt war (§ 74 Absatz 2), gleichzeitig auch diesem zuzustellen[4]. Die Zustellung genügt, wenn die Verkündigung in öffentlicher Sitzung nicht erfolgt ist.

1. In Gewerbesachen und in Fürsorgesachen II. Instanz ausnahmslos, Regul. BezA., KrA. § 14 III; BAH. § 6 III.

2. Über die Anberaumung einer besonderen Spruchsitzung Regul. OVG. § 9 II; BezA., KrA. § 14 III; BergA. § 13 II; ferner LVG. §§ 82 II, 83 III, 93 II, 95 I.

3. Regul. OVG. §§ 12 II, 13; BAH. § 9; ProvR. § 15; BezA., KrA. §§ 15, 16. BergA. §§ 14, 15.

4. Wegen der höheren Instanzen vgl. §§ 92, 95, 98; Unt.-WohnsG. v. 30. 5. 1908 (RGBl. 381) § 50 II. FürsorgeVdg. v. 13. 2. 1924 § 29. Form der Zustellung § 52 Anm. 3.

3. Von dem Verfahren in den weiteren Instanzen und von der Wiederaufnahme des Verfahrens[1].

§ 82. Gegen die in streitigen Verwaltungssachen ergangenen Endurteile der Kreisausschüsse und gegen die Bescheide in den Fällen der §§ 64 und 67 steht, soweit nicht gemäß besonderer gesetzlicher Vorschrift diese Urteile endgültig[2] oder die gegen dieselben stattfindenden Rechtsmittel in abweichender Weise geregelt[3] sind, den Parteien und aus Gründen des öffentlichen Interesses[4] dem Vorsitzenden des Kreisausschusses die Berufung an den Bezirksausschuß zu.

Will der Vorsitzende des Kreisausschusses gegen eine Entscheidung des letzteren die Berufung einlegen, so hat er dies sofort zu erklären. Die Verkündigung[5] der Entscheidung bleibt in diesem Falle einstweilen, jedoch längstens drei Tage ausgesetzt. Sie erfolgt mit der Eröffnung, daß im öffentlichen Interesse die Berufung eingelegt worden sei. Ist die Verkündigung ohne diese Eröffnung erfolgt, so findet die Berufung im öffentlichen Interesse nicht mehr statt. Die Gründe der Berufung sind den Parteien zur schriftlichen Erklärung innerhalb der im § 86 gedachten Frist mitzuteilen. Nach Ablauf der Frist sind die Verhandlungen dem Bezirksausschusse einzureichen und die Parteien hiervon zu benachrichtigen.

1. KrO. §§ 155—161. VGG. §§ 52—70.

2. Beispiele: Feld und Forst PG. v. 21. 1. 1926 (GS. 83) §§ 72, 80; AusfVdg. v. 17. 4. 1924 zur FürsorgeVdg. (GS. 210) § 23 (2); G. v. 22. 7. 1922 zur Regelung der Grenzen der Bergwerkfelder (GS. 203) § 6 (1); G. v. 22. 4. 1922 über die Vereinigung von Steinkohlenfeldern im Oberbergamtsbezirk Dortmund (GS. 93) § 6.

3. Beispiele: ZustG. (Nr. 2) § 36, Nr. 4 § 78; G. v. 3. 1. 1924 über die Verleihung von Braunkohlenfeldern an den Staat (GS. 18) Art. V (3); AusfG. v. 29. 3. 1924 zum JugendwohlfahrtG. (GS. 180) § 17.

4. in Gewerbesachen nicht, GewO. § 21 Nr. 4.

5. oder Zustellung, abgesehen von Gewerbesachen, in denen die Verkündigung notwendig ist.

§ 83. Gegen die in streitigen Verwaltungssachen in erster Instanz ergangenen Endurteile der Bezirksausschüsse und gegen die Bescheide in den Fällen der §§ 64 und 67 steht, soweit nicht gemäß besonderer gesetzlicher Vorschrift diese Urteile endgültig[1] oder die gegen dieselben stattfindenden Rechtsmittel in abweichender Weise geregelt[2] sind, den Parteien und aus Gründen des öffentlichen Interesses dem Vorsitzenden des Bezirksausschusses die Berufung an das Oberverwaltungsgericht zu.

Das Recht der Berufung des Vorsitzenden[3] findet in den Formen statt, welche in § 82 Absatz 2 vorgeschrieben sind.

1. z. B.: UntWohnsG. v. 30. 5. 1908 (RGBl. 381) § 58 II; FürsVdg. § 29. Feld- und ForstPolG. v. 21. 1. 1926 (GS. 83) §§ 72, 80.

2. Berufung an das Heimatsamt UntWohnsG. § 41; FürsorgeVdg. § 29; ZustG. § 39; Krech in PrVBl. 19, 398 f.: Revision ZustG. §§ 44 II, 118 und die diesen nachgebildeten Bestimmungen Nr. 10 dieser Ausgabe, §§ 2, 3; Nr. 18, § 1 II; KommAbgG. v. 14. 7. 1893 (GS. 152) § 70 II; Kr.- und ProvAbgG. v. 23. 4. 1906 (GS. 159) §§ 11 IV, 14 II, 16 I. BergG. § 192a III in der Fassung des G. v. 28. 6. 1909 (GS. 677) Art. IV.

3. oder der Revision, wenn diese statt der Berufung zulässig ist.

§ 84[1]. Die Vertretung der aus Gründen des öffentlichen Interesses von dem Vorsitzenden des Kreisausschusses oder des Bezirksausschusses eingelegten Berufung erfolgt vor dem Bezirksausschusse durch den von dem Regierungspräsidenten, vor dem Oberverwaltungsgerichte durch den von dem Ressortminister zu bestellenden Kommissar[2].

1. Anwendbar in der Revisionsinstanz § 95.

2. § 74 III. Wegen der Wiederaufnahme des Verfahrens § 100; vgl. Friedrichs, Verwaltungsrechtspflege 2, 958.

§ 85[1]. Die Frist[2] zur Einlegung der Berufung beträgt vorbehaltlich der Bestimmungen der §§ 82 Absatz 2, 83 Absatz 2 und 157 dieses Gesetzes zwei Wochen.

1. Anwendbar in der Revisionsinstanz § 95.

2. Beginn und Berechnung, § 52.

I **§ 86.** Innerhalb der in § 85 gedachten Frist ist, bei Verlust des Rechtsmittels, die Berufung bei dem Gerichte, gegen dessen Entscheidung dieselbe gerichtet ist[1], schriftlich[2] anzumelden und zu rechtfertigen.

II Das Gericht prüft, ob die Anmeldung rechtzeitig erfolgt ist. Ist dies der Fall, so wird die Berufungsschrift mit ihren Anlagen der Gegenpartei zur schriftlichen Gegenerklärung innerhalb einer bestimmten, von einer bis zu vier Wochen zu bemessenden Frist zugefertigt.

III Zur Rechtfertigung der Berufung, sowie zur Gegenerklärung kann in nicht schleunigen Sachen eine angemessene, der Regel nach nicht über zwei Wochen zu erstreckende Nachfrist[3] gewährt werden.

IV Ist die Frist versäumt, so ist die Berufung ohne weiteres durch einen mit Gründen versehenen Bescheid zurückzuweisen. Namens des Kreisausschusses steht auch dem Vorsitzenden, namens des Bezirksausschusses dem Vorsitzenden im Einverständnis mit den ernannten Mitgliedern[4] der Erlaß eines solchen Bescheides zu. In demselben ist dem Berufungskläger zu eröffnen, daß ihm innerhalb zwei Wochen vom Tage der Zustellung ab die Beschwerde an das Berufungsgericht zustehe, widrigenfalls es bei dem Bescheide verbleibe[5].

1. Die Revision ist bei dem Gericht erster Instanz anzumelden, übrigens in denselben Fristen und Formen §§ 95, 96.

2. Die richtige Bezeichnung ist erheblich in den Fällen §§ 64, 67.

3. in Fürsorgesachen gesetzliche Nachfrist von 4 Wochen UntWohnsG. § 46 II; FürsVdg. § 29.

4. nicht berührt durch das G. v. 13. 5. 1918 (GS. 53).

5. Anwendbar nach § 111 II.

§ 87[1]. Der Berufungsbeklagte kann sich der Berufung anschließen, selbst wenn die Berufungsfrist verstrichen ist.

1. Anwendbar in der Revisionsinstanz § 95, aber nicht in Fürsorgesachen.

§ 88[1]. Nach Ablauf der Frist sind die Verhandlungen dem Berufungsgerichte einzureichen. Die Parteien sind hiervon unter abschriftlicher Mitteilung der eingegangenen Gegenerklärungen zu benachrichtigen.

1. Die §§ 88—90 sind auch in der Revisionsinstanz anwendbar § 95.

§ 89[1a]. Bezüglich der von einer Partei eingelegten Berufung findet die Bestimmung des § 67[1b] für das Berufungsgericht entsprechende Anwendung mit der Maßgabe, daß gegen den Bescheid[2] nur der Antrag auf mündliche Verhandlung zulässig ist.

Die Abänderung der durch Berufung angefochtenen Entscheidung findet nur nach vorgängiger Anberaumung der mündlichen Verhandlung statt.

1a. Anwendbar wie § 88 Anm. 1.

1b. in der jeweiligen Fassung, also jetzt auch Bescheid des Vorsitzenden. 2. Kosten § 107, 2.

§ 90[1]. Die Ladung der Parteien zur mündlichen Verhandlung erfolgt unter der Verwarnung, daß beim Ausbleiben nach Lage der Verhandlungen werde entschieden werden. In gleicher Weise erfolgt in den Fällen der Berufung aus Gründen des öffentlichen Interesses die Ladung des zur Vertretung desselben bestellten Kommissars.

Das Gericht kann zur Aufklärung des Sachverhältnisses das persönliche Erscheinen einer Partei anordnen.

1. Anwendbar wie § 88 Anm. 1.

§ 91. Ist die Berufung von dem Vorsitzenden des Kreisausschusses oder des Bezirksausschusses aus Gründen des öffentlichen Interesses eingelegt, so entscheidet[1] das Berufungsgericht zunächst über die Vorfrage, ob das öffentliche Interesse für beteiligt zu erachten ist. Wird die Vorfrage verneint, so weist das Berufungsgericht, ohne im übrigen in die Sache selbst einzutreten, die Berufung als unstatthaft zurück.

1. Durch rechtsmittelfähiges Zwischenurteil.

§ 92. Die §§ 66, 70, 71 — mit Ausschluß der Bestimmungen über die Abänderung der Klage — §§ 72 bis 81 sind auch für das Verfahren in der Berufungsinstanz maßgebend.

Die Zufertigung der Entscheidung erfolgt durch Vermittlung desjenigen Gerichts, gegen dessen Entscheidung die Berufung eingelegt worden war.

§ 93. Gegen die von den Bezirksausschüssen in zweiter Instanz[1] erlassenen Endurteile[2] steht, soweit nicht gemäß besonderer gesetzlicher Vorschrift diese Urteile endgültig[3] oder die gegen dieselben stattfindenden Rechtsmittel in abweichender Weise geregelt[4] sind, den Parteien das Rechtsmittel der Revision an das Oberverwaltungsgericht zu. I

In Streitigkeiten über Geldleistungen, die für Zwecke der Gemeinden und anderer öffentlich-rechtlicher Körperschaften oder Verbände entweder in der Form von Zuschlägen zu staatlichen oder staatlich veranlagten Steuern oder auf Grund besonderer Steuerordnungen, Abgabentarife, Gebührentaxen, Statuten und sonstiger eine Heranziehung allgemeiner Art in sich schließender Gesetze, Observanzen oder Beschlüsse angefordert werden, ist die Zulässigkeit der Revision durch einen 100 Mark übersteigenden Beschwerdegegenstand bedingt. II

Die Beschränkung des Abs. 2 findet auf die Revision des Vorsitzenden keine Anwendung[5]. III

Soweit das Rechtsmittel der Revision überhaupt zugelassen ist, steht dasselbe aus Gründen des öffentlichen Interesses auch dem Vorsitzenden des Bezirksausschusses zu. IV

1. sowie vielfach gegen die Urteile des BezA. in erster Instanz § 83 Anm. 2.

2. desgleichen gegen Bescheide § 89, Zwischenurteile §§ 91, 113 IV.

3. Beispiele: ZustG. § 114; Nr. 10 dieser Ausgabe, § 1 III; Nr. 16, § 1 III. Nr. 20, § 1 III. FischereiG. v. 11. 5. 1916 (GS. 55) § 15 (3).

4. was bisher nicht geschehen ist.

5. Abs. II, III vorübergehend eingeführt durch G. v. 13. 5. 1918 (GS. 53) Art. 1 Nr. 7. Geltung wie § 31 Anm. 3.

§ 94. Die Revision kann nur[1] darauf gestützt werden:

1) daß die angefochtene Entscheidung auf der Nichtanwendung oder auf der unrichtigen Anwendung des bestehenden Rechts, insbesondere auch der von den Behörden innerhalb ihrer Zuständigkeit erlassenen Verordnungen beruhe;
2) daß das Verfahren an wesentlichen Mängeln leide.

1. auch in Gewerbesachen GewO. §§ 20, 21.

§ 95. Die Bestimmungen des § 66, des § 71 — mit Ausschluß der Bestimmungen über die Abänderung der Klage — sowie der §§ 72 bis 75, 80 und 81, 82 Absatz 2, 84 bis 90 sind auch für die Frist zur Einlegung und Rechtfertigung der Revision, sowie für das Verfahren in der Revisionsinstanz maßgebend.

Die Anmeldung und Rechtfertigung der Revision hat bei demjenigen Gerichte[1] zu erfolgen, welches in erster Instanz entschieden hat.

1. Die Beschwerde geht vom Gericht erster Instanz unmittelbar an das Revisionsgericht.

§ 96. In der Revisionsschrift[1] ist anzugeben, worin die behauptete Nichtanwendung oder unrichtige Anwendung des bestehenden Rechts oder worin die behaupteten Mängel des Verfahrens gefunden werden.

1. gemeint ist nicht die Einlegungs- sondern die Rechtfertigungsschrift § 86 I, III. Ergänzung und Berichtigung nach § 71 II.

§ 97. Das Oberverwaltungsgericht ist bei seiner Entscheidung an diejenigen Gründe nicht gebunden, welche zur Rechtfertigung der gestellten Anträge geltend gemacht worden sind.

§ 98. Erachtet das Oberverwaltungsgericht die Revision für begründet, so hebt es die angefochtene Entscheidung auf und entscheidet in der Sache selbst, wenn diese spruchreif erscheint. Die Zufertigung der Entscheidung erfolgt durch Vermittlung desjenigen Gerichts, welches in erster Instanz entschieden hat.

§ 99. Ist die Sache nicht spruchreif, so weist das Oberverwaltungsgericht dieselbe zur anderweitigen Entscheidung an die dazu nach der Sachlage geeignete Instanz zurück und verordnet die Wiederholung oder Ergänzung des Verfahrens, soweit es nach seinem Ermessen mit einem wesentlichen Mangel behaftet ist.

VGG. § 69.

§ 100. Gegen die im Verwaltungsstreitverfahren ergangenen, rechtskräftig gewordenen Endurteile findet die Klage auf Wiederaufnahme des Verfahrens[1] unter denselben Voraussetzungen, in demselben Umfange und innerhalb derselben Fristen statt, wie nach den bürgerlichen Prozeßgesetzen[2] die Nichtigkeitsklage beziehungsweise die Restitutionsklage. Zuständig ist ausschließlich das Oberverwaltungsgericht. Erachtet das Oberverwaltungsgericht die Klage für begründet, so hebt es die angefochtene Entscheidung auf, verweist die

Sache zur anderweitigen Entscheidung an die dazu nach der Sachlage geeignete Instanz und verordnet die Wiederholung oder Ergänzung des Verfahrens, soweit dasselbe von dem Anfechtungsgrunde betroffen wird.

1. Nicht anwendbar in Fürsorge- und Disziplinarsachen trotz RVerf. 1919 Art. 129 III.

2. ZPO. §§ 589—583, 586.

§ 101. Das Gericht, an welches die Sache in den Fällen der §§ 99, 100 gewiesen wird, hat bei dem weiteren Verfahren und bei der von ihm anderweitig zu treffenden Entscheidung die in dem Aufhebungsbeschlusse des Oberverwaltungsgerichts aufgestellten Grundsätze, sowie in den Fällen des § 100 die dem Aufhebungsbeschlusse zugrunde gelegten tatsächlichen Feststellungen als maßgebend zu betrachten[1].

1. Damit ist die Anwendung der §§ 71, 92 nicht ausgeschlossen.

4. Von den Kosten des Verwaltungsstreitverfahrens[1].

§ 102. Das Verwaltungsstreitverfahren ist stempelfrei[2].

1. KrO. § 126, 163; VGG. §§ 71—78.

2. Aufgehoben durch StempStG. v. 27. 10. 1924 (GS. 627) § 35 (1). Vergleiche vor dem Verwaltungsgericht sind vom Stempel nicht befreit, TarifSt. 17. Prozeßvollmachten im Verwaltungsstreitverfahren werden in der Befreiungsvorschrift TarifSt. 19 (7) a nicht ausdrücklich erwähnt, sind aber wohl unter den Verwaltungsbehörden mit inbegriffen. Für Stempelfreiheit v. Brauchitsch-Berner § 73 Anm. 3. Andere Stempel kommen nicht in Betracht.

§ 103[1]. Dem unterliegenden Teile sind die Kosten[2] und die baren Auslagen des Verfahrens, sowie die erforderlichen baren Auslagen des obsiegenden Teils zur Last zu legen. Die Gebühren[3] eines **Verwaltungsrechtsrats oder** Rechtsanwalts des obsiegenden Teils hat der unterliegende Teil nur insoweit zu erstatten, als dieselben für Wahrnehmung der mündlichen Verhandlung vor dem Bezirksausschusse oder dem Oberverwaltungsgerichte zu zahlen sind. An baren Auslagen für die persönliche Wahrnehmung der mündlichen Verhandlung vor dem Bezirksausschusse und dem Oberverwaltungsgerichte kann die obsiegende Partei nicht mehr in Anspruch nehmen, als die gesetzlichen Gebühren eines sie vertretenden **am Orte des Gerichts wohnenden Verwaltungsrechtsrats oder** Rechtsanwalts betragen haben würden, es sei denn, daß ihr persönliches Erscheinen von dem Gerichte angeordnet war.

Im Endurteile ist der Wert des Streitobjektes festzusetzen[4].

Die Gebühren der Rechtsanwälte bestimmen sich nach den für dieselben **die Rechtsanwälte** bei den ordentlichen Gerichten geltenden Vorschriften[5].

1. Änderungen aus dem G. v. 25. 5. 1926 (Nr. 3b dieser Sammlung) § 12. Anwendbar in Gewerbesachen und Fürsorgesachen I. Instanz. Für das Verfahren vor dem BAH. gilt AusfG. v. 8. 3. 1881 z. UntWohnsG. (GS. 130) § 58, PrAusfVdg. v. 17. 4. 1924 (GS. 210) § 33.

2. gehören zu den öffentlichen Abgaben Kr.- und Prov.-AbgG. v. 23. 4. 1906 (GS. 159) § 1.

3. GebO. f. RA. §§ 43, 13, 16, 17.

4. Auch in Heimatssachen. Beschwerde nach § 110 an das OVG., auch in Heimatssachen. Sachliche Vorschriften in Vdg. v. 27. 2. 1884 (MinBlInn. 30).

5. Der Abs. III war, soweit er das Verhältnis des Rechtsanwalts zur Partei betrifft, überholt durch LandesgebO. v. 6. 10. 1899 (GS. 381), 6. 9. 1910 (GS. 261) Art. 2 Nr. 3, 4; jetzt LandesgebO. v. 28. 10. 1922 (GS. 410) Art. 2 (1) 3, 4. In der neuen Fassung bezieht sich der Abs. III jedenfalls auch auf die Gebührenansprüche der Verwaltungsrechtsräte zum Auftraggeber, daher wohl auch auf die Ansprüche der Rechtsanwälte. Daher kommt die zwingende Vorschrift des Art. I des G. v. 28. 10. 1922 für Rechtsanwälte ebensowenig in Betracht wie für Verwaltungsrechtsräte. — RA.-GebO. v. 20. 5. 1898 (RGBl. 692) zuletzt geändert durch G. v. 28. 1. 1927 (RGBl. I 53) Art. 2.

§ 104. Die Kosten und baren Auslagen bleiben dem obsiegenden Teile zur Last, soweit sie durch sein eigenes Verschulden entstanden sind.

§ 105. Die Entscheidung über den Kostenpunkt (§§ 103, 104) kann nur gleichzeitig[1] mit der Entscheidung in der Hauptsache[2] durch Berufung oder Revision[3] angefochten werden.

1. In Fürsorgesachen gilt die Beschränkung nicht.
2. ZPO. § 99 II, III sind nicht anzuwenden.
3. wohl aber durch Einspruch §§ 64, 67, 89.

§ 106[1]. An Kosten kommt ein Pauschquantum zur Hebung, welches im Höchstbetrage bei dem Kreisausschusse und bei dem Bezirksausschusse sechzig Mark, bei dem Oberverwaltungsgerichte einhundertfünfzig Mark nicht übersteigen darf. Für die Gebühren der Zeugen und Sachverständigen gelten die in Zivilprozessen zur Anwendung kommenden Vorschriften[2], für die Berechnung des Pauschquantums kann von den Ministern der Finanzen und des Innern ein Tarif[3] aufgestellt werden.

1. Grundsätzlich und abgesehen von dem Höchstbetrag aufrechterhalten in G. v. 29. 9. 1923 über staatliche Verwaltungsgebühren (GS. 455) § 8 (3). Anwendbar in Fürsorgesachen erster Instanz, in Wildschadensachen, Gewerbesachen, aber nicht in den Fällen §§ 113 V, 157 Nr. 2; WaldSchG. v. 6. 7. 1875 (GS. 416) § 18.

2. GebO. v. 21. 12. 1925 (RGBl. I 471). Beschwerde GebO. § 20 II; LVG. § 111.

3. Kostentarif Min. Inn. Fin. Hand. Volksw. für das VerwStrV. vor OVG., BezA., BergA., Verbandsrat des Siedlungsverbands Ruhrkohlenbezirk und die Kreisausschüsse und die an ihre Stelle tretenden Behörden (MinBlInn. 1927, 3—10), Sonderabdruck bei Carl Heymanns Verlag. Der Höchstbetrag ist weggefallen.

§ 107. Die Erhebung des Pauschquantums findet nicht statt:

1) wenn der unterliegende Teil eine öffentliche Behörde[1] ist, insoweit die angefochtene Verfügung oder Entscheidung derselben nicht lediglich die Wahrung der Haushaltsinteressen eines von der Behörde vertretenen Kommunalverbandes zum Gegenstande hatte; die baren Auslagen des Verfahrens und des obsiegenden Teils fallen demjenigen zur Last, der nach gesetzlicher Bestimmung die Amtsunkosten der Behörde zu tragen hat;

2) wenn die Entscheidung ohne vorgängige mündliche Verhandlung erfolgt ist[2];

3) bei dem Kreisausschusse in den Fällen der §§ 60 bis 62 des Gesetzes vom 8. März 1871, betreffend die Ausführung des Bundesgesetzes über den Unterstützungswohnsitz (Gesetz-Samml. S. 130)[3];

4) bei dem Bezirksausschusse und bei dem Oberverwaltungsgerichte, soweit die Berufung oder die Revision von dem Vorsitzenden des Kreisausschusses beziehungsweise des Bezirksausschusses eingelegt worden war[4];

5) von denjenigen Personen mit Ausnahme jedoch der Gemeinden in den die Verwaltung der Armenpflege[5] betreffenden Angelegenheiten, denen nach den Reichs-[6] oder Landesgesetzen[7] Gebührenfreiheit in bürgerlichen Rechtsstreitigkeiten zusteht.

1. Erl. Min. Inn. Fin. v. 21. 9. 1890 (MinBlInn. 205, PrVBl. 12, 203).

2. §§ 64, 67, 80, 86 IV, 89, 95. VerwGebG. v. 29. 9. 1923 (GS. 455) § 8 III in der Fassung der GoldabgabenVdg. v. 18. 1. 1924 (GS. 40) § 15. Halbe Gebühren, Tarif (MinBlInn. 1927, 3) Art. II (1).

3. nicht in Kraft getreten, weil der KrA. im BeschlVerf. tätig war ZustG. § 43; jetzt aufgehoben durch AusfVdg. v. 17. 4. 1924 (GS. 210) § 33.

4. §§ 82 II, 83 II, 93 II.

5. bezieht sich wohl auf die einfache und die gehobene Pflege, die jetzt in der Vdg. v. 13. 2. 1924 als Fürsorge zusammengefaßt werden. Gebühren auf die Hälfte bis ein Zehntel ermäßigt, Tarif Art. IV.

6. DGKG. v. 21. 12. 1922 (RGBl. 1923 I 12) § 90. Vdg. v. 24. 12. 1883 betr. die Gebührenfreiheit vor dem Reichsgericht (RGBl. 1884, 1).

7. PrGKG. v. 28. 10. 1922 (GS. 363) §§ 8, 115.

§ 108. Die Kosten und baren Auslagen des Verfahrens werden für jede Instanz [von dem Gerichte][1] festgesetzt[2], bei dem die Sache selbst anhängig gewesen ist.

Die von der obsiegenden Partei zur Erstattung seitens des unterliegenden Teils liquidierten Auslagen werden für alle Instanzen [von demjenigen Gerichte][3] festgesetzt, bei dem die Sache in erster Instanz anhängig gewesen ist.

Gegen den Festsetzungsbeschluß [des Kreisausschusses][4] findet innerhalb zwei Wochen die Beschwerde[5] an den Bezirksausschuß, gegen den in erster Instanz ergangenen Festsetzungsbeschluß [des Bezirksausschusses][6] findet innerhalb gleicher Frist die Beschwerde an das Oberverwaltungsgericht[7] statt.

1. von dem Vorsitzenden des Gerichts, G. v. 13. 5. 1918 (GS. 53) Art. 1 Nr. 8; Geltungsdauer wie § 31 Anm. 3.

2. Erl. MinFinInn. v. 17. 1. 1905 (MinBlInn. 23). Beschwerde G. v. 18. 6. 1840 (GS. 140) § 2; Nachforderung ebenda § 7; Verjährung AG. z. BGB. Art. 8 § 1 Nr. 2; § 2 Nr. 1, 2.

3. von dem Vorsitzenden desjenigen Gerichts, vgl. Anm. 1.

4. des Vorsitzenden des Kreisausschusses, vgl. Anm. 1.

5. § 111.

6. des Vorsitzenden des Bezirksausschusses, vgl. Anm. 1.

7. auch in Fürsorgesachen.

§ 109. Dem unterliegenden Teile kann im Falle des bescheinigten Unvermögens nach Maßgabe der Bestimmungen des [§ 30 des Ausführungsgesetzes zum Deutschen Gerichtskostengesetze vom 10. März 1879 (Gesetz-Samml. S. 145)], oder wenn sonst ein besonderer Anlaß[2] dazu vorliegt, gänzliche oder teilweise Kostenfreiheit beziehungsweise Stundung[3] bewilligt werden. Gegen den das Gesuch ablehnenden Beschluß des Kreisausschusses findet innerhalb zwei Wochen die Beschwerde an den Bezirksausschuß, gegen den in erster Instanz ergangenen ablehnenden Beschluß des Bezirksausschusses innerhalb zwei Wochen die Beschwerde an das Oberverwaltungsgericht statt.

1. PrGKG. v. 28. 10. 1922 (GS. 363) §§ 17, 132, 139; vgl. die Fassung v. 25. 6. 1895 (GS. 203) § 124 II 1, 133.

2. z. B.: DGKG. § 6.

3. In Fürsorgesachen gilt AG. v. 8. 3. 1871 z. Unt.-WohnsG. (GS. 130) § 59 II; Vdg. v. 17. 4. 1924 (GS. 210) § 33.

5. Schlußbestimmungen für das Verwaltungsstreitverfahren[1].

§ 110. Auf Beschwerden, welche die Leitung des Verfahrens bei den Kreis- und Bezirksausschüssen zum Gegenstande haben, entscheidet das im Instanzenzuge zunächst höhere Gericht[2] endgültig.

1. VGG. 1880 §§ 81a, 83.

2. in Fürsorgesachen das OVG.

I **§ 111.** Alle Beschwerden[1] sind innerhalb der für dieselben vorgeschriebenen Frist bei dem Gerichte, gegen dessen Entscheidung sie gerichtet sind, einzulegen.

II Das Gericht verfährt bei Versäumung der vorgeschriebenen Frist nach Bestimmung des Schlußabsatzes des § 86.

III Für das angerufene Gericht kommt § 64 zur Anwendung[2]; an die Stelle des Antrags auf Anberaumung der mündlichen Verhandlung beziehungsweise der Einlegung des Rechtsmittels tritt der Antrag auf Entscheidung durch das Gericht.

Wird die Beschwerde der Vorschrift des ersten Ab- IV satzes zuwider innerhalb der gesetzlichen Frist bei demjenigen Gericht angebracht, welches zur Entscheidung darüber zuständig ist, so gilt die Frist als gewahrt. Die Beschwerde ist in solchen Fällen von dem angerufenen Gerichte zur weiteren Veranlassung an dasjenige Gericht abzugeben, gegen dessen Beschluß sie gerichtet ist.

1. innerhalb des VerwStrV.

2. also auch Abänderung zulässig, im Gegensatz zu §§ 89, 117 II.

§ 112. Die Wiedereinsetzung in den vorigen Stand[1] kann beantragen, wer durch Naturereignisse oder andere unabweisbare Zufälle verhindert worden ist, die in dem gegenwärtigen Gesetze oder die in den Gesetzen für Anstellung der Klage beziehungsweise für den Antrag auf mündliche Verhandlung im Verwaltungsstreitverfahren vorgeschriebenen Fristen einzuhalten. Als unabwendbarer Zufall ist es anzusehen, wenn der Antragsteller von einer Zustellung ohne sein Verschulden keine Kenntnis erlangt hat. Über den Antrag entscheidet das Gericht, dem die Entscheidung über die versäumte Streithandlung zusteht. Die versäumte Streithandlung ist, unter Anführung der Tatsachen mittels deren der Antrag auf Wiedereinsetzung begründet werden soll, sowie der Beweismittel, innerhalb zwei Wochen nachzuholen; der Lauf dieser Frist beginnt mit dem Ablauf des Tages, mit welchem das Hindernis gehoben ist. Nach Ablauf eines Jahres, von dem Ende der versäumten Frist an gerechnet, findet die Nachholung der versäumten Streithandlung beziehungsweise der Antrag auf Wiedereinsetzung nicht mehr statt. Die durch Erörterung des Antrags auf Wiedereinsetzung entstehenden baren Auslagen trägt in allen Fällen der Antragsteller.

1. auch in Gewerbesachen, dagegen nicht in Fürsorgesachen zweiter Instanz und im Disziplinarverfahren.

I **§ 113.** Die Zentral- und die Provinzialverwaltungsbehörden sind auch für die im Verwaltungsstreitverfahren zu verhandelnden Angelegenheiten zur Erhebung des Kompetenzkonflikts[1] befugt.

II Die Erhebung des Kompetenzkonflikts auf Grund der Behauptung, daß in einer im Verwaltungsstreitverfahren anhängig gemachten Sache eine andere Verwaltungsbehörde zuständig sei, findet nicht statt.

III Die zur Entscheidung im Verwaltungsstreitverfahren berufenen Behörden haben ihre Zuständigkeit von Amts wegen wahrzunehmen.

IV Wird von einer Partei in erster Instanz die Einrede der Unzuständigkeit erhoben, so kann über dieselbe vorab[2] entschieden werden.

V Haben sich in derselben Sache die zur Entscheidung im Verwaltungsstreitverfahren berufene Behörde und eine andere Verwaltungsbehörde für zuständig erklärt, so entscheidet auf Grund der schriftlichen Erklärungen der über ihre Kompetenz streitenden Behörden und nach Anhörung der Parteien in mündlicher Verhandlung das Oberverwaltungsgericht. Das gleiche gilt in dem Falle, wenn beide Teile sich in der Sache für unzuständig erklärt haben. In beiden Fällen werden weder ein Kostenpauschquantum noch bare Auslagen erhoben. Ebensowenig findet eine Erstattung der den Parteien erwachsenden Kosten statt.

1. GVG. § 17; EG. z. GVG. § 17 II; Vdg. v. 1. 8. 1879 (GS. 573); G. v. 22. 5. 1902 (GS. 145).

2. durch rechtsmittelfähiges Zwischenurteil.

§ 114[1]. [Die gemäß § 11 des Einführungsgesetzes zum Gerichtsverfassungsgesetze vom 27. Januar 1877 (Reichs-Gesetzbl. S. 77) dem Oberverwaltungsgerichte zustehenden Vorentscheidungen erfolgen in dem durch den letzten Absatz des § 113 dieses Gesetzes vorgeschriebenen Verfahren, für welches im übrigen die Vorschriften über das Verwaltungsstreitverfahren entsprechende Anwendung finden.]

1. Konflikt, G. v. 13. 2. 1854 (GS. 86); Vdg. v. 16. 9. 1867 (GS. 1515); Vdg. v. 22. 3. 1891 (GS. 39). Aufgehoben durch G. v. 16. 11. 1920 (GS. 1921, 65).

III. Abschnitt.

Beschlußverfahren.

§ 115. Betrifft der Gegenstand der Verhandlung einzelne Mitglieder[2] der Behörde oder deren Verwandte und Verschwägerte[3] in auf- und absteigender Linie oder bis zum dritten Grade der Seitenlinie, so dürfen dieselben an der Beratung und Abstimmung nicht teilnehmen. Ebensowenig darf ein Mitglied bei der Beratung und Beschlußfassung über solche Angelegenheiten mitwirken, in welchen es in anderer als öffentlicher Eigenschaft ein Gutachten abgegeben hat, oder als Geschäftsführer, Beauftragter oder in anderer als öffentlicher Stellung tätig[4] gewesen ist.

1. KrO. § 137; ProvO. §§ 54, 69; 72; ZustG. 1876 §§ 17 bis 19, 24—29; OrgG. §§ 49—61. Anwendbar auf das Ver-

fahren des Oberstrombauausschusses in Breslau G. v. 12. 8. 1905 (GS. 335) § 3; in Landeskultursachen, G. v. 3. 6. 1919 (GS. 101) §§ 17—29. GeschO. v. 30. 9. 1919 (Holzapfel, Landeskulturbehörden 125); nach dem PrAG. v. 15. 12. 1919 zum ReichssiedlungsG. (GS. 1920, 31) § 29; vor dem Fürsorgeamt für Beamte und vor dem besonderen Fürsorgeamt für Lehrpersonen und dem Oberfürsorgeamt, abgesehen von der Beschwerdefrist, UnterbringungsG. v. 30. 3. 1920 (GS. 63) § 11 Abs. (6), § 13 Abs. (2), §§ 12, 14, GeschO. v. 16. 8. 1920 (MinBlInn. 334) § 2, und dem Verbandsrat des Siedlungsverbandes Ruhrkohlenbezirk, VerbandsO. v. 5. 5. 1920 (GS. 286) § 26 Abs. (4). Die §§ 52, 60, 115, 118, 119, 120, 122, 124, 125 sind anwendbar im Beschlußverfahren beim wasserwirtschaftlichen Senat der OVG., Vdg. StMin. v. 12. 3. 1924 (GS. 130) Art. I § 5; die §§ 52, 115, 116, 119—126 beim Bezirksausschuß im Verfahren nach AusfVdg. v. 17. 4. 1924 zur FürsVdg. (GS. 210) § 23 (1). Über die gemeinschaftliche Beschlußfassung des BezA. und des OBergA. vgl. BergG. §§ 142, 146.

2. nicht den Protokollführer §§ 119 III, 75.

3. BGB. §§ 1589, 1590.

4. Ergänzt durch § 30 Satz 2.

§ 116. Wird infolge des gleichzeitigen Ausscheidens mehrerer Mitglieder gemäß § 115 die Behörde beschlußunfähig, und kann die Beschlußfähigkeit auch nicht durch Einberufung unbeteiligter Stellvertreter hergestellt werden, so wird von dem Regierungspräsidenten beziehungsweise Oberpräsidenten oder Minister des Innern, je nachdem es sich um einen Kreis-(Stadt-)Ausschuß, Bezirksausschuß oder Provinzialrat handelt, ein anderer Kreis- oder Stadtausschuß, Bezirksausschuß oder Provinzialrat mit der Beschlußfassung beauftragt.

Für den Stadtkreis Berlin steht die Beauftragung
an Stelle des Regierungspräsidenten dem Oberpräsi-
denten zu.

§ 117[1]. Der Vorsitzende des Kreis-(Stadt-)Aus- I
schusses ist befugt, in Fällen, welche keinen Aufschub
zulassen, oder in welchen das Sach- und Rechtsverhält-
nis klar liegt und die Zustimmung des Kollegiums
nicht im Gesetz ausdrücklich[2] als erforderlich bezeichnet
ist, namens der Behörde Verfügungen zu erlassen und
Bescheide zu erteilen.

Die gleiche Befugnis steht dem Vorsitzenden des II
Bezirksausschusses und des Provinzialrats mit der
Maßgabe zu, daß eine Abänderung der durch Be-
schwerde angefochtenen Beschlüsse des Kreis- (Stadt-)
Ausschusses beziehungsweise des Bezirksausschusses nur
unter Zuziehung des Kollegiums erfolgen darf.

In den auf Grund der vorstehenden Bestimmungen III
erlassenen Verfügungen und Bescheiden ist den Be-
teiligten, sofern deren Anträgen nicht stattgegeben
wird, zu eröffnen, daß sie befugt seien, innerhalb zwei
Wochen auf Beschlußfassung durch das Kollegium an-
zutragen oder dasjenige Rechtsmittel einzulegen,
welches zulässig wäre, wenn die Verfügung bezie-
hungsweise der Bescheid auf Beschluß des Kollegiums
erfolgt wäre.

Wird auf Beschlußfassung angetragen, so muß solche IV
zunächst erfolgen. Hat einer der Beteiligten auf Be-
schlußfassung angetragen, ein anderer das Rechtsmittel
eingelegt, so wird nur dem Antrag auf Beschlußfassung
stattgegeben. Wird weder auf Beschlußfassung ange-
tragen, noch das Rechtsmittel eingelegt, so gilt die

Verfügung beziehungsweise der Bescheid als endgültiger Beschluß. Für den Antrag auf Beschlußfassung des Kollegiums finden die nach den §§ 52 und 53 für die Beschwerde geltenden Bestimmungen Anwendung.

V Der Vorsitzende hat dem Kollegium von allen im Namen desselben erlassenen Verfügungen und erteilten Bescheiden nachträglich Mitteilung zu machen.

1. Anwendbarkeit s. § 115 Anm. 1.

2. Beispiele: §§ 139, 142, 145; ZustG. §§ 13, 52, 53, 144 Nr. 1, 2. Deutlicher sind Kr. und ProvAbgG. v. 23. 4. 1906 (GS. 159) § 19. WasserG. § 292 (2). Hierher gehört auch GewO. §§ 16—25. Abweichende Bestimmungen hat WaldSchG. v. 6. 7. 1875 (GS. 146) § 44 II.

§ 118[1]. An den Verhandlungen der Behörde können unter Zustimmung des Kollegiums technische Staats- oder Kommunalbeamte[2] mit beratender[3] Stimme teilnehmen.

1. Anwendbarkeit s. § 115 Anm. 1.

2. z. B. WasserG. § 353. Vgl. wegen Oberstrombauangelegenheiten die weitergehende Bestimmung G. v. 12. 8. 1905 (GS. 335) § 4 III.

3. GeschRegul., ProvR., BergA. § 8, BezA., KrA. § 9.

§ 119. Die Behörden fassen ihre Beschlüsse auf Grund der verhandelten Akten, sofern nicht das Gesetz ausdrücklich mündliche Verhandlung[1] vorschreibt.

Die Behörden sind befugt, auch in anderen, als in den im Gesetze ausdrücklich bezeichneten Angelegenheiten die Beteiligten beziehungsweise deren mit Vollmacht versehene Vertreter behufs Aufklärung des Sachverhalts zur mündlichen Verhandlung vorzuladen.

In betreff der mündlichen Verhandlung finden im

übrigen die Vorschriften der §§ 68, 71, 72, 73 und 75 sinngemäße Anwendung[2].

1. sie ist notwendig nach GewO. §§ 20, 21; ZustG. §§ 109, 110; AusfVdg. v. 17. 4. 1924 zur FürsVdg. (GS. 210) § 23; sie kann verlangt werden in Kultursachen G. v. 3. 6. 1910 § 24 (1).

2. Zustellung des Beschlusses in Oderstrombauangelegenheiten, G. v. 12. 8. 1905 (GS. 335) § 4 III, aufrechterhalten in WasserG. § 395, 9.

§ 120. Für die Erhebung und Würdigung des Beweises[1] kommen die Vorschriften der §§ 76 bis 79 sinngemäß und mit der Maßgabe zur Anwendung, daß gegen den eine Strafe oder die Nichtverpflichtung eines Zeugen oder Sachverständigen aussprechenden Beschluß des Kreis-(Stadt-)Ausschusses den Beteiligten die Beschwerde an den Bezirksausschuß, gegen den in erster oder zweiter Instanz ergangenen Beschluß des letzteren oder des Provinzialrats innerhalb gleicher Frist die Beschwerde an das Oberverwaltungsgericht zusteht.

1. In den Fällen ZustG. §§ 109, 110 unterliegt die Beweisaufnahme den Vorschriften GewO. 20, 21, im Enteignungsverfahren den Vorschriften EnteignG. v. 11. 6. 1874 (GS. 221) § 27; BergG. v. 24. 6. 1865 (GS. 705) § 143 III bis V.

§ 121. Gegen die Beschlüsse[1] des Kreis-(Stadt-)Ausschusses findet innerhalb zweier Wochen[2] die Beschwerde an den Bezirksausschuß, gegen die in erster Instanz ergehenden Beschlüsse des Bezirksausschusses innerhalb gleicher Frist die Beschwerde an den Provinzialrat statt, sofern nicht nach ausdrücklicher Vorschrift des Gesetzes

1) die Beschlüsse endgültig[3] sind,

2) die Beschlußfassung über die Beschwerde anderen Behörden[4] übertragen ist.

Die auf Beschwerden gefaßten Beschlüsse des Bezirksausschusses[5] und die Beschlüsse des Provinzialrats[6] sind endgültig, sofern nicht das Gesetz im einzelnen anders bestimmt.

Die vorstehenden Bestimmungen finden auf die nach Maßgabe der Gesetze von dem Landrate unter Zustimmung[7] des Kreisausschusses, von dem Regierungspräsidenten unter Zustimmung des Bezirksausschusses, von dem Oberpräsidenten unter Zustimmung des Provinzialrats gefaßten Beschlüsse entsprechende Anwendung.

1. und Vorbescheide nach § 117.

2. § 52.

3. Beispiele: Kreisausschuß KrO. §§ 55b Nr. 2, 3, §§ 57 V—VII, 61, 62 II; ZustG. §§ 26 II, 32 Nr. 5, §§ 43, 146 Nr. 2. Bezirksausschuß KrO. § 51 Nr. 1 Abs. III, § 128a; ZustG. §§ 9 II, 17 Nr. 5, §§ 40, 131 Nr. 2, 150, 153; FürsErzG. v. 2. 7. 1900 (GS. 264) § 5 III; in Verb. mit JugendwohlfG. v. 9. 7. 1922 (RGBl. I 633) § 70; JagdO. v. 15. 7. 1907 (GS. 207) §§ 40, 42, 48, 49; FischereiG. § 77 (2); beide Behörden JagdO. § 26. Verbandsrat Ruhrkohlenbezirk, G. v. 5. 5. 1920 § 26 (1).

4. oder in einem anderen Verfahren, z. B. dem Verw.-StV. zu erfolgen hat. Beispiele: Kreisausschuß G. v 26. 5. 1887 (GS. 175) § 3; SchulUnterhG. v. 28. 7. 1906 (GS. 335) §§ 3 II, 5 IV, 17 II, 36 IV. Bezirksausschuß KrO. § 3 II; ZustG. §§ 2, 8 II, 131 Nr. 1, 145 IV, 150 III; G. v. 12. 8. 1905 (GS. 335) § 7 II; an das OVG. (wasserwirtschaftlichen Senat) WasserG. §§ 76, 203 (2), 340 (3), 99; 186, 192 (3), 270 (2), 292 (3). FischereiG. § 116 (2),

122; an den Minister, WasserG. § 292 (2), § 307 (3). Beide Behörden ZustG. §§ 109—113.

5. Ausnahmen z. B.: LGemO. östl., Schleswig-Holstein, Hessen-Nassau § 2 Nr. 3, 4; KommAbgG. § 77 II.

6. Ausnahmen z. B.: ZustG. § 127; LGemO. östl., Schleswig-Holstein, Hessen-Nassau § 2 Nr. 3, 4; KleinbahnG. v. 28. 7. 1892 (GS. 225) § 7; KommAbgG. § 77 II; Kr.- und ProvAbgG. v. 23. 4. 1906 (GS. 159) § 19.

7. § 117 Anm. 1.

§ 122[1]. Die Beschwerde ist in den Fällen des § 121 I
bei derjenigen Behörde, gegen deren Beschluß sie gerichtet ist, anzubringen. Der Vorsitzende prüft, ob das Rechtsmittel rechtzeitig angebracht ist.

Ist die Frist versäumt, so weist der Vorsitzende das II
Rechtsmittel ohne weiteres durch einen mit Gründen versehenen Bescheid zurück. In demselben ist dem Beschwerdeführer zu eröffnen, daß ihm innerhalb zwei Wochen die Beschwerde an diejenige Behörde zustehe, welche zur Beschlußfassung in der Sache berufen ist, widrigenfalls es bei dem Bescheide verbleibe.

Ist die Frist gewahrt, und ist eine Gegenpartei vor- III
handen, so wird die Beschwerdeschrift mit ihren Anlagen zunächst dieser zur schriftlichen Gegenerklärung innerhalb zwei Wochen zugefertigt. Die Gegenpartei kann sich dem Rechtsmittel anschließen, selbst wenn die Frist verstrichen ist.

Abschrift der eingegangenen Gegenerklärung erhält IV
der Beschwerdeführer. Zur näheren Begründung der Beschwerde, sowie zur Gegenerklärung kann in nicht schleunigen Sachen eine angemessene, der Regel nach nicht über zwei Wochen zu erstreckende Nachfrist gewährt werden. Hierauf werden die Verhandlungen

mittels Berichts derjenigen Behörde eingereicht, welcher die Beschlußfassung über die Beschwerde[2] zusteht.

V Wird die Beschwerde der Vorschrift des ersten Absatzes zuwider innerhalb der gesetzlichen Frist bei derjenigen Behörde angebracht, welche zur Beschlußfassung darüber zuständig ist, so gilt die Frist als gewahrt. Die Beschwerde ist in solchen Fällen von der angerufenen Behörde zur weiteren Veranlassung an diejenige Behörde abzugeben, gegen deren Beschluß sie gerichtet ist.

1. Anwendbar auch nach Anw. Min. Hand. v. 16. 12. 1909 betr. Dampfkessel (MinBlHand. 547) § 15. Wegen der Beschwerde gegen gemeinschaftliche Beschlüsse des BezA. und des OBergA. vgl. BergG. §§ 145, 192, 193.

2. § 121.

I **§ 123.** Die Einlegung der Beschwerde steht in den Fällen des § 121[1] aus Gründen des öffentlichen Interesses auch den Vorsitzenden der Behörden[2] zu.

II Will der Vorsitzende von dieser Befugnis Gebrauch machen, so hat er dies dem Kollegium sofort mitzuteilen.

III Die Zustellung des Beschlusses bleibt in diesem Falle einstweilen, jedoch längstens drei Tage, ausgesetzt. Sie erfolgt mit der Eröffnung, daß im öffentlichen Interesse die Beschwerde eingelegt worden sei. Ist die Zustellung ohne diese Eröffnung erfolgt, so gilt die Beschwerde als zurückgenommen.

IV Die Gründe der Beschwerde sind den Beteiligten zur schriftlichen Erklärung innerhalb zwei Wochen mitzuteilen.

Nach Ablauf dieser Frist sind die Verhandlungen V
der Behörde einzureichen, welcher die Beschlußfassung
über die Beschwerde zusteht.

Eine vorläufige Vollstreckung des mit der Be- VI
schwerde angefochtenen Beschlusses (§ 53) ist in diesen
Fällen ausgeschlossen.

1. Anwendbar auch nach LGemO. für die östlichen Provinzen v. 3. 7. 1891; Schleswig-Holstein v. 4. 3. 1892; Hessen-Nassau v. 4. 8. 1897 § 2 Nr. 3, 4; KommAbgG. § 77 II; Anw. Min. Hand. v. 16. 12. 1909 betr. Dampfkessel (MinBlHand. 547) § 15; AnsiedelungsG. v. 10. 8. 1904 (GS. 227) Art. I, § 18 IV; Art. III, § 17 V, § 18 IV; Erl. Min. Kult. Landw. Inn. Hand. Fin. v. 28. 12. 1904 (MinBlInn. 1905, 23) Nr. 10; Kr.- und ProvAbgG. v. 23. 4. 1906 (GS. 159) § 19. WasserG. § 384. In vielen von diesen Fällen ist das Beschwerderecht des Vorsitzenden nicht davon abhängig, ob auch den Beteiligten die Beschwerde zusteht.

2. dem OPräs. und dem RegPräs. als solchen in den Fällen G. v. 12. 8. 1905 (GS. 335) § 4 III, § 7 II (b) aufrechterhalten in WasserG. § 395, 9; ferner FischereiG. § 80 (4) mit falschem Zitat.

§ 124[1]. In dem Beschlußverfahren wird ein Kosten- I
pauschquantum nicht erhoben[2], ebensowenig haben die Be-
teiligten ein Recht, den Ersatz ihrer baren Auslagen
zu fordern.

Jedoch können die durch Anträge und unbegründete II
Einwendungen erwachsenden Gebühren für Zeugen und
Sachverständige[3] demjenigen zur Last gelegt werden,
welcher den Antrag gestellt beziehungsweise den Ein-
wand erhoben hat.

Die sonstigen Kosten und baren Auslagen des Ver- III
fahrens fallen demjenigen zur Last, der nach gesetzlicher

Bestimmung die Amtsunkosten der Behörde[4] zu tragen hat.

IV Bei den Vorschriften der Gewerbeordnung behält es sein Bewenden[5, 6].

1. Aufrechterhalten in Kr.- und ProvAbgG. v. 23. 4. 1906 (GS. 159) § 1. Besondere Vorschriften enthält Wald-SchG. v. 6. 7. 1875 (GS. 416) § 19.

2. Aufgehoben durch VerwGebG. v. 29. 9. 1923 (GS. 455) § 8 (1), anzuwenden ist VerwGebO. v. 30. 12. 1926 (GS. 327), und zwar TarifSt. 16, b, soweit nicht eine andere in Betracht kommt; KrA. 1—50 RM., höhere Behörden 2 bis 100 RM.

3. Die Anwendbarkeit der DGebO. ist nicht vorgeschrieben, aber selbstverständlich, vgl. § 106 Anm. 2.

4. Für den KrA. die KrKommunalkasse, für den BezA. und den ProvA. der Staat; Erl. Min. Inn. v. 17. 1. 1905 (MinBlInn. 23).

5. § 22. Dazu AusfAnw. v. 1. 5. 1904 (MinBlHand. 123) Nr. 33.

6. Die Gebühren der Rechtsanwälte richten sich nach PrGebO. v. 28. 10. 1922 (GS. 410) Art. 8—10, die aber nur als Taxe im Sinne BGB. § 632, nicht als zwingende Norm gültig ist. Der Wert ist nach PrGebO. Art. 16 I in Verb. mit DGebO. § 10, DGKG. §§ 9—13, ZPO. §§ 3—9 zu berechnen.

§ 125. Über Beschwerden, welche die Leitung des Verfahrens und die Kosten betreffen, beschließt[1] endgültig die in der Hauptsache zunächst höhere Instanz.

ZustG. 1876 § 28.

1. § 117 II.

§ 126[1]. Der Oberpräsident[2] kann endgültige[3] Beschlüsse des Provinzialrats, der Regierungspräsident endgültige Beschlüsse des Bezirksausschusses[4] und der Landrat, beziehungsweise der Vorsitzende des Kreis-(Stadt-)Ausschusses endgültige Beschlüsse dieser Behörde[5] mit aufschiebender Wirkung anfechten, wenn die Beschlüsse die Befugnisse der Behörde überschreiten oder das bestehende Recht, insbesondere auch die von den Behörden innerhalb ihrer Zuständigkeit erlassenen Verordnungen, verletzen. Die Anfechtung erfolgt mittels Klage beim Oberverwaltungsgericht.

Die Behörde, deren Beschluß angefochten wird, ist befugt, zur Wahrnehmung ihrer Rechte in dem Verfahren vor dem Oberverwaltungsgericht einen besonderen Vertreter zu wählen.

1. ProvO. § 118; ZustG. 1876 § 18; OrgG. § 60.

2. auch in Gewerbesachen ZustG. §§ 109, 110, 114, aber nicht im Falle RayonG. v. 21. 12. 1871 (RGBl. 459) §§ 39 ff., ZustG. § 153.

3. Endgültig sind Beschlüsse, deren sachliche Abänderung von den Beteiligten weder durch Einspruch oder Beschwerde, noch durch Klage im VerwStrV. oder im Rechtswege betrieben werden kann.

4. Auch im Falle AusfVdg. v. 17. 4. 1924 zur FürsVdg. (GS. 210) § 23 (1).

5. Magistrat, OVG. 52, 374. Jebens in PrVBl. 22, 233, 438r, jetzt anders OVG. in JW. 1925, 1168. Landeskulturamt, G. v. 3. 6. 1919 (GS. 101) § 24 (4) in Verb. mit §§ 21—23. Zuständig ist das Oberlandeskulturamt. Verbandsrat für den Siedlungsverband Ruhrkohlenbezirk, G. v. 5. 5. 1920 (GS. 286) § 27. Fürsorgeämter, UnterbringungsG. v. 30. 3. 1920 (GS. 63) § 11.

Vierter Titel.

Rechtsmittel gegen polizeiliche Verfügungen[1].

I **§ 127.** Gegen polizeiliche Verfügungen der Orts- und Kreispolizeibehörden[2] findet, soweit das Gesetz nicht ausdrücklich anderes bestimmt, die Beschwerde statt, und zwar:

a) gegen die Verfügungen der Ortspolizeibehörden auf dem Lande[3] oder einer zu einem Landkreise gehörigen Stadt[4], deren Einwohnerzahl bis zu 10 000 Einwohnern beträgt[5], an den Landrat und gegen dessen Bescheid an den Regierungspräsidenten;

b) gegen die Verfügungen der Ortspolizeibehörden eines Stadtkreises, mit Ausnahme von Berlin, einer zu einem Landkreise gehörigen Stadt mit mehr als 10 000 Einwohnern, oder des Landrats[6] an den Regierungspräsidenten, und gegen dessen Bescheid an den Oberpräsidenten[7];

c) gegen ortspolizeiliche Verfügungen in Berlin[8] an den Oberpräsidenten.

II Gegen den in letzter Instanz ergangenen Bescheid des Regierungspräsidenten beziehungsweise des Oberpräsidenten findet die Klage bei dem Oberverwaltungsgerichte[9] statt.

III Die Klage kann nur darauf gestützt werden,

1) daß der angefochtene Bescheid durch Nichtanwendung oder unrichtige Anwendung des bestehenden Rechts, insbesondere auch der von den Behörden innerhalb ihrer Zuständigkeit erlassenen Verordnungen den Kläger in seinen Rechten verletze;

2) daß die tatsächlichen Voraussetzungen nicht vorhanden seien, welche die Polizeibehörde zum Erlasse der Verfügung berechtigt haben würden.

Die Prüfung der Gesetzmäßigkeit der angefochtenen IV
polizeilichen Verfügung erstreckt sich auch auf diejenigen Fälle, in welchen bisher nach § 2 des Gesetzes vom 11. Mai 1842 (Gesetz-Samml. S. 192) der ordentliche Rechtsweg zulässig war.

Die Entscheidung ist endgültig, unbeschadet aller V
privatrechtlichen Verhältnisse[10].

1. Aus ZustG. 1876 §§ 30—32, § 170 Nr. 4; OrgG. §§ 63—67. Als anwendbar anerkannt in § 133 I, G. v. 16. 12. 1889 (Nr. 9) § 3 III. KleinbahnG. v. 28. 7. 1892 (GS. 225) § 54; G. v. 28. 8. 1905 betr. die Bekämpfung übertragbarer Krankheiten (GS. 373) §§ 12 III, 30; Erl. Min. Hand. v. 5. 2. 1907 betr. Bezirksschornsteinfegermeister (Min.-BlHand. 25) § V; JagdO. v. 15. 7. 1907 (GS. 207) § 37; JagdscheinG. v. 31. 7. 1895 (GS. 304) § 9; G. v. 7. 3. 1908 für Potsdam (GS. 37) § 2; WasserG. v. 7. 4. 1913 (GS. 53) §§ 228, 308, 309, 347 (2), 358 (2); FischereiG. v. 11. 5. 1916 (GS. 55) § 119 (5); WohnungsG. v. 28. 3. 1918 (GS. 23) Art. 6 § 3; Verbandsdirektor des Siedlungsverbands Ruhrkohlenbezirk, G. v. 5. 5. 1920 (GS. 286) § 27 (2), dagegen nicht anwendbar in den Fällen ZustG. §§ 56, 116, 117, 155; Vdg. v. 31. 12. 1883 (Nr. 10) §§ 2, 3; vgl. LVG. § 134 II; SchlachtviehG. v. 3. 6. 1900 (RGBl. 547); AusfG. v. 28. 6. 1902 (GS. 229) § 18; JagdO. §§ 24 IV, 68, 69 II, 70; ForstVerwG. v. 14. 8. 1876 (GS. 373) § 11; AnsiedelungsG. v. 10. 8. 1904 (GS. 227) Art. I § 18; Vdg. v. 30. 6. 1901 über priv. VersUnt. (Nr. 17) Abs. II; Vdg. v. 4. 2. 1907 Bauleitungsverbot (Nr. 19) § 1; Erl. Min. Hand. v. 26. 2. 1907 (MinBlHand. 50). AG. v. 25. 7. 1911 zum ReichsviehseuchenG. v. 26. 6. 1909 (GS. 149) § 4, vgl. OVG. 69, 90, 91.

FischereiG. § 57 (1). Vgl. Stier-Somlo in Handw. d. Rechtsw. 4, 530.

2. Rechtsmittel gegen Hilfsbehörden, WasserG. § 343 (2). OVG. 27, 292; 30, 290; 45, 297; 56, 324; 57, 386; in PrVBl. 25, 267; 39, 115, 116; KGJ. 35 C. 37.

3. KrO., östliche Provinzen, v. 19. 3. 1881 (GS. 155) § 59 Nr. 1; f. Schleswig-Holstein v. 28. 5. 1888 (GS. 139) § 51 Nr. 1, § 145; G. v. 18. 2. 1891 für Helgoland (GS. 11) § 4; KabO. v. 10. 12. 1836 für Posen (v. Kamptz, Annalen 20, 943); Dienstanweisung v. 21. 10. 1837 (v. Kamptz, Annalen 21, 718); westfälische LGemO. v 19. 3. 1856 (GS. 265) §§ 41, 74; KrO. v. 31. 7. 1886 (GS. 217) § 29 II; KrO. für die Rheinprovinz v. 30. 5. 1887 (GS. 209) § 28; für Hessen-Nassau KrO. v. 7. 6. 1885 (GS. 193) §§ 27—32; LGemO. v. 4. 8. 1897 (GS. 301) §§ 63, 64, 95; Hannover: KrO. v. 6. 5. 1884 (GS. 181) §§ 24—29; Vdg. v. 1. 9. 1852 (Hannov. GS. 339) § 22; Hohenzollernsche GemO. v. 2. 7. 1900 (GS. 189) § 71.

4. StO. östl. v. 30. 5. 1853 (GS. 261) § 62 I 1; Westfalen v. 19. 3. 1856 (GS. 237) § 62 I 1; Rheinprovinz v. 15. 5. 1856 (GS. 406) § 57 I 1, § 74 III; Schleswig-Holstein v. 14. 4. 1869 (GS. 589) § 89; Hessen-Nassau v. 4. 8. 1897 (GS. 254) § 67 I 1; Hannover v. 24. 6. 1858 (Hann. GS. 141) §§ 71, 78; PolizeikostenG. v. 3. 6. 1908 (GS. 149) § 1.

5. Ausnahme für Hannover § 155 III; KrO. §§ 27, 28 Nr. 1.

6. örtliche Zuständigkeit des RegPr. in Wasserpolizeisachen WasserG. § 345 Abs. (1, 2), § 347 Abs. (3).

7. in der Provinz Grenzmark Posen-Westpreußen der Minister, G. v. 21. 7. 1922 (GS. 171) § 4 (3).

8. G. v. 27. 4. 1920 (GS. 123) § 33. In dem erweiterten OrtsPolBezirk Berlin nach dem G. v. 12. 6. 1889 (Nr. 9) § 3 III geht die Beschwerde an den OPräs. Berlin, die Klage aus § 128 an den BezA. Potsdam.

9. Einreichung § 63.

10. Wiederholung aus § 7. Vgl. dazu ALR. Einl. § 75; G. v. 11. 5. 1842 §§ 4—6.

§ 128[1]. An Stelle der Beschwerde in allen Fällen des § 127 findet die Klage statt und zwar:

a) gegen die Verfügungen der Ortspolizeibehörden auf dem Lande oder einer zu einem Landkreise gehörigen Stadt, deren Einwohnerzahl bis zu 10 000 Einwohnern[2] beträgt, bei dem Kreisausschusse;

b) gegen die Verfügungen des Landrats[3] oder der Ortspolizeibehörden eines Stadtkreises[4] oder einer zu einem Landkreise gehörigen Stadt mit mehr als 10 000 Einwohnern bei dem Bezirksausschusse.

Die Klage kann nur auf die gleichen Behauptungen gestützt werden, wie die Klage bei dem Oberverwaltungsgerichte (§ 127 Absatz 3 und 4).

1. Anwendbar nach der VerbandsO. v. 5. 5. 1920 für den Siedlungsverband Ruhrkohlenbezirk (GS. 286) § 26 (1).

2. Ausnahme für Hannover: § 127 Anm. 4.

3. örtl. Zuständigkeit: WasserG. § 347 (3).

4. Sonderbestimmungen für die Berliner Vororte: § 127 Anm. 8.

§ 129. Die Beschwerde im Falle des § 127 Absatz 1 und die Klage im Falle des § 128 sind bei derjenigen Behörde anzubringen, gegen deren Verfügung sie gerichtet sind[1]. I

Die Behörde, bei welcher die Beschwerde oder Klage angebracht ist, hat dieselbe an diejenige Behörde abzugeben, welche darüber zu beschließen oder zu entscheiden hat. Der Beschwerdeführer beziehungsweise Kläger ist hiervon in Kenntnis zu setzen. II

III Die Frist zur Einlegung der Beschwerde und zur Anbringung der Klage gegen die polizeiliche Verfügung, sowie gegen den auf Beschwerde ergangenen Bescheid beträgt zwei Wochen[2].

IV Die Anbringung des einen Rechtsmittels schließt das andere aus. Ist die Schrift, mittels deren das Rechtsmittel angebracht wird, nicht als Klage bezeichnet oder enthält dieselbe nicht ausdrücklich den Antrag auf Entscheidung im Verwaltungsstreitverfahren, so gilt dieselbe als Beschwerde. Bei gleichzeitiger Anbringung beider Rechtsmittel ist nur der Beschwerde Fortgang zu geben. Das hiernach unzulässigerweise angebrachte Rechtsmittel ist durch Verfügung der im Absatz 1 bezeichneten Behörde zurückzuweisen. Gegen die zurückweisende Verfügung findet innerhalb zwei Wochen die Beschwerde an die zur Entscheidung auf die Klage berufene Behörde statt.

V Wird die Beschwerde oder Klage der Vorschrift des ersten Absatzes zuwider innerhalb der gesetzlichen Frist bei derjenigen Behörde angebracht, welche zur Beschlußfassung oder Entscheidung darüber zuständig ist, so gilt die Frist als gewahrt. Die Beschwerde oder Klage ist in solchen Fällen von der angerufenen Behörde zur weiteren Veranlassung an diejenige Behörde abzugeben, gegen deren Beschluß sie gerichtet ist.

1. Ausnahme von § 63.
2. § 52.

§ 130. Gegen polizeiliche Verfügungen[1] des Regierungspräsidenten[2] findet innerhalb zwei Wochen die Beschwerde an den Oberpräsidenten[3] und gegen den vom Oberpräsidenten auf die Beschwerde erlassenen Bescheid innerhalb gleicher Frist die Klage bei dem Oberverwaltungsgerichte nach Maßgabe der Bestimmungen des § 127 Absatz 3 und 4 statt.

Gegen polizeiliche Verfügungen des Regierungspräsidenten in Sigmaringen findet innerhalb zwei Wochen unmittelbar die Klage bei dem Oberverwaltungsgerichte statt[4].

Gegen die Landesverweisung steht Personen, welche nicht Reichsangehörige[5] sind, die Klage nicht zu.

1. Viehseuchenangelegenheiten § 134 Anm. 2, aber nicht gegen gemeinsame Vfgen. nach KleinbahnG. v. 28. 7. 1892 (GS. 225) § 52.

2. und des Polizeipräsidenten in Berlin und des Verbandsdirektors Ruhrkohlenbezirk in landespolizeilichen Angelegenheiten.

3. in der Provinz Grenzmark Posen-Westpreußen an den Minister, G. v. 27. 7. 1922 (GS. 171) § 4 (3).

4. Rechtsmittel gegen p. Vfgen. des OPräs.: WasserG. § 347. Gegen Vfgen. des Ministers kein Rechtsmittel, OVG. in PrVBl. 44, 407.

5. Reichs- und StaatsangehörigkeitsG. v. 22. 7. 1913 (RGBl. 583). AusfErl. v. 13. 2. 1914 (MinBlInn. 112).

§ 131[1]. Der § 6 des Gesetzes vom 11. Mai 1842 (Gesetz-Samml. S. 192) findet auch Anwendung, wenn eine polizeiliche Verfügung im Verwaltungsstreitverfahren durch rechtskräftiges Endurteil aufgehoben worden ist.

1. Beseitigt durch RVerf. Art. 131 I Satz 3; RGZ. 106, 34—44.

Fünfter Titel.

Zwangsbefugnisse[1].

§ 132. Der Regierungspräsident, der Landrat, die Ortspolizeibehörde und der Gemeinde-(Guts-)Vorsteher(-Vorstand)[2] sind berechtigt, die von ihnen in Ausübung der obrigkeitlichen Gewalt[3] getroffenen, durch ihre gesetzlichen Befugnisse gerechtfertigten Anordnungen durch Anwendung folgender Zwangsmittel[4] durchzusetzen:

1) Die Behörde hat, sofern es tunlich ist, die zu erzwingende Handlung durch einen Dritten ausführen zu lassen und den vorläufig zu bestimmenden Kostenbetrag im Zwangswege von den Verpflichteten einzuziehen.

2) Kann die zu erzwingende Handlung nicht durch einen Dritten geleistet werden, — oder steht es fest, daß der Verpflichtete nicht imstande ist, die aus der Ausführung durch einen Dritten entstehenden Kosten zu tragen, — oder soll eine Unterlassung erzwungen werden, so sind die Behörden berechtigt, Geldstrafen[5] anzudrohen und festzusetzen[6] und zwar:

a) die Gemeinde-(Guts-)Vorsteher bis zur Höhe von fünf Mark;

b) die Ortspolizeibehörden und die städtischen Gemeinde-Vorsteher(-Vorstände) in einem Landkreise bis zur Höhe von sechzig Mark;

c) die Landräte, sowie die Polizeibehörden und Gemeinde-Vorsteher(-Vorstände) in einem Stadtkreise bis zur Höhe von einhundertfünfzig Mark;

d) der Regierungspräsident bis zur Höhe von dreihundert Mark[7].

Gleichzeitig ist nach Maßgabe der §§ 28, 29 des Strafgesetzbuchs für das Deutsche Reich die Dauer der Haft festzusetzen, welche für den Fall des Unvermögens an die Stelle der Geldstrafe treten soll. Der Höchstbetrag dieser Haft ist

in den Fällen zu a = Ein Tag,
" " " " b = Eine Woche,
" " " " c = Zwei Wochen,
" " " " d = Vier Wochen[8].

Der Ausführung durch einen Dritten (Nr. 1), sowie der Festsetzung einer Strafe (Nr. 2) muß immer eine schriftliche Androhung vorhergehen; in dieser ist, sofern eine Handlung erzwungen werden soll, die Frist zu bestimmen, innerhalb welcher die Ausführung gefordert wird.

3) Unmittelbarer Zwang darf nur angewendet werden, wenn die Anordnung ohne einen solchen unausführbar ist[9].

1. Aus KrO. 1872 §§ 79, 80; ZustG. 1876 §§ 33—38; OrgG. § 68—71. Andere Behörden, denen Zwangsgewalt zusteht Vdg. v. 26. 12. 1908 (GS. 1817, 282) §§ 42, 48; Reg.-Instr. v. 23. 10. 1817 (GS. 248) § 11; Anschütz im Verw.-Arch. 1, 464; 6, 597. Oberbergamt: BergG. § 190 VI. Landeskulturbehörden, G. v. 3. 6. 1919 § 28. Oberpräsident in Wassersachen: WasserG. § 346. Verwandte Vorschriften im WasserG. §§ 227, 308, 309, 358 (2). Kanalamtspräsident: WasserG. §§ 349, 351.

2. Anwendbar auch nach dem WohnungsG. v. 28. 3. 1918 (GS. 23) Art. 6 § 3.

3. Beispiele §§ 60, 127; ZustG. § 55; ImpfG. v. 8. 4. 1874 (RGBl. 31) § 3 (streitig); WaldSchG. v. 6. 7. 1875 (GS. 416) § 21; HypothekenbankG. v. 13. 7. 1899 (RGBl. 375) § 4 Nr. 2, § 5 II; GewO. v. 26. 7. 1900 (RGBl. 871) § 91b V, § 134 III, § 144a, § 147 III, IV; AusfAnw. v. 1. 5. 1904 zur GewO. (MinBlHand. 123) Nr. 9, 200; G. v. 4. 8. 1904 (GS. 191) §§ 13, 14; AnsiedelungsG. v. 10. 8.

1904 (GS. 227) Art. I, §§ 14, 20; GewO. v. 7. 1. 1907 (RGBl. 3) § 53a; AusfAnw. Min. Hand. v. 26. 2. 1907 (MinBlHand. 50) Nr. 3; JagdO. v. 15. 7. 1907 (GS. 207) §§ 62, 70; BaumschutzG. v. 29. 7. 1922 (GS. 213) §§ 5, 10; Wohnungszwangswirtschaft, Vfg. MinVolksw. v. 30. 11. 1922 (GS. 444), aber nicht um einen Bau gegen § 11 des Fluchtliniengesetzes zu hindern, OVG. 53, 414.

4. Bestehen gebliebene Ausnahmen: HolzVerwG. v. 14. 8. 1876 (GS. 373) § 10, WasserG. §§ 227, 308, 309.

5. Anschütz im VerwArch. 1, 457, 5, 394; Arndt im Verw.-Arch. 10, 191; Bornhak im VerwArch. 5, 168; Haenel, DStaatsR. 1, 458; Hofacker im VerwArch. 14, 447; Köhne, Verwaltungspolizei 1, 113; Neukamp im VerwArch. 3, 1 bis 93; Oppenhoff Nr. 35 vor § 360 StrGB.; Rosin, Pol.-VdgR. (2) 103—114; Schultzenstein im VerwArch. 11, 186; Vfg. Min. Innern v. 25. 11. 1884 (PrVBl. 6, 113).

6. Daneben gelten öffentliche Strafen StrGB. §§ 110; 327; 360, 2, 10 361, 6; 365; 366, 1; 367, 2, 13, 14; 368, 1, 2, 8; 369, 3; GewO. §§ 146, 2; 147, 4, 5; 148, 7c. Der § 361, 6 StrGB. wird mit Geltung v. 1. 10. 1927 ab geändert, GeschlechtskrankheitenG. v. 18. 2. 1927 (RGBl. I 61) § 16.

7. Die gesetzlichen Grenzen sind 1—1000 RM., Vdg. v. 6. 2. 1924 (RGBl. I 44), Art. III Abs. 1; Dienstanweisung MinInn. v. 29. 11. 1923 (MinBlInn. 1192), v. 30. 6. 1925 (MinBlInn. 747), wonach innezuhalten sind: zu a) 150 RM.; zu b) 300 RM.; zu c) 500 RM.; zu d) 1000 RM.

8. Gesetzliches Höchstmaß 6 Wochen, Vdg. v. 6. 2. 1924 (RGBl. I 44). Dienstanweisung MinInn. v. 30. 6. 1925 (MinBlInn. 747) wonach innezuhalten sind: zu a) 1 Woche; zu b) 2 Wochen; zu c) 4 Wochen; zu d) 6 Wochen Haft.

9. ferner Verkauf eines Hauses nach ALR. I 8 § 40.

§ 133[1]. Gegen die Androhung eines Zwangsmittels finden dieselben Rechtsmittel[2] statt, wie gegen die Anordnungen, um deren Durchsetzung es sich handelt. Die Rechtsmittel erstrecken sich zugleich auf diese Anordnungen, sofern dieselben nicht bereits Gegenstand eines besonderen Beschwerde- und Verwaltungsstreitverfahrens geworden sind[3].

Gegen die Festsetzung und Ausführung eines Zwangsmittels findet in allen Fällen[4] nur die Beschwerde im Aufsichtswege innerhalb zwei Wochen statt.

Haftstrafen, welche an Stelle einer Geldstrafe nach § 132 Nr. 2 festgesetzt sind, dürfen vor ergangener endgültiger Beschlußfassung oder rechtskräftiger Entscheidung auf das eingelegte Rechtsmittel beziehungsweise vor Ablauf der zur Einlegung desselben bestimmten Frist nicht vollstreckt werden[5].

1. Anwendbar nach WohnungsG. v. 28. 3. 1918 (GS. 23) Art. 6 § 3, aber nicht WasserG. §§ 308 (2, 3), 309.

2. Beispiele: §§ 127, 128, 130; ZustG. § 56.

3. und zu sachlicher Entscheidung geführt haben, OVG. in PrVBl. 35, 282; 37, 282.

4. auch in den Fällen HolzVerwG. v. 14. 8. 1876 (GS. 373) § 11.

5. Anerkannt im § 53.

§ 134[1].

1. Abs. 1 aufgehoben durch FischereiG. § 133, 4; Abs. 2 gegenstandslos geworden durch AusfG. v. 25. 7. 1911 zum Viehseuchengesetz (GS. 149) §§ 4, 29; vgl. OVG. 69, 90, 91.

§ 135[1].

1. Gegenstandslos geworden durch die im G. v. 29. 4. 1887 (GS. 127) Art. 6 geschehene Aufhebung der §§ 4—19 des G. v. 20. 5. 1874 über die Verwaltung erledigter katholischer Bistümer (GS. 135).

Sechster Titel.

Polizeiverordnungsrecht[1].

§ 136. Soweit die Gesetze ausdrücklich[2] auf den Erlaß besonderer polizeilicher Vorschriften (Verordnungen, Anordnungen, Reglements usw.) durch die Zentralbehörden verweisen, sind die Minister befugt, innerhalb ihres Ressorts dergleichen Vorschriften für den ganzen Umfang der Monarchie oder für einzelne Teile derselben zu erlassen und gegen die Nichtbefolgung dieser Vorschriften Geldstrafen bis zum Betrage von einhundert Mark[3] anzudrohen.

Die gleiche Befugnis steht zu:

1. dem Minister der öffentlichen Arbeiten in betreff der Übertretungen der Vorschriften der Eisenbahnpolizei-Reglements[4];
2. dem Minister für Handel und Gewerbe in betreff der zur Regelung der Strom-, Schiffahrts- und Hafenpolizei zu erlassenden Vorschriften, sofern dieselben sich über das Gebiet einer einzelnen Provinz hinaus erstrecken sollen[5].

Zum Erlasse der im § 367 Nr. 5 des Strafgesetzbuchs für das Deutsche Reich gedachten Verordnungen sind auch die zuständigen Minister befugt.

1. Aus ProvO. §§ 76—86; OrgG. §§ 72—81. Rosin, PolVdgR. (2. Aufl.) Berlin 1895, derselbe im Handwörterb. des VerwR. 3, 119; Genzmer, Polizei Berlin 1905 S. 69. Stier-Somlo in Handw. d. Rechtsw. 4, 532. Die wichtigste und reichhaltigste Fundgrube bildet das Jahrbuch für Entscheidungen des Kammergerichts. Vgl. über das PolVdgR. der Minister §§ 136, 140, 141; der OPräs. §§ 137—141, 145 II; der RegPräs. §§ 137 II, 138—141, 145 II; G. v. 11. 3. 1850 (GS. 265) §§ 11—16; der LandR. §§ 142, 145 I, II; G.

v. 11. 3. 1850 § 16; der Ortspol.-Behörde §§ 143 bis 145; G. v. 11. 3. 1850 §§ 5, 7—10, 15, 16. Wohnungsordnungen: WohnungsG. v. 28. 3. 1918 (GS. 23) Art. 5.

2. Beispiel: HochwasserG. v. 4. 8. 1904 für Brandenburg und Sachsen (GS. 197) § 25 II, aufrecht erhalten in WasserG. § 395, 7.

3. 150 Reichsmark, Vdg. v. 6. 2. 1924 (RGBl. I 44) Art. III Nr. 1.

4. Zunächst ersetzt durch die BetriebsO. v. 5. 7. 1892 für die Haupteisenbahnen Deutschlands (RGBl. 691) und die BahnO. v. 5. 7. 1892 für die Nebeneisenbahnen Deutschlands (RGBl. 764) und diese beide ersetzt durch Eisenbahn-Bau- und BetriebsO. v. 4. 11. 1904 (RGBl. 387). Jetzt erledigt durch ReichsG. v. 3. 1. 1920 über die Eisenbahnaufsicht (RGBl. 13) und Vdg. der Reichsregierung v. 29. 10. 1920 (RGBl. 1859) vgl. Staatsvertrag v. 29. 4. 1920 (GS. 97), vorl. VerwaltungsO. v. 26. 4. 1920 (RGBl. 797) Übergangs-Gesetz v. 30. 4. 1920 (RGBl. 773). PrG. v. 16. 11. 1920 (GS. 1921, 73).

5. vgl. § 138.

§ 137. Der Oberpräsident[1] ist befugt, gemäß §§ 6, 12 und 15 des Gesetzes über die Polizeiverwaltung vom 11. März 1850 (Gesetz-Samml. S. 265) beziehungsweise der §§ 6, 12 und 13 der Verordnung vom 20. September 1867 (Gesetz-Samml. S. 1529) und des Lauenburgischen Gesetzes vom 7. Januar 1870 (Offizielles Wochenblatt S. 13) für mehrere Kreise, sofern dieselben verschiedenen Regierungsbezirken angehören, für mehr als einen Regierungsbezirk oder für den Umfang der ganzen Provinz gültige Polizeivorschriften zu erlassen und gegen die Nichtbefolgung derselben Geldstrafen bis zum Betrage von sechzig[2] Mark anzudrohen.

Die gleiche Befugnis[3] steht dem Regierungspräsidenten[4] für mehrere Kreise oder für den Umfang des ganzen Regierungsbezirks[5] zu[6].

Die Befugnis der Regierung[7] zum Erlasse von Polizeivorschriften wird aufgehoben.

1. §§ 138—141, 145 II.

2. 150 Reichsmark, Vdg. v. 6. 2. 1924 (RGBl. I 44), Art. III Nr. 1.

3. G. v. 9. 5. 1892 betr. die äußere Heilighaltung der Sonn- und Festtage (GS. 107).

4. und dem PolPräs. Berlin für den erweiterten Ortspolizeibezirk G. v. 12. 6. 1889 (Nr. 9) § 3 I, II, dem Verbandsdirektor Ruhrkohlenbezirk, G. v. 5. 5. 1920 (GS. 286) § 22 I.

5. §§ 138—141, 145 II; G. v. 11. 3. 1850 (GS. 265) §§ 11 bis 16.

6. Geändert für Deichpolizei in WasserG. § 306, für allgemeine Wasserpolizei in WG. § 348.

7. G. v. 11. 3. 1850 § 9.

§ 138[1]. [Die Befugnis, Polizeivorschriften über Gegenstände der Strom-, Schiffahrts- und Hafenpolizei zu erlassen, steht, vorbehaltlich der Bestimmungen des § 136 Abs. 2 Nr. 2, ausschließlich dem Regierungspräsidenten und, wenn die Vorschriften sich auf mehr als einen Regierungsbezirk oder auf die ganze Provinz erstrecken sollen, dem Oberpräsidenten, soweit aber mit der Verwaltung dieser Zweige der Polizei besondere, unmittelbar von dem Minister für Handel und Gewerbe ressortierende Behörden beauftragt sind, den letzteren zu. Die Befugnis des Regierungspräsidenten erstreckt sich auch auf den Erlaß solcher Polizeivorschriften für einzelne Kreise oder Teile derselben.

Für Zuwiderhandlungen gegen diese Verordnungen können Geldstrafen bis zu sechzig Mark angedroht werden].

Bei den Vorschriften des Gesetzes vom 9. Mai 1853, betreffend die Erleichterung des Lotsenzwanges[2] in den Häfen und Binnengewässern der Provinzen Preußen und Pommern (Gesetz-Samml. S. 216), behält es mit der Maßgabe sein Bewenden, daß an die Stelle der Bezirksregierung der Regierungspräsident tritt.

1. Abs. I, II, beseitigt durch WasserG. §§ 348, 349. Die Strom- und Schiffahrtspolizei auf den Reichswasserstraßen geht auf das Reich über und wird verwaltet: in höchster Instanz durch den Reichsverkehrsminister in unterer Instanz einstweilen durch die mittleren und unteren Behörden der Länder auf Kosten des Reichs und unter Leitung des RVM., Vertrag v. 31. 3. 1921, §§ 11, 12. RG. v. 29. 7. 1921 (RGBl. 961); PrG. v. 26. 9. 1921 (GS. 519).

2. Das Lotsenwesen auf den Reichswasserstraßen mit Ausnahme des Hafenlotsenwesens ist auf das Reich übergegangen, Vertrag v. 31. 3. 1921 (wie Anm. 1) § 1 Nr. 1 Abs. 1 unter c.

§ 139. Die gemäß [§]§ 137, [138] von dem Oberpräsidenten zu erlassenden Polizeivorschriften bedürfen der Zustimmung des Provinzialrats[1], die von dem Regierungspräsidenten zu erlassenden Polizeivorschriften der Zustimmung des Bezirksausschusses[2,3]. In Fällen, welche keinen Aufschub zulassen, ist der Oberpräsident sowie der Regierungspräsident befugt, die Polizeivorschrift vor Einholung der Zustimmung des Provinzialrats beziehungsweise des Bezirksausschusses zu erlassen. Wird diese Zustimmung nicht innerhalb drei Monaten nach dem Tage der Publikation der Polizeivorschrift erteilt, so hat der Oberpräsident beziehungsweise der Regierungspräsident die Vorschrift außer Kraft zu setzen.

1. in Berlin weggefallen, § 43 I.

2. In Berlin bedürfen landespolizeiliche Vorschriften der Zustimmung des OPräs., § 43 III, ortspolizeiliche der des Magistrats § 143; vgl. ferner G. v. 12. 6. 1889 (Nr. 7) § 3 I, II.

3. Weitere Erfordernisse GewO. § 120e II.

§ 140[1]. Polizeivorschriften der in den §§ 136, 137 und 138 bezeichneten Art[2] sind unter der Bezeichnung „Polizeiverordnung" und unter Bezugnahme auf die Bestimmungen des § 136 beziehungsweise der §§ 137 oder 138, sowie in den Fällen des § 137 auf die in demselben angezogenen gesetzlichen Bestimmungen durch die Amtsblätter[3] derjenigen Bezirke bekannt zu machen, in welchen dieselben Geltung erlangen sollen.

1. Ergänzt durch § 141.

2. auch wenn die Zuständigkeit nicht auf §§ 136, 137, sondern auf besonderen Vorschriften beruht, aber nicht in den Fällen RG. v. 30. 6. 1900, gemeingef. Krankheiten (RGBl. 306) §§ 11, 15; PrG. v. 28. 8. 1905 (GS. 373) §§ 8, 12.

3. Vdg. v. 28. 3. 1811 (GS. 165); Vdg. v. 14. 1. 1813 (GS. 2); Vdg. v. 9. 6. 1819 (GS. 148) §§ 3—11; Kgl. Erl. v. 19. 9. 1852 (GS. 588). Friedrichs in Handw. d. Rechtsw. 1, 125.

§ 141. Ist in einer gemäß § 140 verkündeten Polizeiverordnung der Zeitpunkt bestimmt, mit welchem dieselbe in Kraft treten soll, so ist der Anfang ihrer Wirksamkeit nach dieser Bestimmung zu beurteilen, enthält aber die verkündete Polizeiverordnung eine solche Zeitbestimmung nicht, so beginnt die Wirksamkeit derselben mit dem achten Tage nach dem Ablaufe desjenigen Tages, an welchem das betreffende Stück des

Amtsblatts, welches die Polizeiverordnung verkündet, ausgegeben worden ist.

§ 142[1]. Der Landrat ist befugt, unter Zustimmung des Kreisausschusses nach Maßgabe der Vorschriften des Gesetzes über die Polizeiverwaltung vom 11. März 1850 beziehungsweise der Verordnung vom 20. September 1867 und des Lauenburgischen Gesetzes vom 7. Januar 1870[2] für mehrere Ortspolizeibezirke[3] oder für den ganzen Umfang des Kreises[4] gültige Polizeivorschriften zu erlassen und gegen die Nichtbefolgung derselben Geldstrafen bis zum Betrage von dreißig[5] Mark anzudrohen.

1. Ergänzt durch § 144 III; erweitert durch G. v. 4. 8. 1904 betreffend Maßnahmen zur Verhütung von Hochwassergefahren in der Provinz Brandenburg und im Havelgebiete der Provinz Sachsen (GS. 197) § 27 aufrechterhalten in WasserG. § 395, 7.

2. aber nicht in Angelegenheiten, die nach GewO. §§ 37, 69 der Ortspolizeibehörde vorbehalten sind.

3. In Hannover bilden die gesamten Landgemeinden jedes Kreises einen Ortspolizeibezirk.

4. oder Wasserpolizeibezirks, WasserG. § 348.

5. 150 RM., Vdg. v. 6. 2. 1924 (RGBl. I 44) Art. III Nr. 1.

§ 143. Ortspolizeiliche Vorschriften (§§ 5 ff. des Gesetzes vom 11. März 1850 beziehungsweise der Verordnung vom 20. September 1867 und des Lauenburgischen Gesetzes vom 7. Januar 1870), soweit sie nicht zum Gebiete der Sicherheitspolizei[1] gehören, bedürfen in Städten[2] der Zustimmung des Gemeindevorstandes[3]. Versagt der Gemeindevorstand die Zustimmung, so kann dieselbe auf Antrag der Behörde durch Beschluß des Bezirksausschusses[4] ergänzt werden.

In Fällen, welche keinen Aufschub zulassen, ist die Ortspolizeibehörde befugt, die Polizeivorschrift vor Einholung der Zustimmung des Gemeindevorstandes zu erlassen. Wird diese Zustimmung nicht innerhalb vier Wochen nach dem Tage der Publikation der Polizeivorschrift erteilt, so hat die Behörde die Vorschrift außer Kraft zu setzen.

1. Authentische Interpretation: G. v. 21. 12. 1904, Hilfeleistung bei Bränden (GS. 291) Abs. II, WasserG. § 355 (1) Wasserwehr. Frühere Abgrenzungen: PolRegl. Berlin v. 18. 9. 1822 (v. Kamptz Annalen 8, 491) § 3 in Verb. mit Bek. OPräs. v. 7. 7. 1830 (v. Kamptz Annalen 14, 362) Abs. V, VIa—b, VII; vgl. auch KrO. östl. § 59 Nr. 1.

2. Anhörung des Gemeindevorstehers in dem erweiterten ortspolizeilichen Wirkungskreis des PolPräs. Berlin, G. v. 12. 6. 1889 (Nr. 7) § 3 II.

3. Ähnlich wegen der Taxen aus GewO. § 76 und der MarktO., GewO. § 69.

4. in Berlin des OPräs., § 43 III.

§ 144. In Stadtkreisen ist die Ortspolizeibehörde befugt, gegen die Nichtbefolgung der von ihr erlassenen polizeilichen Vorschriften Geldstrafen bis zum Betrage von dreißig Mark anzudrohen. Im übrigen steht die Erteilung der Genehmigung zum Erlasse ortspolizeilicher Vorschriften mit einer Strafandrohung bis zum Betrage von dreißig Mark gemäß § 5 der im § 137 angezogenen Gesetze dem Regierungspräsidenten zu[1].

Ingleichen hat der Regierungspräsident[2] über die Art der Verkündigung orts- und kreispolizeilicher Vorschriften[3], sowie über die Form, von deren Beobachtung die Gültigkeit derselben abhängt, zu bestimmen[4].

1. Das Höchstmaß beträgt 150 RM., Vdg. v. 6. 2. 1924 (RGBl. I 44) Art. III Nr. 1.

2. in Berlin der PolPräs. § 42 II. Einschlägige Bestimmungen sind nicht getroffen worden.

3. auch wenn sie nicht auf den im § 137 angezogenen Gesetzen beruhen; aber abgesehen von den auf Reichsrecht beruhenden, z. B. GewO. § 69.

4. Beispiele: Danzig 31. 12. 1850; Pommern 11. 2. 1876 (Amtsbl. Stettin 39); Potsdam 18. 4. 1874 (Amtsbl. 136); Sachsen 11. 6. 1877 (Amtsbl. Merseburg 173); Magdeburg 6. 8. 1850 (Amtsbl. 297), 13. 6. 1853, 1. 7. 1881; Erfurt 3. 2. 1874; Oppeln 11. 7. 1884; Köln 25. 5. 1850; Wiesbaden 5. 2. 1895.

§ 145. Die Befugnis, orts= oder kreispolizeiliche Vorschriften außer Kraft zu setzen, steht dem Regierungspräsidenten zu. Mit Ausnahme von Fällen, welche keinen Aufschub zulassen, darf diese Befugnis nur unter Zustimmung des Bezirksausschusses ausgeübt werden.

Bei der Befugnis des Ministers des Innern, jede (orts=, kreis=, bezirks= oder provinzial=) polizeiliche Vorschrift, soweit Gesetze nicht entgegenstehen, außer Kraft zu setzen (§ 16 des Gesetzes vom 11. März 1850, § 14 der Verordnung vom 20. September 1867 beziehungsweise des Lauenburgischen Gesetzes vom 7. Januar 1870), behält es mit der Maßgabe sein Bewenden, daß diese Befugnis hinsichtlich der Strom=, Schiffahrts- und Hafenpolizeivorschriften (§ 138) auf den Minister für Handel und Gewerbe übergeht[1].

1. bei Wasserläufen erster Ordnung MinHandArb., WasserG. § 348 (3); jetzt MinHandLandw. G. v. 15. 8. 1921 (GS. 487)

unter a; bei Reichswasserstraßen ist das Reichsverkehrsministerium zuständig, Staatsvertrag v. 31. 3. 1921 zum G. v. 29. 7. 1921 §§ 11, 12.

Siebenter Titel.

Übergangs- und Schlußbestimmungen.

§§ 146—153[1].

1. Vollständig erledigte Übergangsvorschriften.

§ 154. Das gegenwärtige Gesetz tritt mit dem 1. April 1884, jedoch nur gleichzeitig mit dem Gesetze über die Zuständigkeit der Verwaltungs- und Verwaltungsgerichtsbehörden, in Kraft, vorbehaltlich der Bestimmungen des § 155.

Gleichzeitig treten das Gesetz über die Organisation der allgemeinen Landesverwaltung vom 26. Juli 1880 (Gesetz-Samml. S. 291) und die §§ 1 bis 16a, 31 bis 87a und 89 des Gesetzes, betreffend die Verfassung der Verwaltungsgerichte und das Verwaltungsstreitverfahren vom $\frac{\text{2. August 1880}}{\text{3. Juli 1875}}$ (Gesetz-Samml. 1880 S. 328[1]), außer Kraft.

S. 328[1]), außer Kraft.

Auf die vor dem Inkrafttreten des Gesetzes bereits anhängig[2] gemachten Sachen finden in Beziehung auf die Zuständigkeit der Behörden, das Verfahren und die Zulässigkeit der Rechtsmittel die Bestimmungen der früheren Gesetze, jedoch mit der Maßgabe Anwendung, daß an Stelle des Bezirksrats und des Bezirksverwaltungsgerichts der Bezirksausschuß[3] tritt.

1. Der Rest ist als Nr. 6 dieser Ausgabe abgedruckt.
2. Anwendbar auch nach ZustG. § 163 II.
3. § 7 IV.

§ 155. In den Provinzen Posen[1], Schleswig-Holstein[2], Hannover[3], Hessen-Nassau[4], Westfalen[5] und in der Rheinprovinz[6] tritt das gegenwärtige Gesetz erst in Kraft, je nachdem für dieselben auf Grund besonderer Gesetze neue Kreis- und Provinzialordnungen erlassen sein werden. Der betreffende Zeitpunkt wird für jede Provinz durch Königliche Verordnung bekannt gemacht[7].

[Die Geltung der Bestimmungen des § 16 und des § 23 Abs. 1 wird jedoch hierdurch nicht berührt.]

Inwieweit die Bestimmungen der §§ 127 und 128 auf die selbständigen Städte in der Provinz Hannover[8] Anwendung finden, bleibt der Kreisordnung für diese Provinz vorbehalten.

1. Aufgegangen in die Provinz Grenzmark Posen-Westpreußen, G. v. 21. 7. 1922 (GS. 171) § 4. Das LVG. war eingeführt am 1. 4. 1890 mit besonderen Maßgaben wegen der Bildung der ProvR. und der KrA., G. v. 19. 5. 1899 (GS. 108) Art. I, Art. IV Abs. 1. Die ProvO. und die KrO. (mit Ausnahme der Vorschriften über die Ortspolizei auf dem Lande, Distriktskommissare) sind durch das G. v. 1922 § 4 (2), § 3 eingeführt.

2. 1. Juli 1889: KrO. v. 26. 5. 1888 (GS. 139) § 155; Helgoland am 1. Februar 1891: G. v. 18. 2. 1891 (GS. 11) § 2.

3. 1. Juli 1885: KrO. v. 6. 5. 1884 (GS. 181) § 120 Pyrmont Vdg. v. 31. 3. 1922 (GS. 70) Art. 2 I Nr. 2.

4. 1. Juli 1886: KrO. v. 7. 6. 1885 (GS. 193) § 119.

5. 1. Juli 1887: KrO. v. 31. 7. 1886 (GS. 217) § 102.

6. 1. Juli 1888: KrO. v. 30. 5. 1887 (GS. 209) § 104.

7. Statt dieser Vdgen. sind die KrO. ergangen.

8. KrO. § 28, 1.

§ 156[1].

1. Erledigte Übergangsvorschrift.

§ 157. Durch das gegenwärtige Gesetz werden nicht berührt:

1) die Bestimmungen der §§ 20, 21 der Gewerbeordnung [vom 21. Juni 1869 (Bundes-Gesetzbl. S. 245[1])];

2) die Bestimmungen des Gesetzes vom 21. Juli 1852, betreffend die Dienstvergehen der nicht richterlichen Beamten usw. (Gesetz-Samml. S. 463); dieselben finden jedoch für das Verwaltungsstreitverfahren[2] mit folgenden Maßgaben Anwendung: die Entscheidung erfolgt auf Grund mündlicher Verhandlung; das Gutachten des Disziplinarhofs ist nicht einzuholen; das Disziplinarverfahren kann mit Rücksicht auf den Ausfall der Voruntersuchung durch Beschluß der in erster Instanz zuständigen Behörde eingestellt werden[3]; die Erhebung eines Kostenpauschquantums findet nicht statt;

3) die Bestimmungen des Reichsgesetzes über den Unterstützungswohnsitz [vom 6. Juni 1870 (Bundes-Gesetzbl. S. 360[4])].

OrgG. § 84.

1. Letzte Fassung v. 26. 7. 1900 (RGBl. 1871) mit vielen Abänderungsgesetzen. Die §§ 20, 21 finden nur soweit Anwendung, als die Reichsgesetzgebung sie zwingend vorschreibt, z. B. GewO. §§ 20, 24, 40 II, 63 I, aber nicht, soweit die Reichsgesetzgebung der Landesgesetzgebung das Rekursverfahren aus §§ 20, 21 neben einem anderen Verfahren zur Auswahl stellt, und die Landesgesetzgebung das letztere wählt, GewO. §§ 84 IV, 97 III, noch weniger, wo die Reichsgesetz-

gebung die Anwendung der §§ 20, 21 nur für solche Länder vorschreibt, in denen kein VerwStrVerf. besteht, z. B. GenossG. v. 20. 5. 1898 (RGBl. 810) § 81 II; BGB. §§ 44 I, 62 II.

2. Anwendbar in den Fällen §§ 14, 39, ZustG. §§ 20, 36; KrO. v. 19. 3. 1881 (GS. 179) §§ 68, 134 Nr. 3; ProvO. v. 22. 3. 1881 (GS. 233) §§ 51, 98; LGemO. v. 3. 7. 1891 (GS. 233) § 143; Schleswig-Holstein v. 4. 7. 1892 (GS. 154) § 143; Hessen-Nassauische StO. v. 4. 8. 1897 (GS. 254) § 91; LGemO. v. 4. 8. 1897 (GS. 301) § 115; Hohenzollernsche GemO. v. 2 .7. 1900 (GS. 189) § 107; A. und LO. vom 9. 10. 1900 (GS. 324) §§ 42, 47, 77; G. v. 17. 6. 1900 betr. das Disziplinarverfahren gegen Beamte der LVersAnstalten (GS. 251). Berlin, G. v. 27. 4. 1920 (GS. 123) § 24 (6); Ruhrkohlenbezirk: G. v. 5. 5. 1920 (GS. 286) § 13 (5).

3. Beschwerde nach § 110.

4. Neue Fassung v. 30. 5. 1908 (RGBl. 381). Die Verfahrensvorschriften §§ 37—57, § 58 II aufrechterhalten in FürsVdg. v. 13. 2. 1924 (RGBl. I 100) § 29.

§ 158. Aufgehoben sind:

1) die §§ 40 bis 48, 50 bis 56 des Gesetzes vom 8. März 1871, betreffend die Ausführung des Bundesgesetzes über den Unterstützungswohnsitz (GS. S. 130)[1];

2) die §§ 141 bis 163, 165 der Kreisordnung vom 13. Dezember 1872 (GS. S. 661), soweit sie das Verfahren in streitigen Verwaltungssachen zum Gegenstande haben, sowie die §§ 187 bis 198 derselben Kreisordnung;

3) der fünfte Abschnitt des zweiten Titels, sowie die §§ 2 Absatz 2 und 126 der Provinzialordnung vom 29. Juni 1875 (GS. S. 335) und die Titel I bis IV, sowie die §§ 168, 169, 170 Nr. 2,

4 und 5 und der § 174 des Gesetzes vom 26. Juli 1876, betreffend die Zuständigkeit der Verwaltungsbehörden und der Verwaltungsgerichtsbehörden usw. (GS. S. 297).

§ 159. Mit dem Tage des Inkrafttretens des gegenwärtigen Gesetzes treten alle mit demselben im Widerspruche stehenden Bestimmungen außer Kraft.

Urkundlich unter Unserer Höchsteigenhändigen Unterschrift und beigedrucktem Königlichen Insiegel.

Gegeben Bad Gastein, den 30. Juli 1883.

(L. S.) **Wilhelm.**

Fürst v. Bismarck. v. Puttkamer. Maybach. Lucius. Friedberg. v. Goßler. v. Scholz. Gr. v. Hatzfeldt.

1. Der bestehen gebliebene § 49 ist auch aufgehoben; in Kraft geblieben sind §§ 6, 8, 38, 57, 58 und 59, vgl. Vdg. v. 17. 4. 1924 (GS. 210) § 33 (1).

2. Gesetz vom 1. August 1883 über die Zuständigkeit der Verwaltungs- und Verwaltungsgerichtsbehörden.

(GS. 237[1].)

Wir Wilhelm, von Gottes Gnaden König von Preußen usw. verordnen, mit Zustimmung beider Häuser des Landtags, über die Zuständigkeit der Verwaltungs- und Verwaltungsgerichtsbehörden für den gesamten Umfang der Monarchie[2], was folgt:

1. Erläutert von Friedrichs, Berlin 1904; von Brauchitsch-Berner, Die neuen Preußischen Verwaltungsgesetze (23. Aufl. 1925) I, 144; Hue de Grais, Staatsverfassung und Staatsbehörden, Berlin 1903, S. 467 ff.

2. Über die Zeit des Inkrafttretens in den einzelnen Landesteilen s. LVG. §§ 154, 155. Das ZG. ist, soweit es im Kreise Hameln gilt, eingeführt in Pyrmont, Vdg. v. 31. 3. 1922 (GS. 70) Art. 2 I, 3.

I. Titel.

Angelegenheiten der Provinzen.

§ 1[1].

1. Ersetzt durch Kr.- und ProvAbgG. v. 23. 4. 1906 (GS. 159) §§ 28, 31.

II. Titel.

Angelegenheiten der Kreise.

§ 2. In den Fällen der Veränderung der Kreisgrenzen und der Bildung neuer Kreise, sowie des Ausscheidens großer Städte aus dem Kreisverbande beschließt der Bezirksausschuß über die Auseinandersetzung der beteiligten Kreise, vorbehaltlich der den letzteren gegen einander innerhalb zwei Wochen zustehenden Klage bei dem Bezirksausschusse[1].

1. Novelle zur KrO. v. 19. 3. 1881, als anwendbar bezeichnet in den KrO. für Hannover §§ 3 II, 4 II, 112; Hessen-Nassau §§ 3 II, 4 V, 112; Westfalen § 4; Rheinprovinz §§ 3 II, 4 V; Schleswig-Holstein §§ 3 II, 4 V; vgl. für Posen EinfG. (GS. 108) Art. V B 1; für Lauenburg Vdg. v. 24. 8. 1882 (GS. 343); Bek. v. 19. 3. 1883 (GS. 35). Eingeführt in Posen durch G. v. 21. 7. 1922 (GS. 171) § 3.

§ 3[1].

1. Ersetzt durch Kr.- und ProvAbgG. v. 23. 4. 1906 (GS. 159) §§ 11 IV, 14 II, 16 I.

§ 4. Der zweite Absatz des § 180 der Kreisordnung für die Provinzen Ost- und Westpreußen, Brandenburg, Pommern, Schlesien und Sachsen vom 13. Dezember 1872 (Gesetz-Samml. 1881 S. 179) wird dahin geändert:

Gegen die Verfügung des Regierungspräsidenten steht dem Kreise innerhalb zwei Wochen die Klage bei dem Oberverwaltungsgerichte zu.

Zur Ausführung der Rechte des Kreises kann der Kreistag einen besonderen Vertreter bestellen.

Gleichlautend wiederholt in KrO. Hannover § 108, Hessen-Nassau § 109, Westfalen, Rheinland § 96, Schleswig-Holstein § 144 II, Posen EinfG. (GS. 108) Art. V B 7 Abs. II.

III. Titel.

Angelegenheiten der Amtsverbände.

§ 5. Der erste Absatz des § 55c der Kreisordnung für die Provinzen Ost- und Westpreußen, Brandenburg, Pommern, Schlesien und Sachsen vom 13. Dezember 1872 (Gesetz-Samml. 1881 S. 179) wird dahin abgeändert[1]:

Die Aufsicht des Staates über die Verwaltung der Angelegenheiten der Amtsverbände wird unbeschadet der vorstehenden Bestimmungen in erster Instanz von dem Landrat als Vorsitzenden des Kreisausschusses[2], in höherer und letzter Instanz von dem Regierungspräsidenten geübt[3].

1. Gilt nur im Bezirk der östl. KrO., und wird in Schleswig-Holstein KrO. § 47 wiederholt; die anderen Provinzen haben keine Amtsverbände, auch nicht die Posenschen Kreise der Provinz Grenzmark Posen-Westpreußen, G. v. 21. 7. 1922 (GS. 171) § 3.

2. KrO. östl. §§ 136, 137.

3. Ergänzt durch KommBG. v. 30. 7. 1899 (GS. 141) § 18.

§ 6. Im Geltungsbereiche der Kreisordnung für die Provinzen Ost- und Westpreußen, Brandenburg, Pommern, Schlesien und Sachsen vom 13. Dezember 1872 (Gesetz-Samml. 1881 S. 179) erfolgt fortan die Revision, endgültige Feststellung und Abänderung der Amtsbezirke (§ 49 Absatz 2 der Kreisordnung), die Vereinigung ländlicher Gemeinde- und Gutsbezirke bezüglich der Verwaltung der Polizei mit dem Bezirke einer Stadt (§ 49a Absatz 1 a. a. O.), sowie die Ausscheidung der ersteren aus dem Amtsbezirk (§ 49a Absatz 3 a. a. O.), durch den Minister des Innern im Einvernehmen mit dem Bezirksausschusse nach vorheriger Anhörung der Beteiligten und des Kreistages[1].

1. Wiederholt in Schleswig-Holstein KrO. §§ 35, 36.

IV. Titel.

Angelegenheiten der Stadtgemeinden[1].

§ 7. Die Aufsicht des Staates über die Verwaltung der städtischen Gemeindeangelegenheiten wird in erster Instanz von dem Regierungspräsidenten, in höherer und letzter Instanz von dem Oberpräsidenten[2] geübt, unbeschadet der in den Gesetzen[3] geordneten Mitwirkung des Bezirksausschusses und des Provinzialrats.

Für die Stadt Berlin[4] tritt an die Stelle des Regierungspräsidenten der Oberpräsident, an die Stelle des Oberpräsidenten der Minister des Innern, [für die Hohenzollernsche Lande tritt an die Stelle des Oberpräsidenten der Minister des Innern[5]].

Beschwerden bei den Aufsichtsbehörden in städtischen Gemeindeangelegenheiten sind in allen Instanzen innerhalb zwei Wochen[6] anzubringen.

1. Novelle zu den Städte-Ordnungen, ältere Provinzen, v. 30. 5. 1853 (GS. 261; Instruktion v. 20. 6. 1853 (Min.-BlInn. 138); G. v. 25. 2. 1856 (GS. 129); Kommentare von M. v. Brauchitsch (Verwaltungsgesetze Bd. 3); Gerstmeyer, Hue de Grais (im Handbuch der Gesetzgebung IV 3); Kappelmann, Kotze, Krüger, Ledermann.; Marcinowski-Hoffmann, Oertel (6. Aufl. 1914), Plagge-Schulze, Zelle; Schleswig-Holstein v. 14. 4. 1869 (GS. 509) Komm. v. Gerstmeyer; Lauenburg v. 16. 12. 1870 (Off. Wochenbl. 521); Hannover v. 24. 6. 1858 (Hann. GS. I, 141); Komm. v. Gostkowski; Westfalen v. 19. 3. 1856 (GS. 237); Komm, v. Braunbehrens, v. Detten, Krüger, Lindemann; G. v. 20. 5. 1896 (GS. 99); Rheinprovinz v. 15. 3. 1856 (GS. 406); G. v. 30. 6. 1884 (GS. 307); G. v. 20. 5. 1896 (GS. 99); Komm. v. Vigelius (2. Aufl. 1910); Frankfurt a. M. v. 25. 3. 1867 (GS. 401) und zu den für die Städte von Neu-Vorpommern und Rügen

auf Grund des G. v. 31. 5. 1853 (GS. 291) vereinbarten Rezessen. In StO. Hessen-Nassau v. 4. 8. 1897 (GS. 254) § 93 und GemO. Hohenzollern v. 2. 7. 1900 (GS. 189) § 109 ist der 4. Titel ausdrücklich außer Kraft gesetzt worden. Vgl. Steffenhagen, Die Städteordnungen für Westfalen, Rheinland, Hannover, Schleswig-Holstein; Jebens, Die Stadtverordneten. — Die Instruktion für die Stadtmagistrate. Antoni, StO. f. Hessen-Nassau (2. Aufl. 1908).

2. in der Provinz Grenzmark Posen-Westpreußen durch den Minister, G. v. 21. 7. 1922 (GS. 171) § 4 (3).

3. LVG. § 41. Zuständigkeit des Ministers KommAbgG. § 77 II.

4. und den Zweckverband Berlin-Brandenburg, G. v. 27. 4. 1920 (GS. 123) § 5.

5. Ersetzt durch GemO. v. 2. 7. 1900 (GS. 189) § 109.

6. LVG. § 52.

§ 8. Der Bezirksausschuß[1] beschließt, soweit die Beschlußfassung nach den Gemeindeverfassungsgesetzen der Aufsichtsbehörde[2] zusteht, über die Veränderung der Grenzen der Stadtbezirke[3].

Der Bezirksausschuß beschließt über die infolge einer Veränderung der Grenzen der Stadtbezirke notwendig werdende Auseinandersetzung zwischen den beteiligten Gemeinden, vorbehaltlich der den letzteren gegeneinander zustehenden Klage im Verwaltungsstreitverfahren[4].

1. Für Berlin vgl. § 21 I; LVG. § 43 III.

2. Ausnahme Rheinl. StO. § 2 II.

3. materielles Recht geändert durch WohnungsG. v. 28. 3. 1918 (GS. 23) Art. 3.

4. steuerliche Vorrechte in eingemeindeten Ortsteilen: G. v. 25. 2. 1920 (GS. 61).

§ 9. Streitigkeiten über die bestehenden Grenzen der Stadtbezirke unterliegen der Entscheidung im Verwaltungsstreitverfahren.

Über die Festsetzung streitiger Grenzen beschließt vorläufig, sofern es das öffentliche Interesse erheischt, der Bezirksausschuß[1]. Bei dem Beschlusse behält es bis zur rechtskräftigen Entscheidung im Verwaltungsstreitverfahren sein Bewenden.

1. für Berlin der OPräs., LVG. § 43 III.

§ 10[1]. Die Gemeindevertretung beschließt:

1) auf Beschwerden und Einsprüche, betreffend den Besitz oder den Verlust des Bürgerrechts[2], insbesondere des Rechts zur Teilnahme an den Wahlen zur Gemeindevertretung, sowie des Rechts zur Bekleidung einer den Besitz des Bürgerrechts voraussetzenden Stelle in der Gemeindeverwaltung oder Gemeindevertretung, die Verpflichtung zum Erwerbe oder zur Verleihung des Bürgerrechts, beziehungsweise zur Zahlung von Bürgergewinngeldern (Ausfertigungsgebühren[3]) und zur Leistung des Bürgereides, die Zugehörigkeit zu einer bestimmten Bürgerklasse, die Richtigkeit der Gemeindewählerliste[4];

2) über die Gültigkeit der Wahlen zur Gemeindevertretung;

3) über die Berechtigung zur Ablehnung oder Niederlegung von Ämtern und Stellen in der Gemeindeverwaltung oder Vertretung, über die Nachteile, welche gegen Mitglieder der Stadtgemeinde wegen Nichterfüllung der ihnen nach den Gemeindeverfassungsgesetzen obliegenden

Pflichten, sowie über die Strafen, welche gegen Mitglieder der Gemeindevertretung wegen Zuwiderhandlungen gegen die Geschäftsordnung nach Maßgabe der Gemeindeverfassungsgesetze zu verhängen sind.

Einsprüche gegen die Richtigkeit der Wählerliste sind während der Dauer der Auslegung der letzteren, Einsprüche gegen die Gültigkeit der Wahlen zur Gemeindevertretung innerhalb zwei Wochen nach Bekanntmachung des Wahlergebnisses und in allen Fällen bei dem Gemeindevorstande zu erheben[5].

1. Das materielle Recht ist gerade auf diesem Gebiete stark geändert worden, die klein gedruckten Stellen sind ersetzt durch GemeindewahlG. v. 12. 2. 1924 (GS. 99) § 3 (2); § 6 nicht gültig in Berlin, § 19, vgl. Vdg. v. 30. 7. 1921 (GS. 445) v. 26. 8. 1925 (GS. 109); WahlO. v. 26. 8. 1925 (MinBlInn. 911). Für Berlin gilt das G. v. 27. 4. 1920 (GS. 123) namentlich § 53, 4.

2. StO. östl., Westfalen, Rheinland § 5; Schleswig-Holstein § 6; Hannover § 19; Frankfurt § 13.

3. G. v. 14. 5. 1860 (GS. 237); G. v. 2. 3. 1867 (GS. 361); GewO. v. 26. 7. 1900 (RGBl. 1871) § 13; KommAbgG. v. 14. 7. 1893 (GS. 152) § 96 VII. Jebens, Bürgerrecht und Bürgerrechtsgeld im PrVBl. 22, 37.

4. G. v. 1. 3. 1891 (GS. 20); G. v. 30. 6. 1900 (GS. 185).

5. Abs. III ist aufgehoben durch Hess.-Nass. StO. § 93.

§ 11. Der Beschluß der Gemeindevertretung (§ 10) bedarf keiner Genehmigung oder Bestätigung von seiten des Gemeindevorstandes oder der Aufsichtsbehörde. Gegen den Beschluß der Gemeindevertretung findet die Klage im Verwaltungsstreitverfahren statt. Die Klage steht in den Fällen des § 10[1] auch dem Gemeindevorstande zu.

Die Klage hat in den Fällen des § 10 unter 1 und 2 keine aufschiebende Wirkung; jedoch dürfen Ersatzwahlen vor ergangener rechtskräftiger Entscheidung nicht vorgenommen werden[2].

1. Nicht in Gemeindewahlsachen, von Leyden, Gemeindewahlsachen 41, 42.

2. weggefallen wie § 10 Nr. 2.

§ 12[1]. Der Bezirksausschuß[2] beschließt[3], soweit die Beschlußfassung nach den Gemeindeverfassungsgesetzen der Aufsichtsbehörde zusteht,

1) über die Zahl der aus jeder einzelnen Ortschaft einer Stadtgemeinde zu wählenden Mitglieder der Gemeindevertretung,

2) über die Vornahme außergewöhnlicher Ersatzwahlen[4] zur Gemeindevertretung oder in den Gemeindevorstand.

1. Gegenstandslos nach dem GemeindewahlG. v. 12. 2. 1924 (GS. 99). Die Bildung von Wahlbezirken ist unzulässig, § 5.

2. in Berlin OPräs. LVG. 43 III.

3. Beschwerde an ProvR. LVG. § 121; in Berlin an den Min. Inn. LVG. § 43 III.

4. G. v. 1. 3. 1891 (GS. 20) Art. I Nr. 3 unter der Herrschaft der Listenwahl regelmäßig nicht möglich.

§ 13. Soweit die Bestätigung der Wahlen von Gemeindebeamten[1] nach Maßgabe der Gemeindeverfassungsgesetze den Aufsichtsbehörden zusteht, erfolgt dieselbe durch den Regierungspräsidenten[2].

Die Bestätigung kann nur unter Zustimmung des Bezirksausschusses versagt werden. Lehnt der Bezirksausschuß die Zustimmung ab, so kann dieselbe auf den

Antrag des Regierungspräsidenten durch den Minister des Innern ergänzt werden[3].

Wird die Bestätigung vom Regierungspräsidenten unter Zustimmung des Bezirksausschusses versagt, so kann dieselbe auf Antrag des Gemeindevorstandes oder der Gemeindevertretung von dem Minister des Innern erteilt werden.

1. Wegen der Polizeibeamten vgl. PolG. v. 11. 3. 1850 (GS. 265) § 4; Vdg. v. 20. 9. 1867 (GS. 1529) § 4. Erl. MinInn. v. 19. 4. 1921 (II D 1093): die Bestätigung ist bei jeder Beförderung notwendig.

2. im Stadtkreis Berlin den OPräs. §§ 41 I, 43 III.

3. Abs. II fällt für den Stadtkreis Berlin weg.

§ 14. Über die Gültigkeit von Wahlen solcher Gemeindebeamten, welche der Bestätigung nicht bedürfen, beschließt, soweit die Beschlußfassung der Aufsichtsbehörde zusteht, der Bezirksausschuß[1].

1. auch in Berlin § 161. Beschwerde LVG. § 121 § 43 III.

§ 15. Beschlüsse der Gemeindevertretung oder des kollegialischen Gemeindevorstandes, welche deren Befugnisse überschreiten oder die Gesetze verletzen[1], hat der Gemeindevorstand, beziehungsweise der Bürgermeister, entstehenden Falles auf Anweisung der Aufsichtsbehörde, mit aufschiebender Wirkung, unter Angabe der Gründe, zu beanstanden. Gegen die Verfügung des Gemeindevorstandes (Bürgermeisters) steht der Gemeindevertretung, beziehungsweise dem kollegialischen Gemeindevorstande, die Klage im Verwaltungsstreitverfahren zu.

Die in den Gemeindeverfassungsgesetzen begründete Befugnis der Aufsichtsbehörden, aus anderen als den

8*

vorstehend angegebenen Gründen eine Beanstandung der Beschlüsse der Gemeindevertretung oder des kollegialischen Gemeindevorstandes herbeizuführen, wird aufgehoben.

1. Wegen der Bezirks-Versammlungen, -Ämter und Deputationen in Berlin vgl. G. v. 27. 4. 1920 (GS. 123) §§ 27, 28.

§ 16. Gemeindebeschlüsse über die Veräußerung oder wesentliche Veränderung von Sachen, welche einen besonderen wissenschaftlichen, historischen oder Kunstwert haben[1], insbesondere von Archiven oder Teilen derselben, unterliegen der Genehmigung[2] des Regierungspräsidenten.

Hinsichtlich der Verwaltung der Gemeindewaldungen bewendet es bei den bestehenden Bestimmungen[3].

Im übrigen[4] beschließt der Bezirksausschuß[5] über die in den Gemeindeverfassungsgesetzen der Aufsichtsbehörde vorbehaltene Bestätigung (Genehmigung[6]) von Ortsstatuten und sonstigen die städtischen Gemeindeangelegenheiten betreffenden Gemeindebeschlüssen[7].

1. ALR. I 8 § 33; KabO. v. 4. 10. 1815 (GS. 206); KabO. v. 20. 6. 1830 (GS. 113); StO. altl. § 50, 2; Westfalen § 49, 2; Rheinland § 46, 2; Hannover § 119; Frankfurt § 60, 2; Schleswig-Holstein § 71, 2. Reichsvdg. v. 8. 5. 1920 über den Schutz von Denkmälern und Kunstwerken (RGBl. 913). Pr. Vdg. v. 7. 2. 1921 (GS. 336).

2. BGB. §§ 134, 184.

3. Aufrechterhalten im G. v. 13. 5. 1918 (GS. 53) Art. 2 Nr. 4. G. v. 14. 8. 1876 betr. die Verwaltung der den Gemeinden und öffentlichen Anstalten gehörigen Holzungen in den Provinzen Preußen, Brandenburg, Pommern, Schlesien und Sachsen (GS. 373); AusfAnw. v. 21. 6. 1877 (MinBl.-

Inn. 259); Hannoversches G. v. 10. 7. 1859 (Hann. GS. 59 X 725); Hann. Vdg. v. 21. 10. 1815 (Hagemanns Samml. 15, 886); Vdg. für Westfalen und Rheinprovinz v. 24. 12. 1816 (GS. 1817, 57); StO. Westfalen § 54; Rheinprov. § 51; Instr. v. 31. 8. 1839 für Koblenz und Trier (Kamptz Ann. 23, 14; 1840); Antw. d. OPräs. von Westf. v. 19. 5. 1857 (MinBlInn. 163); Vdg. v. 1. 3. 1858 (GS. 103); G v. 11. 9. 1865 (GS. 989); G. v. 21. 7. 1891 (GS. 330). Wegen der für Hessen-Nassau gültigen Gesetzgebung vgl. Schultz, Die Forstwirtschaft, Berlin 1903, S. 331; dazu G. v. 12. 10. 1897 (GS. 411). Gemeinsame Gültigkeitsdauer haben Komm.-BG. v. 30. 7. 1899 (GS. 141) § 23; Kgl. Erl. v. 11. 10. 1899 (MinBlInn. 203); AusfAnw. v. 12. 10. 1899 (MinBlInn. 192) Art. VII; G. v. 14. 3. 1881 über gemeinschaftliche Holzungen (GS. 261); AusfAnw. v. 26. 4. 1881 (MinBlInn. 340); WaldSchG. v. 6. 7. 1875 (GS. 416).

4. Vgl. aber § 122 und KommAbgG. §§ 77, 78.

5. in Berlin OPräs., in II. Instanz MinInn. LVG. § 43 I.

6. Vgl. G. v. 13. 5. 1918 (GS. 53) Art. 2 Nr. 1, 4; Geltungsdauer wie LVG. § 31 Anm. 3.

7. Abs. IV, V aufgehoben durch KommAbgG. §§ 77, 96 V.

§ 17. Der Bezirksausschuß[1] beschließt[2], soweit die Beschlußfassung nach den Gemeindeverfassungsgesetzen der Aufsichtsbehörde zusteht,

1) abgesehen von den Fällen des § 15 über die zwischen dem Gemeindevorstande und der Gemeindevertretung, beziehungsweise dem Bürgermeister und dem kollegialischen Gemeindevorstande entstehenden Meinungsverschiedenheiten, wenn von einem Teile auf Entscheidung angetragen wird und zugleich die Angelegenheit nicht auf sich beruhen bleiben kann[3],

2) an Stelle der Gemeindebehörden, im Falle ihrer durch widersprechende Interessen herbeigeführten Beschlußunfähigkeit,

3) an Stelle der nach Maßgabe der Gemeindeverfassungsgesetze aufgelösten Gemeindevertretung.

Der Bezirksausschuß beschließt ferner an Stelle der Aufsichtsbehörde:

4) über die Art der gerichtlichen Zwangsvollstreckung wegen Geldforderungen gegen Stadtgemeinden [(§ 15 zu 4 des Einführungsgesetzes zur Deutschen Zivilprozeßordnung vom 30. Januar 1877, Reichs-Gesetzbl. S. 244)][4],

5) über die Feststellung und den Ersatz der Defekte der Gemeindebeamten nach Maßgabe der Verordnung vom 24. Januar 1844 (Gesetz-Samml. S. 52[5]); der Beschluß ist vorbehaltlich des ordentlichen Rechtsweges[6] endgültig.

1. in Berlin in den Fällen Nr. 1, 3, 5 der OPräs., in II. Instanz der Min. Inn., in den Fällen Nr. 2, 5 der BezA., § 161; LVG. § 43 III.

2. Beschwerde, abgesehen von Nr. 5, an den ProvR. LVG. § 121.

3. gilt in Schleswig-Holstein nicht, Bornhak PrStR. 2, 162.

4. Ersetzt durch EG. z. ZPO. § 15, 3 in der Fassung des G. v. 17. 5. 1898 betr. Änderungen der ZPO. (RGBl. 332); vgl. LVG. (Nr. 1) § 60 Anm. 4; Friedrichs, Verwaltungsrechtspflege § 645.

5. Eingeführt in den neuen Landesteilen durch Vdg. v. 23. 9. 1867 (GS. 1619) § 1 Nr. 8, in Lauenburg durch G. v. 25. 2. 1878 (GS. 97) § 1 Nr. 7.

6. Der Rechtsweg wird hier nur vorbehalten, ist also nur soweit zulässig, als er in der Vdg. v. 1844 zugelassen wird.

§ 18. Auf Beschwerden und Einsprüche, betreffend: I

1) das Recht zur Mitbenutzung der öffentlichen Gemeindeanstalten, sowie zur Teilnahme an den Nutzungen und Erträgen des Gemeindevermögens[1],

2) die Heranziehung oder die Veranlagung zu den Gemeindelasten[2],

beschließt der Gemeindevorstand.

Gegen den Beschluß findet die Klage im Verwaltungsstreitverfahren statt[3]. II

Der Entscheidung im Verwaltungsstreitverfahren unterliegen desgleichen Streitigkeiten zwischen Beteiligten über ihre in dem öffentlichen Rechte begründete Berechtigung oder Verpflichtung zu den im Absatz 1 bezeichneten[4] Nutzungen beziehungsweise Lasten[5]. III

Die Beschwerden und die Einsprüche, sowie die Klage haben keine aufschiebende Wirkung[6]. V

1. StO. östl. § 52 III; Westfalen § 51 III; Rheinland § 48 V; Hannover § 37; Frankfurt § 61; Schleswig-Holstein §§ 21, 84. Stier-Somlo, Der verwaltungsrechtliche Schutz 149, 169.
2. Ersetzt durch KommAbgG. §§ 69–76.
3. In Berlin ist der BezA. zuständig, Rechtsmittel § 21.
4. Nicht anwendbar nach dem G. v. 2. 4. 1887 betr. die durch ein Auseinandersetzungsverfahren begründeten gemeinschaftlichen Angelegenheiten (GS. 105) § 6, OVG. 44, 65.
5. Abs. IV ist ersetzt durch KommAbgG. § 69 III.
6. Ausnahme v. LVG. § 53.

§ 19. Unterläßt oder verweigert eine Stadtgemeinde, die ihr gesetzlich obliegenden, von der Behörde innerhalb der Grenzen ihrer Zuständigkeit festgestellten Leistungen auf den Haushaltsetat zu bringen oder außerordentlich zu genehmigen, so verfügt der Regierungspräsident[1] unter Anführung der Gründe die Eintragung in den Etat, beziehungsweise die Feststellung der außerordentlichen Ausgabe.

Gegen die Verfügung des Regierungspräsidenten steht der Gemeinde die Klage bei dem Oberverwaltungsgerichte zu.

Eine Feststellung des Stadtetats durch die Aufsichtsbehörde findet fortan nicht statt; auch in den Städten von Neuvorpommern und Rügen ist jedoch eine Abschrift des Etats gleich nach seiner Feststellung durch die städtischen Behörden der Aufsichtsbehörde einzureichen.

(Zwangsetatisierung, Zwangsbelastung, der letztere Ausdruck auch angenommen von Hatschek, Einleitung in das öffentliche Recht 70.)

1. in Berlin der OPräs., LVG. § 42 I.

§ 20. Bezüglich der Dienstvergehen der Bürgermeister, Beigeordneten, Magistratsmitglieder und sonstigen Gemeindebeamten kommen die Bestimmungen des Gesetzes vom 21. Juli 1852[1] mit folgenden Maßgaben zur Anwendung:

1) Gegen die Bürgermeister, Beigeordneten und Magistratsmitglieder, sowie gegen die sonstigen Gemeindebeamten kann an Stelle der Bezirksregierung und innerhalb des derselben bisher zustehenden Ordnungsstrafrechts[3] der Regierungspräsident Ordnungsstrafen festsetzen. Gegen die Strafverfügungen des Regierungspräsidenten findet innerhalb zwei Wochen die Beschwerde an den Oberpräsidenten, gegen den auf die Be-

schwerde ergehenden Beschluß des Oberpräsidenten findet innerhalb zwei Wochen die Klage bei dem Oberverwaltungsgerichte statt. In Berlin findet gegen die Strafverfügungen des Oberpräsidenten, in den Hohenzollernschen Landen findet gegen die Strafverfügungen des Regierungspräsidenten[4] innerhalb zwei Wochen unmittelbar die Klage bei dem Oberverwaltungsgerichte statt.

2) Gegen die Strafverfügungen des Bürgermeisters[5] findet innerhalb zwei Wochen die Beschwerde an den Regierungspräsidenten[6], und gegen den auf die Beschwerde ergehenden Beschluß des Regierungspräsidenten innerhalb zwei Wochen die Klage bei dem Oberverwaltungsgerichte statt.

3) In dem Verfahren auf Entfernung aus dem Amte wird die Einleitung des Verfahrens von dem Regierungspräsidenten beziehungsweise dem Minister des Innern verfügt und von demselben der Untersuchungskommissar ernannt; an die Stelle der Bezirksregierung beziehungsweise des Disziplinarhofes tritt als entscheidende Disziplinarbehörde erster Instanz der Bezirksausschuß[7]; an die Stelle des Staatsministeriums tritt das Oberverwaltungsgericht[8]; den Vertreter der Staatsanwaltschaft ernennt bei dem Bezirksausschusse der Regierungspräsident[6], bei dem Oberverwaltungsgerichte der Minister des Innern.

In dem vorstehend bezüglich der Entfernung aus dem Amte vorgesehenen Verfahren ist entstehenden Falles auch über die Tatsache der Dienstunfähigkeit der Bürgermeister, Beigeordneten, Magistratsmitglieder und sonstigen Gemeindebeamten Entscheidung zu treffen.

Gegen Mitglieder der Gemeindevertretung findet ein Disziplinarverfahren nicht statt[10].

1. Verwaltungsdisziplinargesetz, eingeführt in den neuen Provinzen durch Vdg. v. 23. 9. 1867 (GS. 1613) Art. I Nr. 2, in Lauenburg durch G. v. 25. 2. 1878 (GS. 97) § 1 Nr. 2, beide Male mit Änderungen, welche größtenteils erledigt sind, jedenfalls hier nicht berühren; in Helgoland durch G. v. 22. 3. 1891 (GS. 39).

2. LVG. § 157 Nr. 2.

3. G. v. 21. 7. 1852 § 19; StO. altl. § 80; Westfalen § 82; Rheinland § 87; Hannover § 61; Frankfurt § 83; Schleswig-Holstein § 93.

4. Ersetzt durch Hohenzollernsche GemO. v. 2. 7. 1900 (GS. 189) § 107. In der Grenzmark Posen-Westpreußen tritt an die Stelle des OPräs. der MinInn., G. v. 21. 7. 1922 (GS. 171) § 4 (3).

5. G. v. 21. 7. 1852 §§ 15, 19, 20; StO. altl. § 58 III; Westfalen § 58 III; Frankfurt § 65 III; Schleswig-Holstein § 61 IV.

6. in Berlin an den OPräs. LVG. § 42 I.

7. auch in Berlin, LVG. § 43 III.

8. Disziplinarsenat, G. v. 8. 5. 1889 (Nr. 7).

9. in Berlin der OPräs., LVG. § 42.

10. Abs. IV ersetzt durch KommBG. §§ 7 I, 25.

§ 21. Zuständig in erster Instanz ist im Verwaltungsstreitverfahren für die in diesem Titel vorgesehenen Fälle, sofern nicht im einzelnen anders bestimmt ist, der Bezirksausschuß, für den Stadtkreis Berlin[1] in den Fällen des § 8 Absatz 2, § 9 und § 15 das Oberverwaltungsgericht. Die Frist[2] zur Anstellung der Klage beträgt in allen Fällen zwei Wochen.

Die Gemeindevertretung, beziehungsweise der kollegialische Gemeindevorstand können zur Wahrnehmung ihrer Rechte im Verwaltungsstreitverfahren einen besonderen Vertreter[3] bestellen.

[Gegen die Entscheidung des Bezirksausschusses in den Fällen des unter § 18 unter 2 ist nur das Rechtsmittel der Revision zulässig[4]].

1. Vgl. § 161. 2. LVG. § 52.
3. Vgl. LVG. § 73 III.
4. Gegenstandslos s. § 18 Anm. 2.

§ 22. Die Bestimmungen dieses Abschnitts kommen zur Anwendung im Geltungsbereiche der Städteordnung für die sechs östlichen Provinzen vom 30. Mai 1853 (Gesetz-Samml. S. 261) auch auf die § 1 Absatz 2 daselbst erwähnten Ortschaften (Flecken),

in der Provinz Schleswig-Holstein auch auf die §§ 94 ff. des Gesetzes vom 14. April 1869 (Gesetz-Samml. S. 589) erwähnten Flecken[1].

1. Drei weitere Absätze des § 22 und der § 23 sind aufgehoben durch Hess.-Nass. StO. § 93, Hohenz. GemO. § 109.

V. Titel.

Angelegenheiten der Landgemeinden und der selbständigen Gutsbezirke[1].

§ 24. Die Aufsicht des Staates über die Verwaltung der Angelegenheiten der Landgemeinden, der Ämter in der Provinz Westfalen[2] und der Bürgermeistereien in der Rheinprovinz[3], sowie der Gutsbezirke wird, unbeschadet der Vorschriften der Kreisordnungen und der in den Gesetzen geordneten Mitwirkung des Kreisausschusses und des Bezirksausschusses, in erster Instanz von dem Landrate als Vorsitzenden des Kreisausschusses[4], in höherer und letzter Instanz von dem Regierungspräsidenten geübt[5].

Beschwerden bei den Aufsichtsbehörden in den vorbezeichneten Angelegenheiten sind in allen Instanzen innerhalb zwei Wochen anzubringen[6].

1. Der 5. Titel ist eine Novelle zu den Landgemeindeordnungen für Westfalen v. 19. 3. 1856 (GS. 265); Rheinprovinz v. 23. 7. 1845 (GS. 523) in der Fassung des G. v. 15. 5. 1856 (GS. 435); G. v. 30. 6. 1884 (GS. 307), Komm. von Rudolf Harnisch und Richard Schmidt; Hannover v. 28. 4. 1859 (Hann. GS. 393); AusfAnw. v. 28. 4. 1859 (Hann. GS. 409); Komm. v. Gostkowski; Schleswig-Holstein v. 22. 9. 1867 (GS. 1603), aber nur noch für Helgoland und für die Bauerschaften beider Dithmarschen gültig; wegen Helgolands vgl. RG. v. 6. 8. 1920 (RGBl. 1566); G. v. 11. 12. 1920 (GS. 541); G. v. 21. 7. 1922 (GS. 169); der Titel wird ergänzt durch KrO. für Westfalen, Rheinprovinz §§ 23—29, Hannover §§ 31—39. Ausdrücklich aufgehoben ist er durch Landgemeindeordnungen für die östlichen Provinzen v. 3. 7. 1891 (GS. 233) § 146 II; Schleswig-Holstein v. 10. 7. 1892 (GS. 154) § 146 II; Hessen-Nassau v. 4. 8. 1897 (GS. 301) § 118 II; GemO. für Hohenzollern v. 2. 7. 1900 (GS. 189) § 109. Das Gemeinderecht ist fortgebildet in ZweckverbG. v. 19. 7. 1911 (GS. 115) und durch die neueren Wahlgesetze. Die Aufhebung der Gutsbezirke ist noch nicht in die Wege geleitet.

2. LGemO. §§ 4, 5, 69—77: KrO. §§ 27—29.

3. GemO. §§ 7—9, 103—113; KrO. §§ 24—28.

4. KrO. östl. §§ 136, 137.

5. Zuständigkeit des Oberpräsidenten § 36, 1, des Pro-

vinzialrats, BullenhaltungsG. v. 27. 6. 1890 (GS. 217) § 5 II, des Ministers, KommAbgG. § 77 II.

6. LVG. § 52.

§ 25. Der Kreisausschuß beschließt[1], soweit die Beschlußfassung nach den Gemeindeverfassungsgesetzen[2] der Aufsichtsbehörde zusteht, über die Veränderung der Grenzen der ländlichen Gemeindebezirke und der Gutsbezirke[3]. I

In den im Absatz 1 bezeichneten Fällen findet neben der Beschlußfassung des Kreisausschusses die in den Gemeindeverfassungsgesetzen vorgeschriebene Anhörung des Kreistages nicht mehr statt. An die Stelle der sonst für kommunale Bezirksveränderungen, [einschließlich der Fälle des zweiten Absatzes[3]], in den Gemeindeverfassungsgesetzen vorgeschriebenen Anhörung des Kreistages tritt die Anhörung des Kreisausschusses. III

Über die infolge einer Veränderung der Grenzen der Landgemeinden und Gutsbezirke, sowie der [in Absatz 2 erwähnten[4]] Ämter und Bürgermeistereien notwendig werdende Auseinandersetzung[5] zwischen den Beteiligten[6] beschließt der Kreisausschuß, vorbehaltlich der den letzteren gegeneinander zustehenden Klage im Verwaltungsstreitverfahren. IV

1. Beschwerde LVG. § 121.

2. Beeinflußt durch WohnungsG. v. 28. 3. 1918 (GS. 23) Art. 3.

3. Abs. II ist ersetzt durch KrO. für Westfalen und Rheinprovinz § 22.

4. Gegenstandslos nach Wegfall des Abs. II.

5. In einem besonderen Falle ausdrücklich als anwendbar bezeichnet KrO. für Rheinprovinz § 1.

6. Steuerliche Vorrechte in den eingemeindeten Ortsteilen: G. v. 25. 2. 1920 (GS. 61).

§ 26. Streitigkeiten über die bestehenden Grenzen der ländlichen Gemeinde- und Gutsbezirke, sowie über die Eigenschaft einer Ortschaft als Gemeinde oder eines Guts als Gutsbezirk unterliegen der Entscheidung im Verwaltungsstreitverfahren.

Über die im ersten Absatze bezeichneten Angelegenheiten beschließt vorläufig, sofern es das öffentliche Interesse erheischt, der Kreisausschuß. Bei dem Beschluß behält es bis zur rechtskräftigen Entscheidung im Verwaltungsstreitverfahren sein Bewenden.

§ 27[1]. Die Gemeindevertretung, wo eine solche nicht besteht, der Gemeindevorstand, beschließt:

1) Auf Beschwerden und Einsprüche, betreffend den Besitz oder den Verlust der Gemeindemitgliedschaft, sowie des Gemeindebürgerrechts, des Stimmrechts in der Gemeindeversammlung, des Rechts zur Teilnahme an den Gemeindewahlen, die Zugehörigkeit zu einer bestimmten Klasse von Stimmberechtigten[2], die Wählbarkeit zu einer Stelle in der Gemeindeverwaltung oder Gemeindevertretung, die Ausübung des Stimmrechts durch einen Dritten, sowie über die Richtigkeit der Gemeindewählerliste[2];

2) über die Gültigkeit der Wahlen zur Gemeindevertretung[3];

3) über die Berechtigung zur Ablehnung oder Niederlegung einer Stelle in der Gemeindeverwaltung oder Gemeindevertretung, über die Nachteile, welche gegen Angehörige (Mitglieder)

der Gemeinde wegen Nichterfüllung der ihnen nach den Gemeindeverfassungsgesetzen obliegenden Pflichten, sowie über die Strafen, welche gegen Mitglieder der Gemeindevertretung wegen Zuwiderhandlungen gegen die Geschäftsordnung oder wegen unentschuldigten Ausbleibens nach Maßgabe der Gemeindeverfassungsgesetze zu verhängen sind[4].

Einsprüche gegen die Richtigkeit der Wählerliste sind während der Dauer der Auslegung der letzteren, Einsprüche gegen die Gültigkeit der Wahlen zur Gemeindevertretung innerhalb zwei Wochen nach Bekanntmachung des Wahlergebnisses, und in allen Fällen bei dem Gemeindevorstande anzubringen[5].

1. Beeinflußt durch die zu § 10 angeführte Gesetzgebung; das Kleingedruckte ist ersetzt durch GemeindewahlG. v. 12. 2. 1924 (GS. 99) § 3 (2), § 6; nicht gültig auf Helgoland, § 20.

2. LGemO. Westfalen §§ 14—22, 78; Rheinprovinz §§ 33 bis 43; Hannover §§ 3—17.

3. LGemO. Westfalen §§ 24—30, 76; Rheinprovinz §§ 45 bis 58, 111; Hannover §§ 51—59.

4. LGemO. Westfalen § 78; Rheinprovinz §§ 70, 79.

5. Abs. III ist aufgehoben durch Hessen-Nassauische LGem.-O. § 118 II.

§ 28. Die Beschlüsse der Gemeindevertretung, beziehungsweise des Gemeindevorstandes, in den Fällen des § 27 bedürfen keiner Genehmigung oder Bestätigung von seiten des Gemeindevorstandes oder der Aufsichtsbehörde.

Gegen die Beschlüsse findet die Klage im Verwaltungsstreitverfahren statt. Die Klage steht in den Fällen des § 27[1], wenn der Beschluß von der Gemeindevertretung gefaßt ist, auch dem Gemeindevorstande[2], sowie in der Provinz Westfalen dem Amtmanne zu.

Die Klage hat in den Fällen des § 27 unter 1 und 2 keine aufschiebende Wirkung[3]; jedoch dürfen Neuwahlen vor ergangener rechtskräftiger Entscheidung nicht vorgenommen werden[4].

1. Nicht in Gemeindewahlsachen, vgl. § 11 Anm. 1.
2. GemO. für Rheinprovinz § 76.
3. LVG. § 53.
4. Gegenstandslos durch Wegfall der einschlägigen Bestimmungen in § 27.

§ 29. Beschlüsse der Gemeindeversammlung, der Gemeindevertretung oder des kollegialischen Gemeindevorstandes, welche deren Befugnisse überschreiten, oder die Gesetze verletzen, hat der Gemeindevorsteher[1], in der Provinz Westfalen auch der Amtmann, entstehenden Falles auf Anweisung der Aufsichtsbehörde, mit aufschiebender Wirkung, unter Angabe der Gründe, zu beanstanden. Gegen die Verfügung des Gemeindevorstehers beziehungsweise Amtmanns steht der Gemeindeversammlung, Gemeindevertretung, beziehungsweise dem kollegialischen Gemeindevorstande die Klage im Verwaltungsstreitverfahren zu.

Die in den Gemeindeverfassungsgesetzen begründete Befugnis der Aufsichtsbehörde, aus anderen als den vorstehend angegebenen Gründen[2] eine Beanstandung von Beschlüssen der Gemeindevertretung oder des kollegialischen Gemeindevorstandes herbeizuführen, wird aufgehoben.

1. in der Rheinprovinz der Bürgermeister, GemO. § 76.

2. Westfälische LGemO. §§ 37, 76; Rheinländische GemO. §§ 88 II, 111.

§ 30. Gemeindebeschlüsse über die Veräußerung oder wesentliche Veränderung von Sachen, welche einen besonderen wissenschaftlichen, historischen oder Kunstwert haben[1], insbesondere von Archiven oder von Teilen derselben, unterliegen der Genehmigung[2] des Regierungspräsidenten.

Hinsichtlich der Verwaltung der Gemeindewaldungen bewendet es bei den bestehenden Bestimmungen[3].

1. ALR. I 8 § 33; KabO. v. 4. 10. 1815 (GS. 206); LGemO. Westfalen § 53 Nr. 2, § 76. Reichsvdg. v. 8. 5. 1920 über den Schutz von Denkmälern und Kunstwerken (RGBl. 913). Pr. AusfVdg. v. 7. 2. 1921 (GS. 338).
2. BGB. §§ 134, 184.
3. Vgl. § 16 Anm. 3.

§ 31. Im übrigen beschließt der Kreisausschuß, soweit die Beschlußfassung in den Gemeindeverfassungsgesetzen der Aufsichtsbehörde[1] oder — in der Provinz Hessen-Nassau — dem Amtsbezirksrate[2] zusteht, über die Bestätigung (Genehmigung) von Ortsstatuten[3] und sonstigen, die ländlichen Gemeindeangelegenheiten betreffenden Gemeindebeschlüssen, sowie über die Herbeiführung und erforderlichen Falles Anordnung einer Ergänzung oder Abänderung der in Ansehung der Gemeindelasten oder[4] des Gemeindestimmrechts bestehenden Ortsverfassung. I

In den vorstehend bezeichneten Fällen findet neben der Beschlußfassung des Kreisausschusses die in den Gemeindeverfassungsgesetzen vorgeschriebene Anhörung des Kreistages nicht mehr statt[5]. II

V Die §§ 33 und 34 Titel 7 Teil II des Allgemeinen Landrechts, die Kabinettsorder vom 25. Januar 1831, betreffend die Erwerbung von Rittergütern durch Dorfgemeinden oder deren Mitglieder (Gesetz-Samml. S. 5), und der § 4 des Anhangs zur Allgemeinen Gerichtsordnung sind aufgehoben.

1. LGemO. Westfalen §§ 12, 13; Rheinprovinz § 11.
2. Aufgehoben durch LGemO. Hessen-Nassau § 118 II.
3. Vgl. aber § 122.
4. KommAbgG. §§ 77, 78. Gilt aber noch wegen der Bürgermeistereilasten, RheinGemO. § 113. Ortsverfassungen über das Gemeindestimmrecht sind nicht mehr möglich.
5. Abs. III, IV sind aufgehoben durch KommAbgG. § 77.

§ 32. Der Kreisausschuß beschließt[1], soweit die Beschlußfassung nach den Gemeindeverfassungsgesetzen der Aufsichtsbehörde zusteht:

1) über die Zahl der aus jeder einzelnen Ortschaft einer Gemeinde zu wählenden Mitglieder der Gemeindevertretung[2],

2) über die Vornahme außergewöhnlicher Ersatzwahlen zur Gemeindevertretung oder in den Gemeindevorstand[3],

3) über die Vermehrung der Zahl der Mitglieder des Gemeindevorstandes, der Schöffen und der Ortsvorsteher, sowie über die Bestellung besonderer Ortsvorsteher für verschiedene Ortschaften eines Gemeindebezirks[4],

4) über die Festsetzung der Besoldungen, der Dienstunkostenentschädigungen und der baren Auslagen der Mitglieder des Gemeindevorstandes, der Schöffen, der sonstigen Gemeindebeamten, sowie der

kommissarischen Gemeindevorsteher[5], Gutsvorsteher und sonstiger kommissarisch bestellten Beamten.

Der Kreisausschuß beschließt ferner:

5) an Stelle der Aufsichtsbehörde über die Feststellung und den Ersatz der bei Kassen und anderen Verwaltungen der Landgemeinden vorkommenden Defekte nach Maßgabe der Verordnung vom 24. Januar 1844 (Gesetz-Samml. S. 52[6]). Der Beschluß ist vorbehaltlich des ordentlichen Rechtsweges endgültig.

1. Beschwerde LVG. § 121.

2. Rheinprovinz, G. v. 15. 5. 1856 Art. 14 III; GemO. § 110 III.

3. LGemO. Westfalen § 28 III. Unter der Herrschaft der Listenwahl regelmäßig nicht möglich.

4. LGemO. Westfalen § 42. GemO. Rhein §§ 77, 103 II.

5. Die Bestimmung ist nach KommBG. § 19 Nr. 1 noch anwendbar auf die Amtleute KrO. Westfalen § 27 II, die Bürgermeister KrO. Rheinprovinz § 24 VI und die Gemeindeerheber LGemO. Westfalen § 44; GemO. Rheinprovinz § 79. Im übrigen gelten für die stellvertretenden Gutsvorsteher KrO. Westfalen § 26 III, Hannover § 38 IV, für die Unterbeamten der Ämter und Bürgermeistereien und für alle Beamten der Gemeinden KommBG. § 18 III, alles wesentlich beeinflußt durch G. v. 8. 7. 1920 (GS. 383).

6. Eingeführt in den neuen Landesteilen durch Vdg. v. 23. 9. 1867 (GS. 1619) § 1 Nr. 8, in Lauenburg durch G. v. 25. 2. 1878 (GS. 97) § 1 Nr. 7.

§ 33. Der Kreisausschuß beschließt[1], soweit die Beschlußfassung nach den Gemeindeverfassungsgesetzen der Aufsichtsbehörde zusteht:

1) abgesehen von den Fällen des § 29 über die zwischen dem Gemeindevorstande und der Ge-

meindevertretung oder zwischen dem Gemeindevorsteher und dem kollegialischen Gemeindevorstande entstandenen Meinungsverschiedenheiten[2],

2) an Stelle der Gemeindebehörden im Falle ihrer durch widersprechende Interessen herbeigeführten Beschlußunfähigkeit oder im Falle wiederholter Beschlußunfähigkeit[3],

3) an Stelle der, nach Maßgabe der Gemeindeverfassungsgesetze aufgelösten Gemeindevertretung[4].

Der Kreisausschuß beschließt ferner an Stelle der Bezirksregierung:

4) über die Art der gerichtlichen Zwangsvollstreckungen wegen Geldforderungen gegen Landgemeinden (§ 15 zu 4 des Einführungsgesetzes zur Deutschen Zivilprozeßordnung vom 30. Januar 1877, Reichs-Gesetzbl. S. 244[5]).

1. Beschwerde an den BezA., LVG. 121.
2. RheinGemO. §§ 68, 111.
3. RheinGemO. §§ 64, 65.
4. Rheinl. G. v. 15. 5. 1856 Art. 28.
5. Ersetzt durch EG. z. ZPO. § 15, 3 in der Fassung des G. v. 17. 5. 1898 betr. Änderungen der ZPO. (RGBl. 332). Vgl. LVG. (Nr. 1) § 60 Anm. 4.

I **§ 34.** Auf Beschwerden und Einsprüche, betreffend

1) das Recht zur Mitbenutzung der öffentlichen Gemeindeanstalten, sowie zur Teilnahme an den Nutzungen und Erträgen des Gemeindevermögens[1],

2) die Heranziehung oder die Veranlagung zu den Gemeindelasten[2],

3) die besonderen Rechte oder Verpflichtungen einzelner örtlicher Teile des Gemeindebezirks oder

einzelner Klassen der Gemeindeangehörigen in Ansehung der zu Nr. 1 und 2 erwähnten Ansprüche und Verbindlichkeiten[3],

beschließt der Gemeindevorstand.

Gegen den Beschluß findet die Klage im Verwal- II
tungsstreitverfahren statt.

Der Entscheidung im Verwaltungsstreitverfahren III
unterliegen desgleichen Streitigkeiten zwischen Beteiligten über ihre in dem öffentlichen Rechte begründete

Die Beschwerden und die Einsprüche, sowie die V
Berechtigung oder Verpflichtung zu den im Absatz 1 bezeichneten Nutzungen beziehungsweise Lasten[4].

Klage haben keine aufschiebende Wirkung[5, 6].

1. LGemO. Westfalen § 2 III; Rheinprovinz §§ 17, 18; Hannover §§ 60—63.

2. Gilt noch in bezug auf Bürgerrechtsgelder in den nach LGemO. Hannover verwalteten Städten und auf die Heranziehung zu einer Wegeunterhaltung durch den Gemeindevorsteher nach dem in einem Teil von Hannover geltenden Anschlußprinzip OVG. in PrVBl. 23, 40 l, 119 r. und wohl in bezug auf Naturalleistungen (im Gegensatz zu Naturaldiensten) überhaupt und auf die Bürgermeistereilasten in der Rheinprovinz, GemO. § 113.

3. RheinGemO. §§ 30, 59.

4. Abs. IV ist ersetzt durch KommAbgG. § 69 III.

5. Ausnahme von LVG. § 53.

6. Abs. VI ist ersetzt durch KommAbgG. § 69 IV.

§ 35. Unterläßt oder verweigert eine Landgemeinde[1] (Amt, Bürgermeisterei) oder ein Gutsbezirk die ihnen gesetzlich obliegenden, von der Behörde innerhalb der Grenzen ihrer Zuständigkeit festgestellten Leistungen auf den Haushaltsetat zu bringen oder außerordentlich zu genehmigen, beziehungsweise zu erfüllen, so verfügt der Landrat, unter Anführung der Gründe, die Eintragung in den Etat, beziehungsweise die Feststellung der außerordentlichen Ausgabe.

Gegen die Verfügung des Landrats steht der Gemeinde beziehungsweise dem Besitzer[2] des Guts die Klage bei dem Bezirksausschusse zu.

1. RheinGemO. § 87 II.

2. In Schulangelegenheiten ist der Gutsvorsteher als Kläger legitimiert SchulUntG. v. 28. 7. 1906 (GS. 335) § 8 II, § 46 III.

§ 36. Bezüglich der Dienstvergehen der Gemeindevorsteher, Schöffen, Mitglieder des Gemeindevorstandes und sonstigen Gemeindebeamten, sowie der Gutsvorsteher[1] kommen die Bestimmungen des Gesetzes vom 21. Juli 1852 mit folgenden Maßgaben zur Anwendung:

1) Die Befugnis, gegen die Gemeindevorsteher (Amtmänner in Westfalen, Bürgermeister in der Rheinprovinz[2]), Schöffen, Mitglieder des kollegialischen Gemeindevorstandes und sonstige Gemeindebeamten, sowie gegen Gutsvorsteher Ordnungsstrafen zu verhängen, steht dem Landrate, und im Umfange des den Provinzialbehörden[3] beigelegten Ordnungsstrafrechts dem Regierungspräsidenten zu.

Gegen die Strafverfügungen des Landrats findet innerhalb zwei Wochen die Beschwerde an den Regierungspräsidenten, gegen die Strafverfügungen des Regierungspräsidenten innerhalb gleicher Frist die Beschwerde an den Oberpräsidenten[4] statt.

2) Gegen die von dem Amtmann in Westfalen oder von dem Bürgermeister in der Rheinprovinz auf Grund des § 83 der Westfälischen Landgemeindeordnung vom 19. März 1856, beziehungsweise der §§ 83 und 104 der Rheinischen Gemeindeordnung vom 23. Juli 1845 gegen Unterbeamte der Gemeinden, Ämter oder Bürgermeistereien erlassenen Strafverfügungen findet innerhalb zwei Wochen die Beschwerde an den Landrat und gegen den auf die Beschwerde ergehenden Beschluß des Landrats innerhalb zwei Wochen die Beschwerde an den Regierungspräsidenten statt.

3) Gegen den auf die Beschwerde in den Fällen zu 1 und 2 in letzter Instanz ergehenden Beschluß des Regierungspräsidenten, beziehungsweise des Oberpräsidenten[5] findet innerhalb zwei Wochen die Klage bei dem Oberverwaltungsgerichte statt[6].

4) In dem Verfahren auf Entfernung aus dem Amte wird die Einleitung des Verfahrens von dem Landrate oder von dem Regierungspräsidenten verfügt und von denselben der Untersuchungskommissar und der Vertreter der Staatsanwaltschaft ernannt[7]. Als entscheidende Disziplinarbehörde erster Instanz tritt an die Stelle der Bezirksregierung der Kreisausschuß; an die Stelle des Staatsministeriums tritt das Oberverwaltungsgericht. Der Vertreter der Staatsanwaltschaft bei dem Oberverwaltungsgerichte wird von dem Minister des Innern ernannt.

In dem vorstehend zu 4 vorgesehenen Verfahren ist entstehenden Falles auch über die Tatsache der Dienstunfähigkeit der ländlichen Gemeindebeamten Entscheidung zu treffen[8].

1. Anwendbar auf Schulverbandsvorsteher SchulUntG. v. 28. 7. 1906 (GS. 335) § 52 V; die Mitglieder des Vorstandes und die Beamten der Haubergsgenossenschaften in dem Kreise Siegen G. v. 17. 3. 1879 (GS. 228) § 33; dem Dillkreis und dem Oberwesterwaldkreis G. v. 4. 6. 1887 (GS. 289) § 33; und im Kreise Altenkirchen G. v. 9. 4. 1890 (GS. 55) § 35; die Kreisbeamten in Westfalen KrO. § 79 Nr. 3; Rheinprovinz KrO. § 79 Nr. 3; und Hannover KrO. § 91 Nr. 3, aber nicht auf die Beamten der Gutsvorsteher.

2. Gegen Ehrenamtmänner und Ehrenbürgermeister ist in I. Instanz der KrA., in II. Instanz der BezA. zuständig KrO. Westfalen § 27 III; Rheinprovinz § 24 VII.

3. G. v. 21. 7. 1852 § 3.

4. in der Provinz Grenzmark Posen-Westpreußen an den Minister, G. v. 21. 7. 1922 (GS. 171) § 4 (3).

5. oder des Ministers, Anm. 4.

6. Der zweite Absatz dieser Nummer ist aufgehoben durch HohenzGemO. v. 2. 7. 1900 § 109 II, ersetzt durch § 107 I.

7. VerwDiszG. v. 21. 7. 1852 § 23.

8. Der Schlußabsatz ist ersetzt durch KommBG. § 7.

§ 37. Zuständig in erster Instanz ist im Verwaltungsstreitverfahren für die in diesem Titel vorgesehenen Fälle, sofern nicht im einzelnen anders bestimmt ist, der Kreisausschuß. Die Frist zur Anstellung der Klage beträgt in allen Fällen zwei Wochen.

Die Gemeindeversammlung[1], die Gemeindevertretung, beziehungsweise der kollegialische Gemeindevorstand können zur Wahrnehmung ihrer Rechte im Ver-

waltungsstreitverfahren einen besonderen Vertreter bestellen.

1. Amtsversammlung LGemO. Westfalen §§ 75, 76; Bürgermeistereiversammlung GemO. Rheinprovinz §§ 110, 111.

§ 38[1].

1. Nr. 1—6 aufgehoben durch LGemO. Hessen-Nassau § 118. Nr. 7—8 aufgehoben durch GemO. Hohenzollern § 109 II.

VI. Titel.

Armenangelegenheiten[1].

Angelegenheiten der öffentlichen Fürsorge.

§ 39. Streitigkeiten zwischen Fürsorgeverbänden wegen öffentlicher Fürsorge für Hilfsbedürftige werden im Verwaltungsstreitverfahren entschieden.

Zuständig in erster Instanz ist der Bezirksausschuß. Dieser entscheidet endgültig, soweit die Organisation oder die örtliche Abgrenzung der einzelnen Fürsorgeverbände Gegenstand des Streites ist. Im übrigen findet gegen dessen Entscheidung unter Ausschluß aller sonstigen Rechtsmittel die Berufung an das Bundesamt für das Heimatwesen statt und behält es bei den Bestimmungen des Reichsgesetzes über den Unterstützungswohnsitz in der Fassung vom 30. Mai 1908 (Reichsgesetzbl. S. 381) sein Bewenden.

1. Der VI. Titel bildete Ausführungsvorschriften zum BG. v. 6. 6. 1870 über den Unterstützungswohnsitz, demnächst in der Fassung der Bekanntmachung v. 30. 5. 1908 (RGBl. 381), und eine Novelle zu dem Preuß. AusfG. v. 8. 3. 1871 (GS. 130) und dem Lauenb. AusfG. v. 24. 6. 1871 (Off. Wochenbl. 183). Die geltende Fassung beruht auf AusfVdg. v. 17. 4. 1924 zur FürsVdg. (GS. 210) § 32.

2. Regulativ v. 6. 1. 1873 zur Ordnung des Geschäftsganges bei dem Bundesamt für das Heimatwesen (RZentr.-Bl. 4).

§ 40. Der Bezirksausschuß beschließt endgültig[1] über die Bestätigung der in den §§ 8, 9, 10 und 12[2] des Gesetzes betreffend die Ausführung des Bundesgesetzes über den Unterstützungswohnsitz, vom 8. März 1871 (Gesetz-Samml. S. 130) und des betreffenden Lauenburgischen Gesetzes vom 24. Juni 1871 (Offizielles Wochenbl. S. 183) gedachten Statuten zur Regelung der Armenpflege in den nicht ausschließlich im Eigentum des Gutsbesitzers stehenden Gutsbezirken und in den Gesamtarmenverbänden, sowie über die Genehmigung zur Wiederauflösung von Gesamtarmenverbänden (§ 14 a. a. O.).

Soweit die Feststellung der Statuten bisher dem Kreistage oblag, erfolgt dieselbe fortan durch den Kreisausschuß.

Ist den Statuten die Bestätigung wiederholt versagt worden, so stellt der Bezirksausschuß dieselben endgültig fest.

1. Vgl. LVG. § 126.

2. Änderung wie § 39 Anm. 1.

§ 41[1].

1. Aufgehoben wie § 39 Anm. 1; ersetzt durch AV. z. FV. § 20.

§ 42. Beschwerden von Ortsarmenverbänden **Bezirksfürsorgeverbänden**[1] gegen Verfügungen der Landarmenverbände **Landesfürsorgeverbände** darüber, ob, in welcher Höhe und in welcher Weise Beihilfen zu gewähren sind (§ 36 des Gesetzes vom 8. März 1871), **(§ 13 der Aus-**

führungsverordnung vom 17. April 1924 zur Verordnung über die Fürsorgepflicht vom 13. Februar 1924 — Reichsgesetzbl. I S. 100 —), unterliegen der endgültigen Beschlußfassung des Provinzialrats.

1. Änderung wie § 39 Anm. 1.

§ 43[1].

1. Aufgehoben wie § 39 Anm. 1.

§ 44[1]. **Auf Beschwerden und Einsprüche, betreffend die Verpflichtung zur Teilnahme an den Lasten der Armenpflege in Gutsbezirken (§ 8 des Gesetzes vom 8. März 1871), beschließt der Gutsvorsteher. Gegen den Beschluß findet innerhalb zwei Wochen die Klage im Verwaltungsstreitverfahren statt. Zuständig ist in erster Instanz der Kreisausschuß.** I

Einsprüche gegen Zuschläge zu den direkten Staats- III
steuern, welche sich gegen den Prinzipalsatz der letzteren richten, sind unzulässig.

Die Beschwerden und die Einsprüche, sowie die IV
Klage haben keine aufschiebende Wirkung.

1. Abs. I an Stelle von Abs. I, II der bisherigen Fassung nach der FürsAusfVdg., vgl. § 39 Anm. 1; Absatz 4 Satz 2 ist gestrichen.

VII. Titel.

Schulangelegenheiten[1].

§ 45[2].

1. Der VII. Titel bildet eine Novelle zu den Volksschulgesetzen, welche ihrerseits durch eine Reihe neuer Gesetze ergänzt werden, darunter G. v. 26. 5. 1887, betr. die Feststellung von Anforderungen für Volksschulen (Nr. 11), in Posen nicht gültig; G. v. 28. 7. 1906, betr. die Unterhaltung

der öffentlichen Volksschulen (GS. 335). Volksschullehrer-Diensteinkommen G. v. 17. 12. 1920 (GS. 623); Volksschullehrer-Altruhegehalts G. v. 17. 12. 1920 (GS. 655) in verschiedentlich neuer Fassung.

2. Der § 45 ist ersetzt zunächst durch G. v. 3. 3. 1897 (GS. 25) § 18 VI, § 20 Nr. 2, jetzt durch Volksschullehrer-Diensteinkommen G. v. 18. 2. 1925 (GS. 17) § 17 Abs. (4 bis 6).

I **§ 46**[1]. Auf Beschwerden und Einsprüche, betreffend die Heranziehung zu Abgaben und sonstigen nach öffentlichem Rechte zu fordernden Leistungen für Schulen, welche der allgemeinen Schulpflicht dienen, beschließt, vorbehaltlich der Bestimmungen des § 47, die örtliche Behörde, welche die Abgaben und Leistungen für die Schule ausgeschrieben hat (Vorstand des Schulverbandes, der Schulgemeinde, Schulsozietät, Schulkommune usw.).

II Gegen den Beschluß findet innerhalb zwei Wochen die Klage im Verwaltungsstreitverfahren statt.

III Der Entscheidung im Verwaltungsstreitverfahren unterliegen desgleichen Streitigkeiten zwischen Beteiligten über ihre in dem öffentlichen Rechte begründete Verpflichtung zu Abgaben und Leistungen für Schulen, welche der allgemeinen Schulpflicht dienen[3].

IV Zuständig in erster Instanz ist im Verwaltungsstreitverfahren der Kreisausschuß und, sofern es sich um Stadtschulen handelt, der Bezirksausschuß.

V Die Entscheidung über streitige Abgaben und sonstige nach öffentlichem Rechte zu fordernde Leistungen für Schulen der bezeichneten Art oder für deren Beamte, sowie über streitiges Schulgeld für solche

Schulen nach § 15 des Gesetzes über die Erweiterung des Rechtsweges vom 24. Mai 1861 (Gesetz-Samml. S. 241) erfolgt fortan im Verwaltungsstreitverfahren.

Einsprüche gegen die Höhe von Zuschlägen für Schulzwecke zu den direkten Staatssteuern, welche sich gegen den Prinzipalsatz der letzteren richten, sind unzulässig. VI

Die Beschwerden und die Einsprüche, sowie die Klage haben keine aufschiebende Wirkung. VII

Die Vorschriften dieses Paragraphen finden auf solche Abgaben und Leistungen für Schulen, welche zu den Gemeindelasten [(§§ 18, 34)][3] gehören, keine Anwendung. VIII

1. Gilt nur noch in den ehemals Westpreußischen und Posenschen Teilen der Provinzen Ostpreußen und Grenzmark Posen-Westpreußen, für alle anderen Provinzen aufgehoben G. v. 28. 7. 1906 (GS. 335) §§ 7 I, 63, 70; gilt aber noch wegen der Ansprüche an Dritte, die nach öffentlichem Recht zu Leistungen an den Eigenschulverband verpflichtet sind und wird überhaupt zur Ergänzung von Sätzen des neuen Rechts verwertet, OVG. 61, 60, 64, 69; gilt ferner wegen der Gesamtschulverbände, G. v. 28. 7. 1906 § 54 VIII, OVG. 63, 211, da diese unberührt bleiben vom ZweckverbandsG. v. 19. 7. 1911 (GS. 115) § 8 III. Wegen der Beiträge der Schulverbände zur Landesschulklasse vgl. VolksschullehrerDiensteinkommenG. v. 18. 2. 1925 (GS. 17) § 37 (3).

2. Über den Umfang der Geltung des Abs. III vgl. OVG. 79, 89.

3. Jetzt KommAbgG. § 69.

§ 47[1]. Über die Anordnung von Neu- und Reparaturbauten bei Schulen, welche der allgemeinen Schulpflicht dienen, über die öffentlich-rechtliche Ver- I pflichtung zur Aufbringung der Baukosten[2], sowie über die Verteilung derselben auf Gemeinden (Gutsbezirke), Schulverbände und Dritte, statt derselben oder neben denselben Verpflichtete beschließt, sofern Streit entsteht, die Schulaufsichtsbehörde[3].

II Gegen den Beschluß findet die Klage im Verwaltungsstreitverfahren statt. Dieselbe ist, soweit der in Anspruch Genommene zu der ihm angesonnenen Leistung aus Gründen des öffentlichen Rechts statt seiner einen anderen für verpflichtet erachtet, zugleich gegen diesen zu richten.

III Auch im übrigen unterliegen Streitigkeiten der Beteiligten (Absatz 1) darüber, wem von ihnen die öffentlich-rechtliche Verbindlichkeit zum Bau oder zur Unterhaltung einer der Erfüllung der allgemeinen Schulpflicht dienenden Schule obliegt, der Entscheidung im Verwaltungsstreitverfahren.

IV Die Klage ist in den Fällen des zweiten Absatzes innerhalb zwei Wochen anzubringen. Die zuständige Behörde kann zur Vervollständigung der Klage eine angemessene Nachfrist gewähren. Durch den Ablauf dieser Fristen wird jedoch die Klage im Verwaltungsstreitverfahren auf Erstattung des Geleisteten gegen einen aus Gründen des öffentlichen Rechts verpflichteten Dritten nicht ausgeschlossen.

V Zuständig im Verwaltungsstreitverfahren ist in erster Instanz der Kreisausschuß und, sofern es sich um Stadtschulen handelt, der Bezirksausschuß.

1. Der § 47 gilt in den ehemals Westpreußischen und Posenschen Landesteilen in vollem Umfange. Für das übrige Preußen ist er durch G. v. 28. 7. 1906 (GS. 335) in seiner praktischen Bedeutung eingeschränkt, aber nicht aufgehoben,

OVG. 57, 229 und wird wie § 46 zur Ergänzung von Lücken des neuen Rechts benutzt, OVG. 61, 69.

2. Aufrechterhalten im EG. z. BGB. Art. 132.

3. Regierung, Abt. des Innern jetzt für Kirchen und Schulen RegInstr. v. 23. 10. 1817 (GS. 248) § 2 Nr. 6, § 18; KabO. v. 31. 12. 1825 (GS. 1826, 6) unter D II 1. OVG. 45, 212.

§ 48[1]. Unterläßt oder verweigert ein Schulverband (Schulgemeinde, Schulsozietät, Schulkommune usw.) bei Schulen, welche der allgemeinen Schulpflicht dienen, in anderen als den im § 47 Absatz 1 bezeichneten Fällen die ihm nach öffentlichem Rechte obliegenden, von der Behörde innerhalb der Grenzen ihrer Zuständigkeit festgestellten Leistungen auf den Haushaltsetat zu bringen oder außerordentlich zu genehmigen beziehungsweise zu erfüllen, so verfügt der Landrat und, sofern es sich um Stadtschulen handelt, der Regierungspräsident die Eintragung in den Etat beziehungsweise die Feststellung der außerordentlichen Ausgabe.

Gegen die Verfügung des Landrats steht dem Schulverbande die Klage bei dem Bezirksausschusse, gegen die Verfügung des Regierungspräsidenten die Klage bei dem Oberverwaltungsgerichte zu. Dabei finden die Bestimmungen des § 47 Absatz 2 Satz 2 und Absatz 4 sinngemäße Anwendung.

1. Die Anwendbarkeit des § 48 ist im G. v. 28. 7. 1906 (GS. 335) § 54 VIII auf die Schulverbände ausgedehnt, OVG. 69, 256 im übrigen aber beseitigt, da § 48 sich auf Schulen der politischen Gemeinden nicht bezog; in den Westpreußischen und Posenschen Landesteilen gilt § 48 unverändert fort, G. v. 28. 7. 1906 § 70.

§ 49. Die Vorschriften des § 47 finden auch Anwendung, wenn die Schule mit der Küsterei verbunden ist[1].

Für die im Verwaltungsstreitverfahren nach § 47 zu treffenden Entscheidungen sind die von den Schulaufsichtsbehörden innerhalb ihrer gesetzlichen Zuständigkeit getroffenen allgemeinen Anordnungen über die Ausführung von Schulbauten maßgebend[2].

Die der Schulaufsichtsbehörde nach Maßgabe des Gesetzes zustehende Befugnis zur Einrichtung neuer oder Teilung vorhandener Schulsozietäten bleibt unberührt[3].

1. Vgl. G. v. 28. 7. 1906 (GS. 335) §§ 29, 30. III. Trennung nach VolksschullehrerdiensteinkommenG. v. 18. 2. 1925 (GS. 17) § 16. Martinius in PrVBl. **34**, 441. Wegen rein kirchlicher Bauten vgl. G. v. 8. 4. 1924 (GS. 221) Art. 17, 18.

2. Erlaß UntMin. v. 20. 12. 1902 betr. den Bau und die Errichtung ländlicher Volksschulhäuser (MinBlMed. 1903, 14); wegen der Lehrerwohnungen vgl. G. v. 3. 3. 1897 (GS. 25) § 14; Erl. UntMin. v. 6. 1. 1903, betr. die bauliche Unterhaltung der Lehrerdienstwohnungen (ZBlUnt. 227).

3. RegInstr. v. 23. 10. 1817 § 18k. G. v. 28. 7. 1906 (GS. 335) § 3.

VIII. Titel.

Einquartierungsangelegenheiten.

§ 50. Über die Bestätigung von Gemeindebeschlüssen oder Ortsstatuten wegen Verteilung der [Quartierleistungen[1] und sonstigen] Naturalleistungen (Vorspann, Naturalverpflegung, Fourage), ([§ 7 Absatz 3 bis 5 des Gesetzes vom 25. Juni 1868, betreffend die Quartierleistungen für die bewaffnete Macht während des Friedenszustandes,

Bundes-Gesetzbl. S. 523, und[1]] § 7 Absatz 2 des Gesetzes über die Naturalleistungen für die bewaffnete Macht im Frieden [vom 13. Februar 1875, Reichs-Gesetzbl. S. 52[2]]) beschließt der Kreisausschuß, in Städten der Bezirksausschuß[3].

Der Kreisausschuß beschließt über die Festsetzung des Umfangs der Quartierleistung für solche Gutsbezirke, welche eine Vereinigung mit einer Gemeinde nicht abgeschlossen haben (§ 7 letzter Absatz des Gesetzes vom 25. Juni 1868).

1. Jetzt gilt KommAbgG. v. 14. 7. 1893 auf Grund OLG. §§ 7 IV, 18; vgl. RG. v. 21. 6. 1887 (RGBl. 245). Im WehrG. v. 23. 3. 1921 (RGBl. 329) § 48 wird dies Gesetz wie die übrigen hier erwähnten nicht berührt. Das OLG. selbst ist in der Hauptsache unverändert geblieben, die Anlagen wiederholt erneuert.

2. Jetzt in der Fassung des RG. v. 6. 4. 1925 (RGBl. I 44). Der § 7 II ist unverändert; vgl. AusfVdg. v. 13. 7. 1898 (RGBl. 921).

3. in Berlin der OPräs. LVG. § 43 III.

§ 51. Werden gegen die für die Verteilung der Quartierleistungen aufgestellten Kataster (§ 6 Absatz 4 des Gesetzes vom 25. Juni 1868) innerhalb der gesetzlich bestimmten Frist von 21 Tagen Einwendungen erhoben, so hat hierüber in betreff der Städte der Gemeindevorstand, in betreff der übrigen Ortschaften der Kreisausschuß zu beschließen.

Gegen den Beschluß findet innerhalb zwei Wochen die Beschwerde an den Bezirksausschuß[1] statt.

Der Beschluß des Bezirksausschusses ist endgültig[2].

1. in Berlin OPräs. LVG. § 43 III.

2. LVG. § 126.

IX. Titel.

Sparkassenangelegenheiten[1].

§ 52. Die Errichtung von Sparkassen durch Kreise, Stadt- und Landgemeinden, und andere über den Umfang eines Kreises nicht hinausgehende kommunale Verbände bedarf der staatlichen Genehmigung auch in denjenigen Landesteilen, in welchen eine solche bisher nicht vorgeschrieben war.

Diese Genehmigung, sowie die Bestätigung der bezüglichen Statuten steht dem Oberpräsidenten zu. Die Genehmigung (Bestätigung) darf nur unter Zustimmung des Provinzialrats versagt werden[3]. Ingleichen bedarf es der Zustimmung des Provinzialrats zu Statutenänderungen und zur Auflösung von Sparkassen, soweit solche der Oberpräsident nach bestehendem Rechte gegen den Willen der Kreise, Gemeinden oder sonstigen Verbände vorzunehmen ermächtigt ist.

1. Regl. v. 12. 12. 1838 (GS. 1839, 5); KommBG. v. 30. 7. 1899 (GS. 141) § 8 II. v. Knebel-Döberitz, Sparkassenwesen in Preußen; Friedrichs, heutige Recht der Gemeindesparkassen (1921).

2. Größere Verbände bedürfen der Genehmigung des Staatsministeriums (an Stelle des Königs) Regulativ § 21, OVG. 75, 228. Bornhak, Pr. Staatsrecht 2, 390—397 und in VerwArch. 23, 426; Rietsch in VerwArch. 24, 86.

3. Für Berlin vgl. LVG. § 43 I.

§ 53. Die Aufsicht über die Verwaltung der im § 52 bezeichneten Sparkassen wird durch die geordneten Kommunalaufsichtsbehörden geübt[1].

Wo bezüglich dieser Verwaltung in bestehenden Gesetzen oder in den Statuten eine ausdrückliche staatliche

Genehmigung vorgeschrieben ist, erteilt dieselbe der Regierungspräsident, in Berlin der Oberpräsident. Die Versagung der Genehmigung darf nur unter Zustimmung des Bezirksausschusses erfolgen.

1. §§ 7, 24. KrO. östl. § 177; Hannover § 104; Hessen-Nassau § 105; Westfalen, Rheinland § 92; Schleswig-Holstein § 140.

X. Titel.

Synagogengemeindeangelegenheiten.

§ 54. Der Bezirksausschuß[1] entscheidet auf Klagen Einzelner wegen der ihnen, als Mitgliedern einer Synagogengemeinde [oder auf Grund des Gesetzes vom 28. Juli 1876, betreffend den Austritt aus den jüdischen Synagogengemeinden (Gesetz-Samml. S. 353)[2]], zustehenden Rechte und obliegenden Verpflichtungen zu Abgaben und Leistungen.

1. im Stadtkreis Berlin LVG. § 43.

2. aufgehoben durch G. v. 30. 11. 1920 (GS. 1921, 119) § 5, vgl. Verf. v. 30. 11. 1920 (GS. 543) Art. 76.

XI. Titel.

Wegepolizei[1].

§ 55. Die Aufsicht über die öffentlichen Wege und deren Zubehörungen, sowie die Sorge dafür, daß den Bedürfnissen des öffentlichen Verkehrs in bezug auf das Wegewesen Genüge geschieht, verbleibt in dem bisherigen Umfange[2] den für die Wahrnehmung der Wegepolizei zuständigen Behörden[3]. Sind dazu Leistungen erforderlich, so hat die Wegepolizeibehörde den Pflichtigen zur Erfüllung seiner Verbindlichkeit binnen einer angemessenen Frist aufzufordern und, wenn die

Verbindlichkeit nicht bestritten wird, erforderlichen Falles mit den gesetzlichen Zwangsmitteln anzuhalten. Auch ist die zuständige Wegepolizeibehörde befugt, das zur Erhaltung des gefährdeten oder zur Wiederherstellung des unterbrochenen Verkehrs Notwendige, auch ohne vorgängige Aufforderung des Verpflichteten, für Rechnung desselben in Ausführung bringen zu lassen, wenn dergestalt Gefahr im Verzuge ist, daß die Ausführung der vorzunehmenden Arbeit durch den Verpflichteten nicht abgewartet werden kann.

1. Die fortdauernde Geltung der §§ 55—57 ist anerkannt in der WegeO. für Sachsen v. 11. 7. 1891 (GS. 316) § 42 II; Westpreußen v. 27. 9. 1905 (GS. 357) § 40 II; Posen v. 15. 7. 1907 (GS. 243) § 39 II. Ostpreußen v. 10. 7. 1911 (GS. 99) § 39 II. RBez. Kassel G. 25. 8. 1909 (GS. 741) § 10. Sie werden nicht berührt durch LandwegeG. v. 15. 3. 1923 für Wiesbaden (GS. 67). Wegen der Grenzmark Posen-Westpreußen vgl. auch G. v. 21. 7. 1922 (GS. 171) § 12. Vgl. Germershausen, Das Wegerecht und die Wegeverwaltung in Preußen, 2 Bde; (3. Aufl. 1907). Kluckhuhn, Das Recht der Wirtschaftswege und sonstigen Zweckgrundstücke; Ecker, Rheinisches Wegerecht. v. Brauchitsch, Verwaltungsgesetze, 4. Bd. v. Holtz, (1917). Friedrichs in Stier-Somlos Handbuch Bd. 2; Zorn in Stengel-Fleischmanns Wörterbuch 3, 896—909 Bering (1894) Friedenthal (1906) Guba (1917) Lassar (1919) Loomann (1917). Die Vorschriften des XI. Titels werden ergänzt durch § 158.

2. Ortspolizeibehörde, Amtsvorsteher KrO. östl. § 59 Nr. 1, Schleswig-Holstein § 51 Nr. 1, § 145; Landrat und sein Hilfsbeamter auf Helgoland G. v. 18. 2. 1891 (GS. 11) § 4; Distriktskommissar in Posen, Amtmann in Westfalen LGemO. § 74; Bürgermeister in der Rheinprovinz KrO. § 28; in Hohenzollern GemO. § 71; in Hessen-Nassau; im RegBez. Kassel auch der Gutsvorsteher KrO. § 27; LGemO. §§ 63, 64,

95. Zuständig für Chausseen, KabO. v. 17. 3. 1839 in der Fassung des G. v. 20. 6. 1887 (GS. 301), ist in bezug auf die (höhere) Baupolizei der RegPräs. RegInstr. v. 23. 10. 1817 § 3 Nr. 2e; KabO. v. 31. 11. 1825, D II 1; LVG. § 18; auf die (niedere) Verkehrspolizei der Landrat, in den Städten die Ortspolizeibehörde Regl. v. 7. 6. 1844 (GS. 167) § 10 II; auf die Sicherheit die Ortspolizeibehörde. Ähnl. LandWG. Wiesb. (Anm. 1) § 8.

3. Geltung eingeschränkt in bezug auf Anlegung von Wegen in Schleswig-Holstein durch § 58; für Kurhessen durch KrO. Hessen-Nassau v. 7. 6. 1885 (GS. 193); für Hannover durch § 60; aber nicht in den Kreisen Teltow und Niederbarnim, Zauch-Belzig und Osthavelland, trotz G. v. 12. 6. 1889 (Nr. 9).

§ 56[1]. Gegen die Anordnungen der Wegepolizeibehörde[2], welche den Bau und die Unterhaltung der öffentlichen Wege oder die Aufbringung und Verteilung der dazu erforderlichen Kosten oder die Inanspruchnahme von Wegen für den öffentlichen Verkehr betreffen, findet als Rechtsmittel innerhalb zwei Wochen[3] der Einspruch an die Wegepolizeibehörde statt. I

Wird der Einspruch der Vorschrift des ersten Absatzes zuwider innerhalb der gesetzlichen Frist bei denjenigen Behörden erhoben, welche zur Beschlußfassung oder Entscheidung auf Beschwerden gegen Beschlüsse oder Verfügungen der Wegepolizeibehörde zuständig sind, so gilt die Frist als gewahrt. II

Der Einspruch ist in solchen Fällen von den angerufenen Behörden an die Wegepolizeibehörde zur Beschlußfassung abzugeben. III

Über den Einspruch hat die Wegepolizeibehörde zu beschließen. Gegen den Beschluß findet die Klage im IV

Verwaltungsstreitverfahren statt. Dieselbe ist, soweit der in Anspruch Genommene zu der ihm angesonnenen Leistung aus Gründen des öffentlichen Rechts statt seiner einen anderen für verpflichtet erachtet, zugleich gegen diesen zu richten. In dem Verwaltungsstreitverfahren ist entstehenden Falles auch darüber zu entscheiden, ob der Weg für einen öffentlichen zu erachten ist.

V Auch im übrigen unterliegen Streitigkeiten der Beteiligten darüber, wem von ihnen die öffentlich-rechtliche Verpflichtung zur Anlegung oder Unterhaltung eines öffentlichen Weges obliegt, der Entscheidung im Verwaltungsstreitverfahren.

VI Die Klage ist in den Fällen des vierten Absatzes innerhalb zwei Wochen[4] anzubringen. Die zuständige Behörde kann zur Vervollständigung der Klage eine angemessene Nachfrist gewähren. Durch den Ablauf dieser Fristen wird jedoch die Klage im Verwaltungsstreitverfahren auf Erstattung des Geleisteten gegen einen aus Gründen des öffentlichen Rechts verpflichteten Dritten nicht ausgeschlossen.

VII Zuständig im Verwaltungsstreitverfahren ist in erster Instanz der Kreisausschuß, in Stadtkreisen, in Städten mit mehr als 10 000 Einwohnern[4], und, sofern es sich um Chausseen handelt, oder ein Provinzialverband, Landeskommunal- oder Kreiskommunalverband als solcher, oder — in der Provinz Hannover — ein Wegeverband[5] beteiligt ist, oder wenn die Klage gegen Beschlüsse des Landrats gerichtet ist, der Bezirksausschuß[6].

VIII Wird ein Weg im Verwaltungsstreitverfahren für einen öffentlichen erklärt, so bleibt demjenigen, welcher privatrechtliche Ansprüche auf den Weg geltend macht, der Antrag auf Entschädigung gegen den Wegebauverpflichteten im ordentlichen Rechtswege nach Maßgabe des § 4 des Gesetzes vom 11. Mai 1842 (Gesetz-Samml. S. 192) vorbehalten[7].

1. Der Paragraph ist aufrechterhalten in den zu § 55 Anm. 1 aufgeführten Gesetzen und in Hann. G. v. 28. 7. 1851 über die Gemeindewege und Landstraßen in der Fassung des Preuß. G. v. 24. 5. 1894 (GS. 82) § 7. Er bildet eine Ausnahme von LVG. §§ 127, 130, untersteht aber den Regeln LVG. §§ 132, 133. Nicht anwendbar auf die Reinigung, G. v. 1. 7. 1912 (GS. 187) § 11. Erl. v. Hecht.

2. s. § 55 Anm. 2.

3. LVG. §§ 52, 53.

4. § 162.

5. KrO. Hannover v. 6. 5. 1884 (GS. 181) § 111.

6. Mit der Zulässigkeit des VerwStrV. wird der Rechtsweg, und damit auch die Anwendung des G. v. 11. 5. 1842 (GS. 192) § 5 ausgeschlossen, GVG. § 13.

7. Der Abs. VIII ist gegenstandslos, weil das VerwStrV. nur rechtbekundende und nicht rechtbegründende Bedeutung hat und deshalb keinen Eingriff im Sinne des § 4 G. v. 11. 5. 1842 bedeutet.

§ 57. Über Einziehung oder Verlegung öffentlicher Wege beschließt — vorbehaltlich der in den §§ 58 und 60 für die Provinzen Schleswig-Holstein und Hannover im Anschluß an die dortige Wegegesetzgebung getroffenen besonderen Bestimmungen[1] — die Wegepolizeibehörde, nachdem das Vorhaben mit der Aufforderung, Einsprüche binnen vier Wochen zur Vermeidung des Ausschlusses geltend zu machen, in ortsüblicher Weise, sowie durch das Kreisblatt und das Amtsblatt veröffentlicht worden ist. Gegen den Beschluß der Wegepolizeibehörde steht den mit dem Einspruche Zurückgewiesenen innerhalb zwei Wochen die Klage bei dem Kreisausschusse, beziehungsweise dem Bezirksausschusse nach Maßgabe der Vorschrift in § 56 Absatz 7 zu.

Wird die beantragte Verlegung oder Einziehung eines öffentlichen Weges von der Wegepolizeibehörde von vornherein oder nach dem Einspruchs-(Ausschließungs-)Verfahren abgelehnt, so ist dem Antragsteller nur das Anrufen der Aufsichtsbehörde gestattet[2].

Der Artikel IV des Gesetzes, betreffend die Abänderung von Bestimmungen der Kreisordnung für die Provinzen Preußen, Brandenburg, Pommern, Posen, Schlesien und Sachsen vom 13. Dezember 1872 und die Ergänzung derselben vom 19. März 1881 (Gesetz-Samml. S. 155) wird aufgehoben[3].

1. Die Anwendung in Schleswig-Holstein und Hannover ist vollständig ausgeschlossen.

2. Der Abs. II ist die Anwendung einer allgemeinen gültigen Regel.

3. Inhalt durch §§ 55—57 ersetzt.

§ 58. In der Provinz Schleswig-Holstein unterliegt der Beschlußfassung des Kreisausschusses, in Stadtkreisen des Bezirksausschusses:

1) die Bestätigung von Bestimmungen der Gemeinden in betreff der Anlegung, Verlegung oder Einziehung von Nebenwegen, öffentlichen Fußsteigen oder Landwegen nach §§ 226, 234 Absatz 1, 235 der Wegeverordnung für die Herzogtümer Schleswig und Holstein vom 1. März 1842 (Sammlung der Verordnungen S. 191[1]) und § 7 Absatz 1 der Wegeordnung für das

Herzogtum Lauenburg vom 7. Februar 1876 (Offizielles Wochenblatt S. 27);

2) die Anordnung der Verlegung von Nebenwegen nach § 226 Satz 1 der Wegeverordnung vom 1. März 1842, sowie die Anordnung der Anlegung neuer Landwege oder der Verlegung oder besseren Einrichtung bestehender Landwege im Kreise Herzogtum Lauenburg nach § 7 Absatz 2 der Wegeordnung vom 7. Februar 1876;

3) die Genehmigung des Zusammentretens von Gemeinden und Gutsbezirken zu einem Verbande behufs gemeinsamer Herstellung und Unterhaltung von Nebenwegen nach § 13 des Gesetzes vom 26. Februar 1879, betreffend die Abänderung der Wegegesetzgebung für die Provinz Schleswig-Holstein usw. (Gesetz-Samml. S. 94[2]);

4) die Anordnung der im Interesse der Sicherheit der Wegebenutzung nach § 14 der Wegeverordnung vom 1. März 1842 zulässigen Beschränkungen der Benutzung von Grundstücken in der Nähe öffentlicher Wege[3].

1. Gemeint ist die chronologische Sammlung. Die WegeVdg. ist abgeändert durch Patent v. 27. 12. 1865 (VdgBl. für Holstein 1866, 1); G. v. 26. 2. 1879 (GS. 94); G. v. 15. 6. 1885 (GS. 289); KrO. v. 26. 5. 1888 (GS. 139) § 13 II, § 150 III; G. v. 27. 6. 1890 (GS. 219); G. v. 4. 5. 1892 (GS. 102). Alle diese Bestimmungen gelten in Lauenburg nicht. Kommentar v. Kühl, Die Wegegesetzgebung der Provinz Schleswig-Holstein.

2. Abgeändert durch KrO. § 151 II. Für neu zu bildende Zweckverbände ersetzt durch LGemO. v. 4. 7. 1892 (GS. 154) §§ 128—138, jetzt durch ZweckverbandsG. v. 19. 7. 1911 (GS. 115) § 8 I II.

3. Gilt noch in bezug auf die weniger wichtigen Nebenwege und die öffentlichen Fußwege, im übrigen abgeändert durch G. v. 15. 6. 1885 §§ 1, 29, 40, und ersetzt durch §§ 20 bis 27, 30 ebenda.

§ 59. In der Provinz Schleswig-Holstein beschließt der Bezirksausschuß:

1) über die Zulassung einzelner Ausnahmen von den Regeln hinsichtlich der Breite und der Herstellungsart der Nebenwege nach § 221 der Wegeverordnung vom 1. März 1842;
2) über die Herstellungsart derjenigen neu auszubauenden Nebenlandstraßen, hinsichtlich welcher die Kreise aus Provinzialmitteln eine Unterstützung nicht erhalten, nach § 146 der Wegeverordnung vom 1. März 1842 und § 7 Absatz 3 des Gesetzes vom 26. Februar 1879.

§ 60. In der Provinz Hannover[1] beschließt:

1) in Landkreisen der Kreisausschuß, in Stadtkreisen sowie in den bezüglich der Verwaltung der allgemeinen Landesangelegenheiten selbständigen Städten[2] der Bezirksausschuß:
   a) über Beschwerden Beteiligter gegen Bestimmungen der Gemeinden darüber, welche Wege als Gemeindewege anzulegen, aufzugeben oder für solche zu erklären sind (§ 11 des Hannoverschen Gesetzes vom 8. Juli 1851[3] über Gemeindewege und Landstraßen — Hannoversche Gesetz-Samml. S. 141);
   b) über Beschränkungen des Gebrauchs von Gemeindewegen auf bestimmte Zwecke des Ver-

kehrs oder hinsichtlich einzelner Arten der Beförderungsmittel (§ 17 a. a. O.);

c) über Beschwerden Beteiligter gegen die Anordnung der gesetzlichen Gemeindevertretung in betreff der Teilung eines Gemeindebezirks in Unterbezirke zur abgesonderten Anlegung oder Unterhaltung von Gemeindewegen (§ 24 Absatz 2 Nr. 2 und Absatz 4 a. a. O.);

2) der Bezirksausschuß über zeitweilige Beschränkungen des Gebrauchs von Landstraßen hinsichtlich der Zwecke des Verkehrs oder der Beförderungsmittel (§ 18 a. a. O.).

3) [Über die Verbindung mehrerer benachbarter Ortsgemeinden zur gemeinschaftlichen Anlegung und Unterhaltung der für sie alle wichtigen Gemeindewege innerhalb des einen oder anderen Bezirks (§ 24 Absatz 2 Nr. 1 und Absatz 3 a. a. O.) beschließt

a) der Kreisausschuß, wenn die beteiligten Gemeinden demselben Kreise angehören;

b) der Bezirksausschuß, wenn ein Stadtkreis oder eine bezüglich der Verwaltung der allgemeinen Landesangelegenheiten selbständige Stadt[2] beteiligt ist, oder die Gemeinden verschiedenen Kreisen, aber demselben Regierungsbezirke angehören;

c) der Provinzialrat, wenn die Gemeinden verschiedenen Regierungsbezirken angehören[4]].

1. einschließlich des Landesteils Pyrmont. § 1 Anm. 2. Die Hannoversche Gesetzgebung ist durch Preuß. G. v. 12. 3. 1868 (GS. 225) und G. v. 24. 5. 1894 (GS. 82) geändert worden, § 60 aber unberührt geblieben. Vgl. Ebert, Hannoversche Wegegesetzgebung; Simon, Die Hannoverschen Wegegesetze.

2. § 162. 3. Das Gesetz datiert vom 28. 7. 1851.

4. Jetzt gilt das ZweckverbandsG. v. 19. 7. 1911 (GS. 115) § 8 I, II.

§ 61[1].

1. Galt für den Regierungsbezirk Kassel; amtliche Schreibung mit „K" laut Erl. StMin. v. 4. 12. 1926 (MinBlInn. 1927, 12). § 61 ist ausdrücklich aufgehoben in G. v. 25. 8. 1909 betr. die Landwege im Regierungsbezirke Kassel (GS. 741) § 10.

§ 62. Für den Umfang des vormaligen Herzogtums Nassau[1] beschließt der Bezirksausschuß über die Feststellung des Beitrages der Gemeinden zu den Kosten der Herstellung chaussierter Verbindungsstraßen nach Maßgabe der §§ 5 und 6 des Nassauischen Gesetzes, betreffend die Erbauung chaussierter Verbindungsstraßen, vom 2. Oktober 1862 (Verordnungsblatt S. 176)[2].

Die im § 7 a. a. O. dem Amtsbezirksrate vorbehaltene Beschlußfassung steht dem Kreisausschusse zu. Gegen diesen Beschluß steht der Chausseebauverwaltung und den beteiligten Gemeinden binnen zwei Wochen die Beschwerde an den Bezirksausschuß offen.

1. G. v. 22. 2. 1867 § 2 Nr. 1. Die Abgrenzung ist schon zweifelhaft geworden, OVG. in PrVBl. 38, 27r.

2. Vom G. v. 27. 6. 1890, betr. die Abänderung einiger Bestimmungen der Wegegesetze im Regierungsbezirk Wiesbaden (GS. 225) gilt noch Abschnitt 1; wegen der Wege, welche in das Landwege-Verzeichnis aufgenommen sind, gilt G. v. 15. 3. 1923 (GS. 67) § 9 III in Verb. mit Kr.- und PrAbgG. v. 23. 4. 1906 (GS. 159) § 28 III—V.

§ 63. Für den Umfang der vormals Großherzoglich Hessischen Landesteile[1] beschließt der Kreisausschuß über die Erteilung der Genehmigung:

1) zur Ausführung neuer Ortsstraßen und Vizinalwege

seitens der Gemeinden in Gemäßheit des Gesetzes vom 4. Juli 1812, das Rechnungswesen der Gemeinden usw. betreffend[2];

2) zur Bildung von Vizinalwegeverbänden in Gemäßheit des Großherzoglich Hessischen Gesetzes vom 6. November 1860, die Anlegung und Unterhaltung der Vizinalwege betreffend (Großherzoglich Hessisches Regierungsbl. S. 333)[3]].

1. G. v. 24. 12. 1866 (GS. 876) § 2 Nr. 4—9 G. v. 22. 2. 1867 § 1 Nr. 3, § 2 Nr. 4—7. Der § 63 ist, soweit er sich auf Landwege im RegBz. Kassel bezieht, ausdrücklich außer Kraft gesetzt durch G. v. 25. 8. 1909 (Anm. 1 zu § 61) § 10.

2. Die Vdg. v. 4. 7. 1812 (Sammlung der in der Großherzoglich Hessischen Zeitung vom Jahre 1812 publizierten Verordnungen und höheren Verfügungen S. 77 Nr. 99) ist durch Wiesbadener StädteO. v. 8. 6. 1891 (GS. 107) § 84 II, Hessen-Nassauische StädteO. v. 4. 8. 1897 (GS. 254) § 93 II, Hessen-Nassauische LGemO. v. 4. 8. 1897 (GS. 301) § 118 aufgehoben, zustimmend v. Brauchitsch, (22. und 23. Aufl.).

3. Nr. 2 ist durch Hessen-Nassauische LGemO. § 100 I, welcher die Verbindung mit Zustimmung der Beteiligten durch Beschluß der KrO. ordnet, praktisch bedeutungslos geworden, und als aufgehoben anzusehen. Vgl. § 60 Anm. 4. Früher streitig, zustimmend jetzt v. Brauchitsch (22. und 23. Aufl.).

§ 64[1].

1. Außer Kraft gesetzt durch G. v. 18. 8. 1902, betr. die Vorausleistungen zum Wegebau (GS. 315), ersetzt durch Vdg. StMin. v. 25. 11. 1923 (GS. 540).

XII. Titel.

Wasserpolizei[1].

1. Die §§ 65—95 sind ausdrücklich aufgehoben durch WasserG. v. 7. 4. 1913 (GS. 53) § 399, 14. Aufrechterhalten sind aber:

im Kreise Siegen §§ 73, 75 in Verbindung mit dem PrivatflußG. v. 28. 2. 1843 (GS. 352), soweit auf sie in den §§ 12, 27 der WiesenO. v. 28. 10. 1846 für den Kreis Siegen verwiesen wird (WasserG. § 387)

im vormaligen Herzogtum Nassau (§ 62 Anm. 1) § 87, 2, § 89, 4 in Verbindung mit der Vdg. v. 27. 7. 1858 betr. Entwässerungs- und Bewässerungsanlagen (Vdg.-Blatt 100), nach WasserG. § 388.

Wegen des Sielwesens in den Schleswig-Holsteinischen Marschdistrikten vgl. WasserG. § 324 OVG. 79, 186.

§ 73. Der Bezirksausschuß beschließt über die Beschränkung der Ableitung des Wassers, wenn durch eine Bewässerungsanlage das öffentliche Interesse gefährdet oder der notwendige Wasserbedarf den unterhalb liegenden Einwohnern entzogen wird ([§ 15 des Gesetzes vom 28. Februar 1843]; § 3 der Wiesenordnung für den Kreis Siegen vom 28. Oktober 1846[1]).

1. Verfahren und Rechtsmittel LVG. §§ 115—126. Die sachlichen Voraussetzungen sind in den angeführten Gesetzen bestimmt angegeben, hier nur allgemein angedeutet.

§ 75. Über Widersprüche[1] gegen eine Bewässerungsanlage des Uferbesitzers ([§§ 16a und b, 17, 23 Absatz 1 und 2 des Gesetzes vom 28. Februar 1843]; § 12[2] der Wiesenordnung vom 28. Oktober 1846) entscheidet der Kreis-(Stadt-)Ausschuß im Verwaltungsstreitverfahren[3].

1. nicht auch Entschädigungsansprüche, vgl. § 23 des G. v. 28. 2. 1843.

2. nicht auch § 17.

3. Rechtsmittel: Berufung und Revision LVG. §§ 82, 93.

§ 87. Der Bezirksausschuß beschließt an Stelle der Bezirksregierung:

2) über die Genehmigung zu einer Bachregulierung, zu Ent- und Bewässerungsanlagen oder zur Anlage von Wassertriebwerken nach §§ 2, 19, 25 und 26 der Nassauischen Verordnung[1] vom 27. Juli 1858 (zu vergleichen jedoch § 89 Ziffer 1 und 4[2]);

1. genauer Instruktion.

2. wegen der Stauanlagen für Wassertriebwerke vgl. § 109 GewO. §§ 16, 25.

§ 89. Der Kreisausschuß beschließt über Anträge:

4) auf Genehmigung zur Errichtung, sowie zur Veränderung von Triebwerken an Bächen und deren Seitengräben gegen den Widerspruch Beteiligter nach §§ 19, 25, 26 und 27 der Nassauischen Verordnung vom 27. Juli 1858 [beziehungsweise Art. 8 und 10 des Großherzoglich Hessischen Gesetzes vom 20. Februar 1853 und des Landgräflich Hessischen Gesetzes vom 15. Juli 1862].

XIII. Titel[1].

Deichangelegenheiten.

§§ 96, 97.

1. Durch das WasserG. v. 7. 4. 1913 (GS. 53) sind nicht die §§ 96, 97, wohl aber die zugrundeliegenden materiellen Gesetze aufgehoben, zustimmend Holtz-Kreutz und v. Brauchitsch (22. und 23. Aufl.).

XIV. Titel.

Fischereipolizei[1].

§§ 98—102.

1. Die §§ 98—102 sind ausdrücklich aufgehoben im FischereiG. v. 11. 5. 1916 (GS. 55) § 133, 4.

XV. Titel.

Jagdpolizei[1].

§ 103. In Jagdpolizeisachen beschließt, soweit die Beschlußfassung nach bestehendem Rechte den Verwaltungsbehörden zusteht, unbeschadet der nachfolgenden Bestimmungen, der Landrat, in Stadtkreisen die Ortspolizeibehörde.

Gegen Beschlüsse dieser Behörden, durch welche Anordnungen wegen Abminderung des Wildstandes getroffen oder Anträge auf Anordnung oder Gestattung solcher Abminderung abgelehnt werden, findet statt der allgemeinen Rechtsmittel[2] innerhalb zwei Wochen die Beschwerde an den Bezirksausschuß statt. Der Beschluß des Bezirksausschusses ist endgültig[3].

1. Durch die JagdO. v. 15. 7. 1907 (GS. 207) § 86 Nr. 21 sind der § 104, § 105 I. 2, 3, § 106 ausdrücklich aufgehoben, aber auch die übrigen Bestimmungen dieses Titels tatsächlich ersetzt worden. Wieweit sie noch für Hannover, Hohenzollern und Helgoland, wo die JagdO. nicht gilt, in Kraft geblieben sind, ist bei den einzelnen Paragraphen angegeben. Literatur: Ebner, Preußisches Jagdrecht (1908); Kunze und Kühnemann, B 41 der Guttentagschen Sammlung, W. Schulz und Frhr. v. Seherr-Thoß, die Jagd (1908). In Hannover gelten noch G. v. 21. 7. 1848 über den Wildschaden (Hann. GS. 215); JagdO. v. 11. 3. 1859 (Hann. GS. 1 S. 159); JagdscheinG. v. 13. 7. 1895 (GS. 304); G. v. 29. 4. 1897 (GS. 117); G. v. 26. 7. 1897 (GS. 253); G. v. 7. 8. 1899 (GS. 151); WildschonG. v. 14. 7. 1904 (GS. 159); Komm. v. Dickel (1906); in Hohenzollern gelten Sigm. JagdG. v. 29. 7. 1848 (Sigm. VdgBl. 375; GS. VIII S. 46); Hech. JagdG. v. 16. 4. 1849 Hech. VdgBl. 151); WildschadenG. v. 11. 7. 1891 (GS. 307); Kommentare von Holtgreven und Wolff (1902); Berger (1892); Schwarze (1892); JagdscheinG. v. 13. 7. 1895 (GS.

304); G. v. 13. 8. 1897 (GS. 391); JagdO. v. 10. 3. 1902 (GS. 33); auf Helgoland die PolVdgen. v. 21. 12. 1892 (KrBl. Süderdithm. Nr. 52); v. 8. 9. 1894 (KrBl. 177).

2. LVG. §§ 127—129. 3. LVG. § 126.

§ 104[1].

1. vollständig veraltet.

§ 105. Streitigkeiten der Beteiligten über ihre in dem öffentlichen Rechte begründeten Berechtigungen und Verpflichtungen hinsichtlich der Ausübung der Jagd, insbesondere über

1) Beschränkungen in der Ausübung des Jagdrechts auf eigenem Grund und Boden[1],

2), 3)[2]

unterliegen der Entscheidung im Verwaltungsstreitverfahren.

Zuständig im Verwaltungsstreitverfahren ist in erster Instanz der Kreisausschuß, in Stadtkreisen der Bezirksausschuß[3].

1. gilt noch in Hannover.
2. vollständig überholt.
3. Rechtsmittel LVG. §§ 82, 83, 93.

§ 106[1]. Auf Beschwerden und Einsprüche, betreffend die von der Gemeindebehörde oder dem Jagdvorstande festgestellte Verteilung der Erträge der gemeinschaftlichen Jagdnutzung, beschließt die Gemeindebehörde beziehungsweise der Jagdvorstand.

Gegen den Beschluß findet innerhalb zwei Wochen die Klage bei dem Kreisausschusse, in Stadtkreisen bei dem Bezirksausschusse statt.

Die im ersten Absatze gedachte Feststellung bedarf

keiner Genehmigung oder Bestätigung von seiten der Aufsichtsbehörde.

1. Gilt noch in Hannover.

§ 107[1].

1. Außer Kraft getreten. In Hannover gilt WildschonG. § 3, in Hohenzollern JagdO. § 15.

§ 108[1].

1. Ersetzt durch JagdO. § 82. Vgl. VogelschutzG. v. 3. 6. 1908 (RGBl. 317).

XVI. Titel.

Gewerbepolizei.

A. Gewerbliche Anlagen.

§ 109[1]. Der Kreis- (Stadt-) Ausschuß, in den einem Landkreise angehörigen Städten mit mehr als 10 000 Einwohnern[2] der Magistrat (kollegialische Gemeindevorstand), beschließt[3] über Anträge auf Genehmigung zur Errichtung oder Veränderung gewerblicher Anlagen (§§ 16 bis 25 der Reichsgewerbeordnung vom 21. Juni 1869[4]), soweit konzessionspflichtige Anlagen der nachbezeichneten Art in Frage stehen:

Gasbereitungs- und Gasbewahrungsanstalten, Anstalten zur Destillation von Erdöl, Anlagen zur Bereitung von Braunkohlenteer, Steinkohlenteer und Koks[5], Asphaltkochereien und Pechsiedereien, Glas- und Rußhütten, Kalk-, Ziegel- und Gipsöfen, Metallgießereien, Hammerwerke, Schnellbleichen[5], Firnissiedereien, Stärkefabriken[5], Stärkesyrupfabriken, Wachstuch-, Darmsaiten-[5], Dachpappen- und Dachfilzfabriken, Darmzubereitungsanstalten, Leim-[5], Tran- und

Seifensiedereien, Knochenbrennereien, Knochendarren, Knochenkochereien und Knochenbleichen[5], Hopfenschwefeldarren, Zubereitungsanstalten für Tierhaare[5], Talgschmelzen, Schlächtereien, Gerbereien, Abdeckereien, Strohpapierstoffabriken[5], Stauanlagen für Wassertriebwerke[6], Fabriken, in welchen Dampfkessel oder andere Blechgefäße durch Vernieten hergestellt werden, Anstalten zum Imprägnieren von Holz mit erhitzten Teerölen[7], Kunstwollfabriken[8] und Dégrasfabriken[9], endlich Dampfkessel mit Ausnahme der für den Gebrauch auf Eisenbahnen bestimmten Lokomotiven und der zum Betriebe auf Bergwerken und Aufbereitungsanstalten bestimmten Dampfkessel[10], **Fabriken, in welchen Röhren aus Blech durch Vernieten hergestellt werden, Anlagen zur Erbauung eiserner Schiffe, zur Herstellung eiserner Brücken oder sonstiger eiserner Baukonstruktionen[11], Anlagen zur Destillation oder zur Verarbeitung von Teer und von Teerwasser[12], Anstalten zum Trocknen und Einsalzen ungegerbter Tierfelle[13], Anlagen zur Herstellung von Gußstahlkugeln mittels Kugelschrotmühlen (Kugelfräsmaschinen[14]).**

Im Falle fernerer Ergänzung des Verzeichnisses der konzessionspflichtigen Anlagen gemäß § 16, letzter Absatz, der Reichsgewerbeordnung bleibt die Bestimmung darüber, für welche der in das Verzeichnis nachträglich aufgenommenen Anlagen der Kreisausschuß (Stadtausschuß, Magistrat) zuständig ist, Königlicher[15] Verordnung vorbehalten[16].

1. Geändert namentlich durch WasserG. v. 7. 4. 1913 (GS. 53) § 386, G. v. 14. 7. 1914 zur Abänderung des § 109 (GS. 149); FischereiG. v. 11. 5. 1916 (GS. 55) §§ 101, 102.

AusfErl. MinHand. v. 22. 8. 1914 (MinBlHand. 474). Kreis- und Gemeindeanstalten: LVG. (Nr. 1) § 59.

2. § 162.

3. AusfAnw. v. 1. 5. 1904 zur GewO. für das Deutsche Reich (MinBlHand. 123); Technische Anleitung v. 15. 5. 1895 zur Wahrnehmung der den Kreis-(Stadt-)Ausschüssen (Magistraten) durch § 109 des Gesetzes über die Zuständigkeit der Verwaltungs- und Verwaltungsgerichtsbehörden vom 1. August 1883 hinsichtlich der Genehmigung gewerblicher Anlagen übertragenen Zuständigkeiten (MinBlInn. 196), abgeändert durch Erl. v. 9. 1. 1896 (MinBlInn. 9), 16. 3. 1898 (MinBlInn. 98) und 1. 7. 1898 (MinBlInn. 187). Verfahren s. GewO. §§ 17—24, 49; LVG. 115—120. Rechtsmittel: § 113. Gebühren: VerwGebO. v. 30. 12. 1926 (GS. 327) TSt. 2.

4. jetzt in der Fassung v. 26. 7. 1900 (RGBl. 871), die aber auch ihrerseits vielfach, namentlich durch Einschiebung der §§ 19a, 21a, verändert worden ist.

5. gestrichen G. v. 14. 7. 1914.

6. gestrichen WasserG. § 386.

7. Bek. RKzl. v. 26. 7. 1881 (RGBl. 251), v. 31. 1. 1882 (RGBl. 10).

8. Bek. RKzl. v. 12. 7. 1882 (RGBl. 123), v. 21. 4. 1883 (RGBl. 33).

9. Bek. RKzl. v. 23. 12. 1882 (RGBl. 141), v. 21. 4. 1883 (RGBl. 33).

10. GewO. §§ 16, 24; G. v. 3. 5. 1872, betr. den Betrieb der Dampfkessel (GS. 515); BergG. v. 24. 6. 1865 (GS. 705) § 59; Fassung v. 18. 6. 1907 (GS. 119). G. v. 22. 2. 1869, betr. die Rechtsverhältnisse des Stein- und Braunkohlenbergbaus (GS. 401) § 9 Buchst. a. Zusammenstellung und teilweise Abdruck der zahlreichen Verordnungen in Hoffmann, GewO. zu § 24 und Anhang D.

11. Bek. RKzl. v. 12. 7. 1884 (RGBl. 118), v. 4. 1. 1885 (RGBl. 2); Vdg. v. 13. 8. 1884 (GS. 328).

12. Bek. RKzl. v. 31. 1. 1885 (RGBl. 8), v. 24. 4. 1885 (RGBl. 92); Vdg. v. 11. 5. 1885 (GS. 277).

13. Bek. RKzl. v. 16. 7. 1888 (RGBl. 218), v. 2. 1. 1889 (RGBl. 1); Vdg. v. 16. 9. 1888 (GS. 325).

14. Bek. RKzl. v. 9. 2. 1898 (RGBl. 27), v. 5. 4. 1898 (RGBl. 161); Vdg. v. 23. 3. 1898 (GS. 31).

15. Staatsministerium.

16. Die Vdgen. können auf demselben Wege abgeändert werden.

§ 110[1]. Der Bezirksausschuß beschließt über Anträge auf Genehmigung zur Errichtung oder Veränderung gewerblicher Anlagen, soweit die Beschlußnahme darüber nicht nach § 109 dem Kreis- (Stadt-) Ausschusse (Magistrat) überwiesen ist[3].

Über die Zulässigkeit von Wassertriebwerken, welche zum Betriebe von Bergwerken, Aufbereitungsanstalten oder Schürfarbeiten dienen (§ 59 Abs. 3 des Allgemeinen Berggesetzes vom 24. Juni 1865 — Gesetzsamml. S. 705 — in der Fassung des Gesetzes vom 18. Juni 1907 — Gesetzsamml. S. 119 —) beschließt der Bezirksausschuß im Einvernehmen mit dem zuständigen Oberbergamte[4].

1. geändert wie § 109 Anm. 1.

2. auch in Berlin § 161, Rechtsmittel § 113. Gebühren VGO. TSt. 2.

3. Schießpulverfabriken, Anlagen zur Feuerwerkerei und zur Bereitung von Zündstoffen aller Art, Anlagen zur Gewinnung roher Metalle, Röstöfen, chemische Fabriken aller Art, Poudretten- und Düngpulverfabriken auf Grund der GewO. v. 21. 6. 1869; Kalifabriken auf Grund Bek. RKzl. v. 26. 7. 1881 (RGBl. 251) und 31. 12. 1882 (RGBl. 10); Anlagen zur Herstellung von Zelluloid Bek. RKzl. v. 12. 7. 1882 (RGBl. 123), v. 21. 4. 1883 (RGBl. 33); Anlagen, in

welchen aus Holz oder ähnlichem Fasermaterial auf chemischem Wege Papierstoff hergestellt wird (Zellulosefabriken) Bek. RKzl. v. 15. 2. 1886 (RGBl. 28), v. 1. 4. 1886 (RGBl. 68); Anlagen, in welchen Albuminpapier hergestellt wird Bek. RKzl. v. 16. 6. 1886 (RGBl. 204), v. 5. 1. 1887 (RGBl. 4); Verbleiungs-, Verzinnungs- und Verzinkungsanstalten Bek. RKzl. v. 16. 7. 1888 (RGBl. 218), v. 2. 1. 1889 (RGBl. 1); Anlagen zur Herstellung von Zündschnüren und elektrischen Zündern Bek. RKzl. v. 31. 10. 1899 (RGBl. 664); v. 28. 12. 1899 (RGBl. 727); Dampfkessel, deren Genehmigung weder dem KrA. noch einer anderen Behörde zusteht (§ 109 Anm. 10). Stauanlage für Wassertriebwerke, WasserG. § 386, 1; vgl. FischereiG. §§ 101, 102 (das Verfahren kann mit dem wasserpolizeilichen verbunden werden, aber nicht die Beschlußfassung); endlich die in § 109 durch G. v. 14. 7. 1914 gestrichenen Anlagen.

4. Fassung nach WasserG. v. 7. 4. 1913 (GS. 53) § 386 (2).

§ 111. Der Bezirksausschuß[1] beschließt[2] auf Antrag der Ortspolizeibehörde darüber, ob die Ausübung eines Gewerbes in Anlagen, deren Betrieb mit ungewöhnlichem Geräusch verbunden ist, an der gewählten Betriebsstätte zu untersagen oder nur unter Bedingungen zu gestatten ist (§ 27 der Reichsgewerbeordnung).

1. auch in Berlin § 161.

2. LVG. §§ 115—120; AusfAnw. v. 1. 5. 1904 zur GewO (MinBlHand. 123) Nr. 33. Rechtsmittel § 113.

§ 112. Die Befugnis, gemäß § 51 der Reichsgewerbeordnung die fernere Benutzung einer gewerblichen Anlage wegen überwiegender Nachteile und Gefahren für das Gemeinwohl zu untersagen[1], steht dem Bezirksausschusse[2] zu.

1. LVG. §§ 115—120; AusfAnw. v. 1. 5. 1904 zur GewO. (MinBlHand. 123) Nr. 58. Rechtsmittel § 118.

2. auch in Berlin § 161.

§ 113. In den Fällen der §§ 109 bis 112 findet die Beschwerde[1] an den Minister für Handel und Gewerbe statt. Sofern bei Stauanlagen Landeskulturinteressen in Betracht kommen, ist der Minister für Landwirtschaft zuzuziehen.

1. Über das Verfahren vgl. AusfAnw. v. 1. 5. 1904 zur GewO. (MinBlHand. 123) Nr. 30, 35, 58. Die Einlegung kann nach analoger Anwendung LVG. § 122 I, V bei der angegriffenen Behörde und beim Minister erfolgen. Keine Frist.

B. Gewerbliche Konzessionen.

§ 114. Über Anträge auf Erteilung der Erlaubnis zum Betriebe der Gastwirtschaft oder Schankwirtschaft[1], zum Kleinhandel mit Branntwein oder Spiritus[2], sowie zum Betriebe des Pfandleihgewerbes[3] und zum Handel mit Giften[4] (§§ 33, 34 der Reichsgewerbeordnung) beschließt der Kreis- (Stadt-) Ausschuß[5]. I

Wird die Erlaubnis versagt, so steht dem Antragsteller innerhalb zwei Wochen der Antrag auf mündliche Verhandlung[6] im Verwaltungsstreitverfahren vor dem Kreis- (Stadt-) Ausschusse zu. II

Über Anträge auf Erteilung der Erlaubnis zum Betriebe der Gastwirtschaft, zum Ausschänken von Branntwein oder von Wein, Bier oder anderen geistigen Getränken, sowie zum Kleinhandel mit Branntwein oder Spiritus, ist zunächst die Gemeinde- und die Ortspolizeibehörde zu hören[7]. Wird von einer dieser Behörden Widerspruch erhoben, so darf die Erteilung III der Erlaubnis nur auf Grund mündlicher Verhandlung im Verwaltungsstreitverfahren erfolgen.

IV Die Entscheidung des Bezirksausschusses ist endgültig[8].

V In den zu einem Landkreise gehörigen Städten mit mehr als 10 000 Einwohnern[9] tritt an die Stelle des Kreisausschusses der Magistrat (kollegialische Gemeindevorstand)[10].

1. GewO. § 33 in der Fassung des ReichsnotG. v. 24. 2. 1923 (RGBl. I 147) Art. I. AusfAnw. v. 1. 5. 1904 (MinBlHand. 123) Nr. 45—48. Bedürfnis: § 33 (2). Gebühren: BGO. v. 30. 12. 1926, TSt. 30, d. Vereine § 33 (6), Erl. MinJnn. v. 27. 12. 1896 (MinBlJnn. 1897, 12). Geschäftsräume: ZirkErl. Min. Jnn. Kult. Arb. v. 26. 8. 1886 (MinBlJnn. 182), v. 1. 3. 1890 (MinBlJnn. 51), v. 10. 1. 1902 (MinBlJnn. 32, Med. 40). Singspiele: RG. v. 1. 7. 1883 (RGBl. 159) § 33a; Vdg. v. 31. 12. 1883 (Nr. 10) § 1, a; PolVdg. Min. Jnn. Kult. Hand. v. 18. 11. 1902 über die Verabfolgung geistiger Getränke an Trunkene. Verfrachtung alkoholischer Waren: G. v. 14. 4. 1926 (RGBl. II 230).

2. Bedürfnis und Geschäftsräume s. Anm. 1. Kleinhandel mit vergälltem Branntwein: BranntweinMonopolG. v. 8. 4. 1922 (RGBl. I 335 Anl. 14) § 87 III, § 92.

3. GewO. §§ 34, 38, 40 I, 53 II, III, 54; ZustG. § 119 Nr. 2; Pfandvermittler RG. v. 30. 6. 1900 (RGBl. 321) § 34; Vdg. v. 30. 7. 1900 (Nr. 16) § 1. Ferner Vdg. v. 18. 3. 1867 über die vertragsmäßigen Zinsen in neuerworbenen Landesteilen (GS. 387) § 3; G. v. 10. 4. 1872, betr. die Pfandleihanstalten zu Kassel, Fulda und Hanau (GS. 373), abgeändert durch G. v. 5. 7. 1896 (GS. 169), G. v. 17. 3. 1881, betr. das Pfandleihgewerbe (GS. 265), abgeändert durch AG. z. BGB. v. 20. 9. 1899 (GS. 177) Art. 41; EG. z. BGB. Art. 94, durch G. v. 7. 7. 1920 (GS. 387) v. 23. 11. 1923

(GS. 534). Zinsen: Vdg. MinInn. v. 11. 2. 1924 (GS. 113); v. 17. 12. 1924 (GS. 761); v. 23. 7. 1925 (GS. 94); Geschäftsbetrieb: Erl. MinInn. v. 16. 7. 1881 (MinBlInn. 169); geändert durch Erl. MinInn. v. 11. 7. 1902 (MinBlInn. 125, Hand. 298), ergänzt durch Erl. MinInn. v. 4. 2. 1907, betr. neue Sachen (MinBlInn. 95, Hand. 66), Erl. MinInn. v. 10. 4. 1908 (MinBlInn. 85); AusfAnw. v. 1. 5. 1904 zur GewO. (MinBlHand. 123) Nr. 53. Bedürfnis: Bek. MinInn. v. 20. 9. 1897 (MinBlInn. 253).

4. GewO. §§ 34 III, 40 I, 53 I, 54; StrGB. § 367, 3, 5; ZustG. § 119 Nr. 2; Preuß. GewO. v. [17. 1. 1845] 22. 6. 1861 (GS. 1861, 441) § 49; OVG. 36, 379; PolVdg. Min. Inn. Kult. Hand. v. 22. 2. 1906 über den Handel mit Giften (MinBl.: Inn. 42, Med. 114, Hand. 115); ergänzt 1. 6. 1910 (MinBlInn. 224), v. 10. 8. 1917 (Med. 302), v. 9. 2. 1926 (Volksw. 190); AusfAnw. v. 1. 5. 1904 zur GewO. (MinBl.-Hand. 123) Nr. 50; vielfache Vorschriften wegen einzelner Giftarten; Erl. v. 17. 4. 1903, betr. die Revision der Lagerräume und Verkaufsstätten (MinBlMed. 196); Erl. v. 22. 5. 1915 betr. Zahntechniker (MinBlMed. 195) LVG. §§ 115 bis 126.

5. Kreis- und Gemeindewirtschaften: LVG. (Nr. 1) § 59.

6. LVG. (Nr. 1) §§ 69, 74 III.

7. Vdg. MinInn. v. 14. 9. 1879 (MinBlInn. 253).

8. Ausnahme von LVG. § 93. In Berlin ist in zweiter Instanz der BezA. zuständig.

9. 162. 10. LVG. 4 II, III.

§ 115. Über die Anträge auf Erteilung:

a) der Konzession zu Privat-Kranken-, Privat-Entbindungs- und Privat-Irrenanstalten (§ 30 Abs. 1 der Reichsgewerbeordnung)[1],

b) der Erlaubnis der Schauspielunternehmungen (§ 32 a. a. O.)[2]

beschließt[3] der Bezirksausschuß.

Gegen den die Konzession (Erlaubnis) versagenden Beschluß findet innerhalb zwei Wochen der Antrag auf mündliche Verhandlung im Verwaltungsstreitverfahren statt.

Für die im Verwaltungsstreitverfahren in den zu a zu treffenden Entscheidungen sind die von den Medizinalaufsichtsbehörden[4] innerhalb ihrer gesetzlichen Zuständigkeit getroffenen allgemeinen Anordnungen über die gesundheitspolizeilichen Anforderungen, welche an die baulichen und sonstigen technischen Einrichtungen der unter a bezeichneten Anstalten zu stellen sind, maßgebend.

1. GewO. §§ 30, 49, 53, 54, 40 I; ZustG. § 120 Nr. 1; AusfAnw. v. 1. 5. 1904 zu GewO. (MinBlHand. 123) Nr. 36; Vorschriften Min. Arb. Inn. Hand. v. 8. 7. 1911 über Anlage, Bau und Einrichtung (MinBlHand. 344), geändert durch Vdg. v. 11. 8. 1913 (MinBl.: Inn. 262, Med. 268, Hand. 562) v. 19. 3. 1914 (MinBl.: Hand. 169, Inn. 145). Erl. MinInn. v. 22. 5. 1913 (MinBlInn. 172), v. 22. 10. 1913 (MinBlInn. 196); VerwGebO. TarifSt. 68; Erl. KultMin. v. 20. 9. 1895 über die Aufnahme und Entlassung von Geisteskranken, Idioten, Epileptischen in und aus Privatanstalten sowie über die Einrichtung, Leitung und Beaufsichtigung solcher Anstalten (MinBlInn. 271); Erl. Min. Inn. Just. Kult. v. 26. 3. 1901 über die Unterbringung in Privatanstalten für Geisteskranke, Epileptische und Idioten (Min.-BlMed. 104), ergänzt durch Erl. v. 16. 9. 1901 (MinBlMed. 269), v. 25. 1., 8. 9. 1902 (MinBlMed. 292), v. 27. 2. 1903 (MinBlMed. 144), v. 3. 10. 1904 (MinBlMed. 375). Johanniter-Orden: Erl. Pr. StaatsReg. v. 9. 6. 1920 (GS. 359). Wasserheilanstalten: KabO. v. 21. 7. 1842 (GS. 243).

2. GewO. §§ 32, 49, 53, 54; G. v. 6. 8. 1896 (RGBl. 685) Art. 22; ZustG. § 118, § 120 Nr. 1; VerwGebO. Tarif-

St. 30, i; AusfAnw. v. 1. 5. 1904 zur GewO. (MinBlHand. 123) Nr. 44; v. 12. 10. 1889 (MinBlInn. 180); Erl. v. 18. 3. 1891 (MinBlInn. 69); Erl. v. 17. 8. 1896 (MinBlInn. 166); Erl. v. 5. 9. 1897 (MinBlInn. 298); Erl. v. 8. 2. 1911 (MinBlInn. 95). Das LichtspielG. v. 12. 5. 1920 (RGBl. 53) gehört nicht hierher.

3. LVG. §§ 115—120; GewO. § 30 II; Revision § 118. In Berlin beschließt der PolPräs., gegen dessen Entscheidung die Klage an den BezA. zu richten ist.

4. MinInn. und RegPräs.

§ 116. Gegen Verfügungen der Ortspolizeibehörde, durch welche die Erlaubnis zum gewerbsmäßigen öffentlichen Verbreiten von Druckschriften[1] (§ 43 der Reichsgewerbeordnung) versagt, oder die nicht gewerbsmäßige öffentliche Verbreitung von Druckschriften (§ 5 des Reichsgesetzes über die Presse vom 7. Mai 1874, Reichs-Gesetzbl. S. 65)[2] verboten worden ist, findet innerhalb zwei Wochen die Klage bei dem Kreisausschusse, in Stadtkreisen und in den zu einem Landkreise gehörigen Städten mit mehr als 10 000 Einwohnern[3] bei dem Bezirksausschusse statt.

1. RG. v. 12. 3. 1884 (RGBl. 17).

2. Geändert durch GewO. § 43 VI, früher ergänzt durch Preuß. PreßG. v. 12. 5. 1851 (GS. 273) §§ 9, 10, aufgehoben durch G. v. 28. 11. 1925 (GS. 169).

3. § 162. Der BezA. ist auch in Berlin zuständig, in Hannover in allen Fällen, KrO. v. 6. 5. 1884 (GS. 181) § 28 Nr. 2. Revision § 118. Verfahren GewO. §§ 20, 21.

§ 117. [Gegen Verfügungen der unteren Verwaltungsbehörden, durch welche Reichsangehörigen der Legitimationsschein[1];

1) zum Ankauf von Waren oder zum Aufsuchen von Warenbestellungen (§ 44 der Reichsgewerbeordnung) oder

2) zum Gewerbebetrieb im Umherziehen (§ 58 Nr. 1 und 2 der Reichsgewerbeordnung)[2]

versagt worden ist, findet innerhalb zwei Wochen die Klage bei dem Bezirksausschusse statt]. **Über Anträge wegen Erteilung von Legitimationsscheinen für alle** [anderen] **Arten des Gewerbebetriebes im Umherziehen**[3] **beschließt der Bezirksausschuß. Gegen den versagenden Beschluß findet innerhalb zwei Wochen der Antrag auf mündliche Verhandlung im Verwaltungsstreitverfahren statt**[4].

1. jetzt Legitimationskarte GewO. § 44a Abs. I in der Fassung v. 26. 7. 1900 (RGBl. 871), vgl. Vdg. v. 31. 12. 1883 (Nr. 10) § 2; VerwGebO. TarifSt. 55.

2. Der Legitimationsschein zum Gewerbebetriebe im Umherziehen (Wandergewerbeschein) kann nicht mehr durch die untere Verwaltungsbehörde erteilt werden.

3. jetzt Wandergewerbescheine GewO. §§ 55—66; Bek. RKzl. v. 4. 1. 1873, betr. die Ausstellung von Legitimationskarten zum Gewerbebetriebe im Umherziehen für Ausländer (RGBl. 3); Bek. RKzl. v. 27. 11. 1896, betr. Ausführungsbestimmungen zur GewO. (RGBl. 745); AusfAnw. v. 1. 5. 1904 zur GewO. (MinBlHand. 123) Nr. 63—84; VerwGebO. TarifSt. 82.

4. Verfahren LVG. §§ 115—126, § 69; GewO. §§ 20, 21, 63. Wenn der Wandergewerbeschein nach GewO. § 57 Nr. 5 wegen mangelnden Bedürfnisses versagt wird, so findet Beschwerde an den OPräs. statt GewO. § 63 II; AusfAnw. Nr. 73. In Berlin tritt an die Stelle des beschließenden BezA. der PolPräs., gegen dessen abweisenden Bescheid innerhalb zweier Wochen die Klage beim BezA. Berlin erhoben werden kann § 161 II. Rechtsmittel § 118.

§ 118. In den Fällen der §§ 115, 116 und 117 ist gegen die Endurteile des Bezirksausschusses nur das Rechtsmittel der Revision zulässig[1].

1. Ausnahme vom LVG. 83.

§ 119. Der Kreisausschuß, in Stadtkreisen und in den zu einem Landkreise gehörigen Städten mit mehr als 10 000 Einwohnern[1] der Bezirksausschuß[2], entscheidet[3] auf Klage der zuständigen Behörde[4]:

1) über die Untersagung des Betriebes der im § 35 der Reichsgewerbeordnung und der im § 37 a. a. O. gedachten Gewerbe[5];
2) über die Zurücknahme von Konzessionen zum Betriebe der Gast- und Schankwirtschaft, zum Kleinhandel mit Branntwein und Spiritus, sowie zum Betriebe des Pfandleihgewerbes und zum Handel mit Giften (§ 53 a. a. O.).

1. § 162.

2. auch in Berlin.

3. Verfahren GewO. §§ 20, 21, 40 II, 54; AusfAnw. v. 1. 5. 1904 (MinBlHand. 123) Nr. 59—62. Rechtsmittel LVG. §§ 82, 83, 93.

4. Ortspolizeibehörde AusfAnw. Nr. 59; in Hannover u. U. der Landgemeinde- oder Gutsvorsteher KrO. v. 6. 5. 1884 (GS. 181) § 35 Nr. 6, 7, § 36; gegen Steuerrechtsberater Finanzamt RAbgO. § 201.

5. G. v. 4. 8. 1914 (RGBl. 327) § 3 I; Bek. v. 2. 8. 1917 (RGBl. 683); Vdg. Pr. MinWiss. v. 17. 7. 1923 (GS. 1924, 486) für ungültig erklärt: OVG. in PrVBl. 46, 411.

§ 120. Der Bezirksausschuß entscheidet[1] auf Klage der zuständigen Behörde[2] über die Zurücknahme:

1) der im vorstehenden § 119 Nr. 2 nicht gedachten, im § 53 der Reichsgewerbeordnung[2b] aufgeführ-

ten Approbationen, Genehmigungen und Bestallungen, mit Ausnahme der Konzessionen der Markscheider[3];

(2) der Konzessionen der Versicherungsunternehmer[4], sowie der Auswanderungsunternehmer und Agenten[5]);

3) der Konzessionen der Handelsmakler[6];

4) der Patente der Stromschiffer (§ 31 Absatz 3 der Reichsgewerbeordnung[7]);

5) der Prüfungszeugnisse der Hebammen (§ 30 Absatz 2[8] a. a. O.[9]).

1. Verfahren GewO. §§ 20, 21, 40 II, 54. Rechtsmittel; Berufung LVG. § 83.

2. § 119 Anm. 3; AusfAnw. zur GewO. §§ 43, 59.

2b. in der Fassung des G. v. 7. 2. 1927 (RGBl. I 57) umfaßt also auch den neuen § 34a (Bewachungsgewerbe).

3. BergG. v. 24. 6. 1865 § 190; Erl. v. 2. 7. 1900 (Min. BlHand. 220).

4. jetzt RG. vom 12. 5. 1901 (RGBl. 139); Vdg. v. 30. 6. 1901 (Nr. 17).

5. jetzt RG. v. 9. 6. 1897 über das Auswanderungswesen (RGBl. 463); Erl. Min. Inn. Hand. v. 11. 2. 1898 (Min.-BlInn. 35; VerwGebO. TarifSt. 9.

6. Anwendbar auf die Ermächtigung der Handelsmäkler zu öffentlichen Käufen und Verkäufen AG. z. BGB. Art. 13 II, im übrigen gegenstandslos geworden, da die Handelsmäkler für ihren sonstigen Gewerbebetrieb keiner Konzession bedürfen; und die Entlassung der Kursmakler in einem anderen Verfahren stattfindet BörsenG. v. 27. 5. 1908 (RGBl. 215) § 30; EG. z. HGB. Art. 14; Erl. MinHand. v. 14. 11. 1896 §§ 1, 4; DevisenmaklerVdg. v. 17. 9. 1923 (RGBl. I 902), wieder aufgehoben Vdg. v. 22. 2. 1927 (RGBl. I 68).

7. AusfAnw. v. 1. 5. 1904 zur GewO. (MinBlHand. 123) Nr. 40, 41, 43 (über deren Gültigkeit OVG. 48, 293), BinnenschiffahrtsG. v. 20. 5. 1898 (RGBl. 868) § 132, FlößereiG. v.

15. 6. 1895 (RGBl. 341) § 32, von deren Bestimmungen noch kein Gebrauch gemacht ist. Vdg. der int. Elbekommission v. 19. 6. 1922; Vdg. RVerkMin. v. 2. 7. 1926 (RGBl. II 364); Vdg. Pr. MinHand. v. 30. 7. 1925 betr. Rheinschifferpatente (MinBlHand. 197).

8. jetzt Absatz 3.

9. Hebammen: G. v. 20. 7. 1922 (GS. 179), geändert durch G. v. 31. 12. 1922 (GS. 1923, 2), v. 15. 3. 1923 (GS. 63); Vorschriften über Niederlassungsgenehmigung für ungültig erklärt OVG. 80, 337. Die Vdg. v. 16. 2. 1924 (GS. 112) ist vom Landtag abgelehnt, Bek. v. 22. 3. 1924; Ausf.-Anw. v. 1. 5. 1905 zur GewO. (MinBlHand. 123) § 36, DienstAnw. v. 14. 9. 1912 (MinBlMed. 1913, 32); Hebammen-Lehrbuch, Erl. MinInn. v. 29. 6. 1918 (MinBlMed. 236).

§ 121. Insofern durch Reichsgesetz bestimmt wird, daß außer den in §§ 114 bis 120 aufgeführten Gewerbetreibenden noch andere einer Konzession (Approbation, Genehmigung, Bestallung) zum Gewerbebetriebe bedürfen oder noch anderen Gewerbetreibenden der Gewerbebetrieb untersagt oder die ihnen erteilte Konzession zurückgenommen werden kann, so wird die zur Erteilung der Konzession, Untersagung des Gewerbebetriebes, beziehungsweise Zurücknahme der Konzession zuständige Behörde durch Königliche Verordnung[1] bestimmt[2].

1. Staatsministerium, PrVerf. v. 30. 11. 1920 (GS. 543) Art. 82 (1).

2. Erlassen und in Kraft sind Vdg. v. 31. 12. 1883 (Nr. 10 dieser Ausgabe); Vdg. v. 20. 8. 1894 (Nr. 13); Vdg. v. 30. 7. 1900 (Nr. 16). Die Vorschrift hat neben dem weitergehenden G. v. 27. 4. 1885 zur Ergänzung des § 7 des Gesetzes über die allgemeine Landesverwaltung vom 30. Juli 1883 (Nr. 4

dieser Ausgabe) keine besondere Bedeutung mehr, vgl. auch § 109 II. Es fehlt noch eine AusfVdg. zum G. v. 7. 2. 1927 (RGBl. I 57) (Bewachungsgewerbe).

C. Ortsstatuten.

§ 122. Der Bezirksausschuß beschließt[1] über die Genehmigung von Ortsstatuten, betreffend gewerbliche Angelegenheiten (§ 142 der Reichsgewerbeordnung[2] und § 57 Nr. 2 der Verordnung vom 9. Februar 1849, Gesetz-Samml. S. 93[3]).

1. Ausnahme von §§ 16 III, 31 I; von den entsprechenden Bestimmungen der Städte- und Landgemeinde-Ordnungen nicht berührt. Vgl. AusfAnw. v. 1. 5. 1904 zur GewO. (MinBlHand. 123) Nr. 272. In Berlin ist in I. Instanz der OPräs. zuständig. Die Beschwerde geht an den ProvR., in Berlin und in Hohenzollern an den MinHand.

2. inzwischen wesentlich geändert. Es können jetzt auch statutarische Bestimmungen eines weiteren Kommunalverbandes erlassen werden, die ebenfalls der Genehmigung der höheren Verwaltungsbehörde bedürfen. Gemeint sind Statuten aus GewO. § 33 III, 34 I, 105b II, 119a II, 120 III, 139c II; GewGerG. v. 30. 6. 1901 § 1 II, demnächst außer Kraft tretend durch ArbGerG. v. 23. 12. 1926 (RGBl. I 507) §§ 110, 122. Vgl. BauforderungsG. v. 1. 6. 1909 (RGBl. 449) § 50, Inkrafttreten nach § 9.

3. Eingeschränkt durch die Vorschriften über die Kosten der durch Innungen, Innungsverbände und Handelskammern unterstützten Anstalten GewO. §§ 81b Nr. 1, 88 III, 100c, 101 I, 103n I, 104 II, 120 I, III, 127, 139i; HGB. § 76 IV BergG. in der Fassung v. 24. 6. 1892 (GS. 131) § 87 und durch G. v. 4. 5. 1886 (GS. 143) und v. 24. 2. 1897 (GS. 41) über die Errichtung und Unterhaltung von Fortbildungsschulen in den Provinzen Westpreußen und Posen. GewO. § 81b ist geändert durch EinfG. v. 19. 7. 1911 zur Reichs-

versicherungsO. (RGBl. 839) Art. 103. Vgl. Erl. KultMin. 17. 6. 1874, betr. die Errichtung gewerblicher Fortbildungsschulen (MinBlInn. 30); Erl. MinHand. v. 10. 12. 1903, betr. Normalstatut für Fortbildungsschulen (MinBlHand. 411); AusfAnw. v. 1. 5. 1904 zur GewO. (MinBlHand. 123) Nr. 195—197. Vdg. v. 28. 3. 1919 (RGBl. 354), v. 29. 10. 1923 (RGBl. I 1036); G. v. 31. 7. 1923 (GS. 367) § 7. AusfAnw. v. 29. 12. 1923 (MinBlHand. 1924, 26). Unterhaltung durch Beiträge und Schulgeld: Handelslehrer-DienstEinkG. v. 14. 3. 1924 (GS. 179) §§ 15, 16, 21.

D. Innungen.

§ 123[1].

1. Bezog sich auf die „bestehenden Innungen" im Sinne der GewO. v. 21. 6. 1869 (RGBl. 245), deren Umwandlung schon durch RG. v. 18. 7. 1881 (RGBl. 233) Art. 3 bis zum Ablauf des Jahres 1885 vorgesehen war. Das RG. v. 26. 7. 1897 (RGBl. 663) hat über die früher den bestehenden Innungen gewidmeten Paragraphenzahlen anderweitig verfügt.

§ 124. Der Bezirksausschuß beschließt über die Genehmigung von Innungsstatuten und deren Abänderung [(§ 92 der Reichsgewerbeordnung[1]; § 98b a. a. O. in der Fassung des Reichsgesetzes vom 18. Juli 1881 (Reichs-Gesetzbl. S. 233)[2].]

Gegen den, die Genehmigung versagenden Beschluß findet innerhalb zwei Wochen der Antrag auf mündliche Verhandlung im Verwaltungsstreitverfahren[3] statt.

Gegen die Entscheidung des Bezirksausschusses ist nur das Rechtsmittel der Revision zulässig[4].

1. Bezog sich auf bestehende Innungen und ist ersatzlos weggefallen.

2. Ersetzt durch § 84 der Fassung von 1900; AusfAnw.

v. 1. 5. 1904 (MinBlHand. 123) Nr. 88—91. Bezieht sich nicht auf Nebenstatuten GewO. § 85.

3. Verfahren LVG. §§ 69, 74 III. Die §§ 20, 21 GewO. sind nicht anwendbar. In Berlin tritt an die Stelle des beschließenden BezA. der PolPräs., an die Stelle des Antrags auf mündliche Verhandlung die Klage beim BezA. 161.

4. Ausnahme von LVG. § 83.

§ 125. Der Entscheidung des Bezirksausschusses[1] unterliegen Streitigkeiten zwischen Ortsgemeinden und Innungen infolge der Auflösung der letzteren [gemäß § 94 Absatz 4 der Reichsgewerbeordnung[2] (§ 103a Absatz 3 des Reichsgesetzes vom 18. Juli 1881)[3]].

Ingleichen findet in den Fällen [des § 95 Absatz 1[4]] der Reichsgewerbeordnung [und des § 104 Absatz 7 und 8 des Reichsgesetzes vom 18. Juli 1881[5]] innerhalb der gesetzlichen Frist von vier Wochen gegen die dort erwähnten Entscheidungen der Aufsichtsbehörde die Klage bei[6] dem Bezirksausschusse statt.

1. VerwStrVerf., die §§ 20, 21 GewO. sind nicht anwendbar. Rechtsmittel: Berufung LVG. § 83.

2. Bezog sich auf bestehende Innungen und ist ersatzlos weggefallen.

3. Ersetzt durch §§ 98, 98a der Fassung v. 26. 7. 1900, nicht anwendbar in den Fällen §§ 100t V, 104n III. Der § 98 III GewO. ist geändert durch EG. v. 19. 7. 1911 zur ReichsVersO. (RGBl. 839) Art. 103.

4. Bezog sich auf bestehende Innungen und ist ersatzlos weggefallen.

5. Ersetzt durch § 96 VII, § 101 IV der Fassung vom 26. 7. 1900, anwendbar auf Zwangsinnungen GewO. § 100c und Innungsausschüsse § 101 IV.

6. einzureichen beim BezA.; sein Urteil ist endgültig GewO. § 96 VII.

§ 126. Der Bezirksausschuß entscheidet[1] auf Klage der Aufsichtsbehörde über die Schließung einer Innung oder eines gemeinsamen Innungsausschusses [§ 103 des Reichsgesetzes v. 18. Juli 1881)[2]].

Der Bezirksausschuß kann vor Erlaß des Endurteils nach Anhörung des Innungsvorstandes oder des gemeinsamen Innungsausschusses die vorläufige Schließung der Innung oder des gemeinsamen Innungsausschusses anordnen[3], welche alsdann bis zum Erlaß[4] des Endurteils fortdauert.

1. Die §§ 20, 21 GewO. sind nicht anwendbar. Rechtsmittel: Berufung LVG. § 83 II.

2. Ersetzt durch GewO. §§ 97, 102 I—III der Fassung v. 26. 7. 1900, anwendbar auf Zwangsinnungen § 100c, 100t VI und Innungsausschüsse § 102 III. Vgl. dazu AusfAnw. v. 1. 5. 1904 zur GewO. (MinBlHand. 123) Nr. 93, 94.

3. im Beschlußverfahren. Beschwerde LVG. §§ 121, 123; Vollstreckung § 53. Der BezA. ist auch in Berlin zuständig.

4. bis zum Eintritt der Rechtskraft.

E. Märkte.

§ 127. Der Provinzialrat[1] beschließt über die Zahl, Zeit und Dauer der Kram- und Viehmärkte[2].

Gegen den Beschluß findet die Beschwerde[3] an den Minister für Handel und Gewerbe statt.

1. in Berlin der OPräs. Eine Königliche Verordnung kann nur von der entsprechenden Stelle abgeändert werden, also jetzt vom Staatsministerium; solche sind Vdg. v. 21. 7. 1885 (GS. 313); Vdg. v. 10. 9. 1894 (GS. 163); Kgl. Erl. v. 18. 10. 1906 (GS. 435).

2. ALR. II 8 §§ 103—107; Vdg. v. 2. 6. 1827, betr. die polizeilichen Verhältnisse des Leinengewerbes in Schlesien und der Grafschaft Glatz (GS. 87) §§ 8, 38.

3. ohne Frist.

§ 128. Der Bezirksausschuß[1] beschließt über die Zahl, Zeit und Dauer der Wochenmärkte, über die fernere Gestattung des herkömmlichen Wochenmarktverkehrs mit gewissen Handwerkerwaren von seiten der einheimischen Verkäufer (§ 64 der Reichsgewerbeordnung), sowie darüber, welche Gegenstände außer den im § 66 a. a. O. aufgeführten nach Ortsgewohnheit und Bedürfnis im Regierungsbezirke überhaupt oder an gewissen Orten zu den Wochenmarktsartikeln gehören.

Die Festsetzungen über Zahl, Zeit und Dauer der Wochenmärkte erfolgen unter Zustimmung der Gemeindebehörden[2] des Marktortes.

1. Beschwerde an den ProvR. in zwei Wochen; in Berlin ist in erster Instanz der BezA., in zweiter der MinHand. zuständig, § 161.

2. Gemeindevorstand und Gemeindevertretung.

§ 129. Sofern bei Aufhebung von Märkten der in den §§ 127 und 128 bezeichneten Art Entschädigungsansprüche von Marktberechtigten in Frage kommen, bedürfen die bezüglichen Beschlüsse der Zustimmung des Ministers für Handel und Gewerbe.

§ 130. Der Bezirksausschuß beschließt[1] über die Einführung neuer, sowie über die Erhöhung oder Ermäßigung oder anderweite Regulierung bestehender Marktstandsgelder (Gesetz vom 26. April 1872, betreffend die Erhebung von Marktstandsgeldern, Gesetz-Samml. S. 513)[2].

Bei der Bestimmung des § 5 Abs. 2 des Gesetzes vom 26. April 1872 behält es sein Bewenden.

1. Verfahren LVG. §§ 115—126; in Berlin ist in I. In-

stanz der BezA., in II. Instanz der MinHand. zuständig § 161 I.

2. eingeführt in Lauenburg durch G. v. 25. 2. 1878 (GS. 97) § 8 Nr. 4; in der Hauptsache aufrechterhalten in Komm.-AbgG. § 11 I in der Fassung v. 26. 8. 1921 (GS. 495).

F. Öffentliche Schlachthäuser.

§ 131. Der Bezirksausschuß[1] beschließt:

1) über die Genehmigung der auf Grund der §§ 1 bis 4 des Gesetzes vom 18. März 1868, betreffend die Errichtung öffentlicher, ausschließlich zu benutzender Schlachthäuser (Gesetz-Samml. S. 277)[2], gefaßten Gemeindebeschlüsse, sowie über die Bestätigung von Verträgen zwischen einer Gemeinde und einem Unternehmer in betreff der Errichtung eines öffentlichen Schlachthauses (§ 12 a. a. O.);

2) über Entschädigungsansprüche der Eigentümer und Nutzungsberechtigten von Privatschlachtanstalten wegen des ihnen durch die Errichtung öffentlicher, ausschließlich zu benutzender Schlachthäuser zugefügten Schadens (§§ 9 bis 11 a. a. O.).

In den Fällen zu 1 findet die Beschwerde an den Minister für Handel und Gewerbe, in den Fällen zu 2 nur der ordentliche Rechtsweg gemäß § 11 a. a. O. statt.

1. Verfahren LVG. §§ 115—126; Vorbescheid zulässig, OVG. 57, 290; in Berlin ist der OPräs. zuständig.

2. eingeführt in Lauenburg durch G. v. 25. 2. 1878 (GS. 97) § 8 Nr. 2; ergänzt und abgeändert durch G. v. 9. 3. 1881 (GS. 273); KommAbgG. v. 14. 7. 1893 § 11 II in der Fassung

v. 26. 8. 1921 (GS. 495); G. v. 29. 5. 1902 (GS. 162); RG. v. 3. 6. 1900, betr. die Schlachtvieh- und Fleischbeschau (RGBl. 547) § 20 II, in Kraft getreten am 1. 4. 1903 laut Kais. Vdg. v. 7. 7. 1902 (RGBl. 241); AusfG. v. 28. 6. 1902 (GS. 229) namentlich §§ 14, 17, 18; diese Bestimmungen werden nicht berührt durch das G. v. 23. 9. 1904 (GS. 257).

G. Kehrbezirke.

§ 132. Der Bezirksausschuß[1] beschließt[2] über die Einrichtung, Aufhebung oder Veränderung der Kehrbezirke für Schornsteinfeger (§ 39 der Reichsgewerbeordnung[3]).

1. auch in Berlin § 161.

2. Beschwerde an den ProvR., in Berlin an den Min. Hand.

3. G. v. 24. 4. 1888 (GS. 79); Erl. Min. Inn. Hand. v. 5. 2. 1907 (MinBlHand. 25). Erl. Min. Hand. Inn. v. 31. 10. 1917 (MinBlHand. 349).

H. Ablösung gewerblicher Berechtigungen.

§ 133. Der Bezirksausschuß entscheidet[1] über Anträge auf Ablösung von Gewerbeberechtigungen und auf Entschädigung für aufgehobene Gewerbeberechtigungen[2].

Gegen die Endurteile des Bezirksausschusses findet unter Ausschluß anderer Rechtsmittel nur die Berufung an das Oberverwaltungsgericht statt[3].

1. im VerwStrVerf.

2. Über die anzuwendenden materiellen Gesetze vgl. Friedrichs, ZustG. S. 252.

3. nach der Regel LVG. § 83.

XVII. Titel.

Handelskammern[1], kaufmännische Korporationen, Börsen.

§ 134[2].

1. Amtliche Bezeichnung jetzt: „Industrie- und Handelskammer", Vdg. StMin. v. 1. 4. 1924 (GS. 194) Art. IV.

2. Ersetzt durch HandelskammerG. v. 19. 8. 1897 (GS. 355) § 31. Vgl. G. v. 2. 6. 1902 (GS. 161), v. 14. 1. 1921 (GS. 223). Vdg. v. 1. 4. 1924 (wie in Anm. 1).

§ 135[1].

1. Ersetzt durch HKG. v. 19. 8. 1897 (GS. 355) §§ 15, 18—21, 27—29.

§ 136. Gegen Beschlüsse des Vorstandes einer kaufmännischen Korporation[1] über die Aufnahme, die Suspension oder die Ausschließung von Mitgliedern, die Gültigkeit der Vorstandswahlen, die Rechte und Pflichten der Mitglieder und die Verhängung von Ordnungsstrafen gegen Mitglieder findet, soweit nach dem Statut gegen dergleichen Beschlüsse der Rekurs an eine Behörde zulässig ist[2], an Stelle desselben innerhalb zwei Wochen[3] die Klage bei dem Bezirksausschusse[4] statt.

1. HKG. v. 19. 8. 1897 (GS. 355) § 44; EinfG. v. 24. 6. 1861 z. Allg. HGB. (GS. 449) Art. 3 § 4.

2. einziger Fall, wo die Zulässigkeit des VerwStrVerf. von einer Körperschaftssatzung abhängt.

3. Beginn LVG. § 52.

4. auch in Berlin, Rechtsmittel § 138.

§ 137. Gegen Beschlüsse der Handelskammer[1] oder des Vorstandes einer kaufmännischen Korporation, durch welche die Erlaubnis zum Besuche der, der Aufsicht der Handelskammer oder kaufmännischen Korporation unterstellten Börse versagt, auf Zeit oder für immer entzogen[2], eine Beschwerde über unrichtige Einschätzung zu den Börsenbeiträgen zurückgewiesen, oder über einen Handelsmakler eine Ordnungsstrafe verhängt wird, findet, soweit nach der Börsen- oder Makler-Ordnung gegen dergleichen Beschlüsse der Rekurs an eine Behörde zulässig ist, an Stelle desselben innerhalb zwei Wochen[3] die Klage bei dem Bezirksausschusse[4] statt.

1. Industrie- und Handelskammer, § 134 Anm. 1.

2. Der in kleinerer Schrift gedruckte Text ist gegenstandslos durch BörsenG. v. (8.) 27. 5. 1908 (RGBl. 215) §§ 4, 5, 7.

3. Beginn LVG. § 52.

4. auch in Berlin, Rechtsmittel Revision § 138.

§ 138. Gegen die Endurteile des Bezirksausschusses in den Fällen der §§ 135 bis 137 ist nur das Rechtsmittel der Revision zulässig[1].

1. Ausnahme von LVG. § 83.

XVIII. Titel.

Feuerlöschwesen[1].

§ 139. Der Kreisausschuß beschließt[2], soweit die Vorschriften über das Feuerlöschwesen nicht entgegenstehen, über die Genehmigung und erforderlichenfalls über die Anordnung zur Bildung, Veränderung und Aufhebung von Verbänden mehrerer Landgemeinden oder Gutsbezirke behufs gemeinschaftlicher Anschaffung und Unterhaltung von Feuerspritzen (Spritzenverbänden).

über die gemeinschaftlichen Angelegenheiten jedes Spritzenverbandes, insbesondere über die Aufbringungsweise und die Verteilung der Kosten, sind, soweit dies notwendig ist, die erforderlichen Festsetzungen durch ein unter den Beteiligten zu vereinbarendes Statut, welches der Bestätigung des Kreisausschusses bedarf, zu treffen. Kommt eine Vereinbarung über das Statut binnen einer von dem Kreisausschusse zu bemessenden Frist nicht zustande, oder wird dem Statute die Bestätigung wiederholt versagt, so stellt der Kreisausschuß das Statut fest.

1. Die Vorschriften dieses Titels werden von denen des RG. v. 12. 5. 1901 über die privaten Versicherungsunternehmungen (RGBl. 139) nicht berührt; ebensowenig von denen des G. v. 12. 6. 1889 (Nr. 9) und des G. v. 7. 3. 1908 (Potsdam). Sie sind für Schlesien durch G. v. 30. 3. 1887 (GS. 95) § 2 ausdrücklich aufrecht erhalten. Spritzenverbände können jetzt entweder nach § 139 oder nach ZweckVerbG. v. 19. 7. 1911 (GS. 115), (an Stelle von LGemO. östl. und Schl.-Holst. §§ 128—138, Hess.-Nass. § 100—110) errichtet worden. Wenn aber der Zweck des Verbandes auf die Beschaffung anderer Löschgeräte als gerade der Spritzen gerichtet ist, oder wenn Städte, Landbürgermeistereien, Ämter oder Landkreise sich beteiligen wollen, so muß ein Zweckverband nach dem ZweckVerbG. gebildet werden, OVG. 48, 321.

2. LVG. §§ 115—126.

§ 140. Über die infolge Veränderung oder Aufhebung eines Spritzenverbandes notwendig werdende Auseinandersetzung zwischen den Beteiligten beschließt[1] der Kreisausschuß.

Gegen den Beschluß findet innerhalb zwei Wochen der Antrag auf mündliche Verhandlung im Verwaltungsstreitverfahren statt.

Streitigkeiten zwischen den beteiligten Gemeinden oder Gutsbezirken über ihre Berechtigung oder Verpflichtung zur Teilnahme an den Nutzungen beziehungsweise Lasten des Spritzenverbandes unterliegen der Entscheidung des Kreisausschusses im Verwaltungsstreitverfahren[3].

1. LVG. §§ 115—120.

2. LVG. § 69, Rechtsmittel Berufung und Revision LVG. §§ 82, 93.

3. Rechtsmittel wie Anm. 2.

XIX. Titel.

Hilfskassen.

§§ 141, 142[1].

1. Gegenstandslos, da das HilfskassenG. durch RG. v. 20. 12. 1911 (RGBl. 985) aufgehoben ist, vgl. auch EinfG. v. 19. 7. 1911 zur ReichsVersO. (RGBl. 839) Art. 25—28.

XX. Titel.

Baupolizei.

§ 143. Der Bezirksausschuß[1] beschließt[2] über die Anwendung der in den Städten geltenden feuer- und baupolizeilichen Vorschriften bei Gebäuden auf solchen zum platten Lande gehörigen Grundstücken, welche innerhalb der Städte oder im Gemenge mit städtischen bebauten Grundstücken liegen, gemäß den Vorschriften der Verordnung vom 17. Juli 1846 (Gesetz-Samml. S. 399[3]).

1. in Berlin der OPräs., in II. Instanz der Min. Arb. LVG. § 43 III.

2. Verfahren LVG. §§ 115—126.

3. Gültig im damaligen Umfang des Statuts, auf die neu erworbenen Landesteile nicht ausgedehnt.

§ 144. Über die Anwendung der Bestimmungen der Verordnung vom 21. Dezember 1846, betreffend die bei dem Bau von Eisenbahnen beschäftigten Handarbeiter (Gesetz-Samml. 1847 S. 21[1]), auf andere öffentliche Bauausführungen (Kanal- und Chausseebauten usw.) gemäß § 26 der gedachten Verordnung beschließt:

1) insoweit es sich um Bauten der Kreise, Amts-, Wegeverbände oder Gemeinden handelt, der Regierungspräsident unter Zustimmung des Bezirksausschusses[2];
2) insoweit es sich um Bauten des Provinzialverbandes handelt, der Oberpräsident unter Zustimmung des Provinzialrats[3];
3) für den Stadtkreis Berlin der Oberpräsident.

1. Eingeführt im Jadegebiet durch Erl. v. 3. 8. 1855 (GS. 631); in den neuen Provinzen durch Vdg. v. 19. 8. 1867 (GS. 1426) § 1; in Lauenburg durch G. v. 25. 2. 1878 (GS. 1897) § 8 Nr 1.

2. im Beschlußverfahren. Beschwerde an den ProvR.

3. endgültig.

§ 145. Über Dispense[1] von Bestimmungen der Baupolizeiordnungen beschließt nach Maßgabe dieser Ordnungen der Kreisausschuß[2], in Stadtkreisen und in den zu einem Landkreise gehörigen Städten von mehr als 10 000 Einwohnern der Bezirksausschuß[3], soweit die Angelegenheit nicht nach diesen Ordnungen zur Zuständigkeit anderer Organe[4] gehört. Verfügungen der letzteren unterliegen der Anfechtung nur im Wege der Beschwerde an die Aufsichtsbehörde[5]. I

II Der Bezirksausschuß tritt in betreff der Zuständigkeit zur Erteilung von Dispensen in allen Fällen an die Stelle der Bezirksregierung.

III Zur Einlegung der Beschwerde gegen den Beschluß ist auch die zur Erteilung der Bauerlaubnis zuständige Behörde befugt, welcher der Beschluß zuzustellen ist.

IV **Gegen die Beschlüsse des Bezirksausschusses in erster Instanz und des gemäß Absatz 1 entscheidenden Regierungspräsidenten findet binnen zwei Wochen die Beschwerde an den Oberpräsidenten statt, der endgültig entscheidet[6].**

1. Unterscheidung zwischen Dispens und Ausnahme OVG. 32, 351. Scholz in VerwArch. 23, 231. v. Brauchitsch (23. Aufl. von Berner) Anm. 1. Anders OVG. 49, 373 und wohl auch v. Brauchitsch (22. Aufl. von Genzmer).

2. Gebühren: VerwGebO. v. 30. 12. 1926 (GS. 327) TarifSt. 12. Beschwerde an den BezA.

3. Rechtsmittel Abs. IV. Im Landespolizeibezirk Berlin ist der BezA. zuständig § 161.

4. z. B. der Ortspolizeibehörde.

5. Ausnahme von LVG. § 127.

6. Abs. IV in der Fassung des Wohnungsgesetzes v. 28. 3. 1918 (GS. 23) Art. 4 § 5. Weitere Zuständigkeitsvorschrift in G. v. 28. 7. 1926, Baubeschränkungen in Prov. Hannover und Stadt Frankfurt (GS. 236) § 4.

§ 146. Die §§ 17 und 18 des Gesetzes, betreffend die Anlegung und Veränderung von Straßen und Plätzen in Städten und ländlichen Ortschaften, vom 2. Juli 1875 (Gesetz-Samml. S. 561)[1], werden aufgehoben.

Die Wahrnehmung der in den §§ 5, 8, 9. a. a. O. dem Kreisausschusse beigelegten Funktionen liegt für den Stadtkreis Berlin dem Minister der öffentlichen Arbeiten[2], für die übrigen Stadtkreise, sowie für die zu einem Landkreise gehörigen Städte mit mehr als 10 000 Einwohnern dem Bezirksausschusse ob[3]. Die Bestätigung der Statuten nach den §§ 12 und 15 a. a. O. erfolgt für den Stadtkreis Berlin durch den Minister des Innern.

1. Eingeführt in Lauenburg durch G. v. 25. 2. 1878 (GS. 1897) § 8 Nr. 5. Auch § 16 des Gesetzes ist durch LVG. §§ 51, 153 überflüssig geworden.

2. Arbeitsministerium aufgehoben durch G. v. 15. 8. 1921 (GS. 487). Die Hochbauangelegenheiten waren schon vorher durch BekStMin. v. 16. 2. 1921 (GS. 350) dem Finanzministerium angegliedert.

3. Anwendbarkeit erweitert in § 13a (1) (2) des FluchtlinienG. in der Fassung des WohnungsG. v. 28. 3. 1918 (GS. 23) Art. 1 Nr. 8. Durch das WohnungsG. werden auch §§ 5, 12, 15 des FluchtlinienG. geändert und ergänzt.

XXI. Titel.

Dismembrations= und Ansiedlungssachen.

§ 147. Die §§ 22 und 23 des Gesetzes vom 25. August 1876, betreffend die Verteilung der öffentlichen Lasten bei Grundstücksteilungen und die Gründung neuer Ansiedelungen in den Provinzen Preußen, Brandenburg, Pommern, Posen, Schlesien, Sachsen und Westfalen (Gesetz=Samml. S. 405), treten außer Kraft[1].

1. Vgl. G. v. 10. 8. 1904, betr. die Gründung neuer Ansiedelungen (GS. 227), geändert durch G. v. 6. 12. 1918 (GS. 194); G. v. 4. 7. 1887 für Hannover (GS. 324); v. 13. 6. 1888 für Schleswig-Holstein (GS. 243); v. 11. 6. 1890

für Hessen-Nassau (GS. 173); v. 16. 9. 1899 für alle diese Gebiete (GS. 497); sämtlich aufrecht erhalten durch EG. z. BGB. Art. 111; dazu AusfG. v. 1. 3. 1923 zum Reichs-SiedlungsG. v. 11. 8. 1919 (GS. 49).

§ 148. Die in den §§ 1 bis 4 des Lauenburgischen Gesetzes vom 4. November 1874, betreffend die Gründung neuer Ansiedelungen im Herzogtum Lauenburg (Offizielles Wochenbl. S. 291)[1], dem Landrate zugewiesene Entscheidung über die Gestattung neuer Ansiedelungen ist von der Ortspolizeibehörde zu treffen.

Gegen den Bescheid, welcher mit Gründen zu versehen und dem Antragsteller, sowie denjenigen, welche Widerspruch erhoben haben, zu eröffnen ist, steht den Beteiligten innerhalb zwei Wochen die Klage im Verwaltungsstreitverfahren bei dem Kreisausschusse zu.

1. Durch das zu § 147 erwähnte G. v. 13. 6. 1888 (GS. 243) nicht berührt.

§ 149. Im Geltungsbereiche des Lauenburgischen Gesetzes vom 22. Januar 1876, betreffend die Verteilung der öffentlichen Lasten bei Grundstückszerstückelungen (Offizielles Wochenblatt S. 11), tritt

1) an die Stelle der im § 12 Absatz 2 den Beteiligten und der Patronatsbehörde offen gehaltenen Beschwerde gegen die Lastenverteilung, innerhalb der dort bestimmten Frist von zwei Wochen, die Klage beim Kreisausschusse im Verwaltungsstreitverfahren und,

2) an die Stelle der vorläufigen Festsetzung des Landrats über die Lastenverteilung (§ 16 a. a. O.) die vorläufige Festsetzung durch Beschluß des Kreisausschusses, gegen welchen eine Beschwerde nicht stattfindet.

XXII. Titel.

Enteignungssachen.

§ 150. Die Befugnisse und Obliegenheiten, welche in dem Gesetze vom 11. Juni 1874 über die Enteignung von Grundeigentum (Gesetz-Samml. S. 221)[1] den Bezirksregierungen (Landdrosteien) beigelegt worden sind, werden in den Fällen der §§ 15, 18 bis 20, 24 und 27 von dem Regierungspräsidenten[2], in den Fällen der §§ 3, 4, 5, 14, 21, 29, 32 bis 35 und 53 Absatz 2 von dem Bezirksausschusse im Beschlußverfahren, in dem Stadtkreise Berlin von der ersten Abteilung des Polizeipräsidiums, wahrgenommen.

Auch gehen auf den Bezirksausschuß beziehungsweise die erste Abteilung des Polizeipräsidiums in Berlin die nach den §§ 142 ff. des Allgemeinen Berggesetzes vom 24. Juni 1865 (Gesetz-Samml. S. 705)[3] der Bezirksregierung zustehenden Befugnisse über.

Gegen die in erster Instanz gefaßten Beschlüsse des Bezirksausschusses beziehungsweise der ersten Abteilung des Polizeipräsidiums findet, soweit nicht der ordentliche Rechtsweg zulässig ist, innerhalb zwei Wochen die Beschwerde an den Minister der öffentlichen Arbeiten[4] statt[5].

Bei der für die Erhebung der Beschwerde in § 34 des Gesetzes vom 11. Juni 1874 bestimmten Frist von drei Tagen behält es sein Bewenden.

1. Geändert durch EG. z. BGB. Art. 109 in Verb. mit Art. 52, 53. Ausgedehnt durch FluchtlinienG. v. 2. 7. 1875 (GS. 561) §§ 13, 14; KleinbahnG. v. 28. 7. 1892 (GS. 225) §§ 36, 37. Anwendbarkeit erweitert: HochwasserG. v. 4. 8. 1904 für Brandenburg (GS. 197) § 11, aufrechterhalten in

WasserG. § 395, 7; RuhrreinhaltungsG. v. 5. 6. 1913 (GS. 305) § 28; Lippe G. v. 19. 1. 1926 (GS. 13) §§ 27—30, 42. Vereinfachtes Verfahren G. v. 26. 7. 1922 (GS. 211), in dessen § 1 der Titel XXII ZustG. ausdrücklich für anwendbar erklärt wird, WohnungsG. v. 28. 3. 1918 (GS. 23) Art. 2. RegVdg. v. 11. 12. 1918 (GS. 197). Für Bergbau (Abs. II) Vdg. v. 10. 4. 1918 (GS. 41). Gebühren: VerwGebO. v. 30. 12. 1926 (GS. 327) TarifSt. 26.

2. in Berlin von dem PolPräs. LVG. § 42 II.

3. Eingeführt in Schleswig-Holstein durch G. v. 12. 3. 1869 (GS. 453); Lauenburg G. v. 6. 5. 1868 (Off. Wochenbl. Nr. 36); Hannover Vdg. v. 8. 5. 1867 (GS. 601); im Jadegebiet durch G. v. 23. 3. 1873 (GS. 107); in den Gr. Hessischen und Ldgr. Hessischen Landesteilen durch Vdg. v. 22. 2. 1867 (GS. 242); in Kurhessen, Frankfurt a. M. und den vormals Bayerischen Landesteilen durch Vdg. v. 1. 6. 1867 (GS. 770); in Nassau durch Vdg. v. 22. 2. 1867 (GS. 237). Über die abändernde neuere Gesetzgebung vgl. Westhoff und Schlüter, Berggesetz (Berlin 1906) B 12 der Guttentagschen Sammlung S. 6—13. Arndt (8. Aufl. 1915).

4. Ministerium der öff. Arb. aufgelöst, Angelegenheit übergegangen auf MinHand., G. v. 15. 8. 1921 (GS. 487).

5. Über die Beschwerde gegen gemeinschaftliche Beschlüsse des BezA. und des OBergamts s. BergG. §§ 145, 192, 193.

§ 151. Die nach § 53 Absatz 1 des Gesetzes vom 11. Juni 1874 dem Landrate (in Hannover der betreffenden Obrigkeit) zugewiesene Entscheidung ist durch Beschluß des Kreis- (Stadt-) Ausschusses[1] zu treffen.

Der § 56 des gedachten Gesetzes tritt außer Kraft.

1. Beschwerde an den BezA. LVG. § 121; in Berlin an die I. Abt. des PolPräs. § 150 I.

§ 152. Soweit nach den für Enteignungen im Interesse der Landeskultur im § 54 Nr. 1 des Gesetzes vom 11. Juni 1874 aufrecht erhaltenen Gesetzen[1], in Verbindung mit dem Gesetze über die allgemeine Landesverwaltung vom 30. Juli 1883, der Regierungspräsident über die Enteignung Entscheidung zu treffen haben würde, beschließt[2] der Bezirksausschuß, jedoch — unbeschadet der Vorschriften im § 97 des gegenwärtigen Gesetzes[3] — mit Ausnahme der Enteignungen für die Zwecke von Deichen, welche einem Deichverbande angehören, und für die Zwecke der Sielanstalten in den Verbandsbezirken[4].

1. Aufzählung in Friedrichs, Kommentar zum Zuständigkeitsgesetz S. 273. AusgrabungsG. v. 26. 3. 1914 (GS. 41).

2. LVG. §§ 115—126; in Berlin ist der OPräs. statt des BezA. zuständig. Rechtsmittel Beschwerde an den ProvR., im Stadtkreise Berlin an den Min. Landw.

3. Gegenstandslos s. zu § 97.

4. WasserG. v. 7. 4. 1913 (GS. 53) §§ 311—313.

§ 153. Der Bezirksausschuß beschließt[1] endgültig[2] vorbehaltlich des ordentlichen Rechtsweges über die Feststellung der Entschädigung in den Fällen der §§ 39 ff. des Reichsgesetzes vom 21. Dezember 1871, betreffend die Beschränkungen des Grundeigentums in der Umgebung von Festungen (Reichs-Gesetzbl. S. 459[3]).

1. LVG. §§ 115—120.

2. LVG. § 126.

3. Ergänzt und verändert durch EG. z. BGB. Art. 52 bis 54. G. v. 27. 4. 1920 über Enteignungsrecht von Gemeinden bei Aufhebung oder Ermäßigung von Rayonbeschränkungen (RGBl. 697).

XXIII. Titel.
Personenstand und Staatsangehörigkeit.

§ 154. Die staatliche Aufsicht über die Amtsführung der Standesbeamten[1] wird in den Landgemeinden und Gutsbezirken von dem Landrat als Vorsitzenden des Kreisausschusses[2], in höherer Instanz von dem Regierungspräsidenten und dem Minister des Innern, in den Stadtgemeinden von dem Regierungspräsidenten, in höherer Instanz von dem Oberpräsidenten und dem Minister des Innern[3], im Stadtkreise Berlin von dem Oberpräsidenten und in höherer Instanz von dem Minister des Innern geführt.

[In dem Bezirke des Oberlandesgerichts zu Cöln bewendet es bei den dieserhalb zurzeit bestehenden Vorschriften[4]].

Die Festsetzung der Entschädigung für die Wahrnehmung der Geschäfte des Standesbeamten in den Fällen des § 7 Absatz 2 des Reichsgesetzes vom 6. Februar 1875 (§ 5 Absatz 1 des Gesetzes vom 8.[5] März 1874) erfolgt[6] in den Stadtgemeinden durch die Gemeindevertretung, für die Landgemeinden durch Beschluß des Kreisausschusses. Beschwerden über die Festsetzung sind in beiden Fällen innerhalb zwei Wochen bei dem Bezirksausschusse anzubringen. Der Beschluß des Bezirksausschusses ist endgültig[7].

1. RG. v. 6. 2. 1875 (RGBl. 23), geändert durch G. v 11. 6. 1920 (RGBl. 1209); EG. z. BGB. Art. 46; FGG. §§ 69—71; Vfg. Min. Inn. Just. v. 17. 10. 1899; Vfg. Min. Inn. v. 31. 1. 1904 (MinBlInn. 32).

2. KrO. v. 19. 3. 1881 (GS. 180) § 136; LVG. § 36.

3. in Hohenzollern von dem RegPräs., in höherer Instanz

vom MinInn., ebenso Grenzmark Posen-Westpreußen, G. v. 21. 7. 1922 (GS. 171) § 4 (3).

4. Aufgehoben durch Preuß. FGG. v. 21. 9. 1899 (GS. 249) Art. 132; die zugrunde liegenden Art. 50—54 des Code civil sind aufgehoben durch Preuß. AG. z. BGB. Art. 89 Nr. 2.

5. richtiger v. 9. 3. 1874.

6. LVG. §§ 115—120 sind anwendbar, §§ 121—126 nicht.

7. LVG. § 126.

§ 155[1]. Gegen den Bescheid der höheren Verwaltungsbehörde, durch den der Antrag auf Aufnahme, auf Einbürgerung und auf Entlassung in den in § 40 Absatz 1 des Reichs- und Staatsangehörigkeitsgesetzes vom 22. Juli 1913 (Reichs-Gesetzbl. S. 583) aufgeführten Fällen abgelehnt worden ist, findet innerhalb zwei Wochen die Klage bei dem Oberverwaltungsgerichte statt[1].

1. Fassung nach dem G. v. 18. 6. 1914 (GS. 118). Vgl. VerwGebO. v. 30. 12. 1926 (GS. 327) TarifSt. 72.

XXIV. Titel.

Steuerangelegenheiten.

§ 156[1].

Aufgehoben durch EinkStG. v. 24. 6. 1891 (GS. 175) § 85 und im EinkStG. v. 19. 6. 1906 (GS. 260) nicht wieder hergestellt.

XXV. Titel.

Ergänzende, Übergangs- und Schlußbestimmungen.

§ 157. Durch den in dem gegenwärtigen Gesetze vorgeschriebenen Beschwerdezug an einen bestimmten

Minister wird die in den bestehenden Vorschriften[1] begründete Mitwirkung anderer Minister bei Erledigung der Beschwerde nicht berührt.

1. Vgl. § 113.

§ 158. Durch die den Behörden in diesem Gesetze beigelegten Befugnisse zur Entscheidung beziehungsweise Beschlußfassung in Wegebausachen[1] und in wasserpolizeilichen Angelegenheiten[2] werden die der Landespolizeibehörde und dem Minister der öffentlichen Arbeiten[3] nach §§ 4 und 14 des Gesetzes über die Eisenbahnunternehmungen vom 3. November 1838 (Gesetz-Samml. S. 505)[4] und nach § 7 des Gesetzes vom 1. Mai 1865[5] (Gesetz-Samml. S. 317) zustehenden Befugnisse in Eisenbahnangelegenheiten nicht berührt.

1. ZustG. §§ 55--64.

2. Statt dessen gilt jetzt WasserG. v. 7. 4. 1913 (GS. 53) § 385.

3. für Handel und Gewerbe, G. v. 15. 8. 1921 (GS. 487).

4. Eingeführt in den neuen Landesteilen durch Vdg. v. 19. 8. 1867 (GS. 1426); vgl. ReichsbahnG. v. 30. 8. 1924 (RGBl. II 272).

5. für Hohenzollern.

§ 159. Die in den §§ 7 und 22 des Gesetzes über die Eisenbahnunternehmungen vom 3. November 1838 und nach § 9 des Gesetzes vom 1. Mai 1865 (Gesetz-Samml. S. 317) der Bezirksregierung beigelegten Befugnisse gehen auf den Minister der öffentlichen Arbeiten[1] über.

In Streitsachen zwischen Eisenbahngesellschaften und Privatpersonen[2] wegen Anwendung des Bahngeld- und des Frachttarifs (§ 35 des ersteren Gesetzes) entscheidet fortan der ordentliche Richter[3].

1. Handel und Gewerbe, § 158 Anm. 3, 4.

2. Streitigkeiten mit anderen als Privatpersonen sind dem Rechtsweg nie entzogen gewesen.

3. GVG. § 13.

§ 160. In den Fällen der §§ 1[1], 18, 34, 44, 46, 47, 54 und 140 des gegenwärtigen Gesetzes[2], sowie des § 53 des Gesetzes, betreffend die Bildung von Wassergenossenschaften, vom 1. April 1879 (Gesetz-Samml. S. 297) ist die Zuständigkeit des Kreis- (Stadt-) Ausschusses[3], des Bezirksausschusses und des Oberverwaltungsgerichts auch insoweit begründet, als bisher durch § 79 Titel 14 Teil II Allgemeinen Landrechts, beziehungsweise §§ 9, 10 des Gesetzes über die Erweiterung des Rechtsweges vom 24. Mai 1861 (Gesetz-Samml. S. 241)[4] oder sonstige bestehende Vorschriften[5] der ordentliche Rechtsweg für zulässig erklärt war.

Der Grundsatz, daß die Entscheidungen unbeschadet aller privatrechtlichen Verhältnisse ergehen (§ 7 des Gesetzes über die allgemeine Landesverwaltung vom 30. Juli 1883), bleibt hierbei unberührt.

1. Aufgehoben, s. oben.

2. Anders nach § 137.

3. Aufgehoben durch WasserG. § 399, 11, ersetzt durch § 226.

4. Vgl. Friedrichs, Kommentar zum ZustG. S. 298, 317.

5. z. B. G. v. 24. 5. 1861 § 15 in Verb. mit ZustG. § 46 V.

§ 161. Für den Stadtkreis Berlin[1] ist der Bezirksausschuß[2] auch in den Fällen der §§ 14, 17 Nr. 2 und 5, [41][3], 110, 111, 112, [123][4], 128, 130, 132, 145 und 154 Absatz 3 dieses Gesetzes zuständig, **desgleichen in den Fällen der §§ 20 Abs. 2, 21 Abs. 1, 22 der Ausführungsverordnung vom 17. April 1924 (Gesetz-**

Samml. S. 210) zur Verordnung über die Fürsorgepflicht vom 13. Februar 1924 (Reichs-Gesetzbl. I S. 100)[5] in der Fassung des Gesetzes vom 17. Februar 1926 (Gesetzsamml. S. 79).

In den Fällen der §§ 115, 117, 124 und [144[4]] beschließt für den Stadtkreis Berlin an Stelle des Bezirksausschusses der Polizeipräsident[6], gegen den versagenden Beschluß desselben findet innerhalb zwei Wochen die Klage bei dem Bezirksausschusse[7] statt.

1. LVG. § 1.

2. LVG. § 43 II.

3. Die Zahl 41 gestrichen, AusfVdg. v. 17. 4. 1924 zur FürsVdg. (GS. 20) § 32 Nr. 8.

4. veraltet, s. oben.

5. Zusatz aus der Vdg. StMin. v. 20. 6. 1924 (GS. 557) Art. 1 Nr. 4 und dem G. v. 29. 3. 1927 (GS. 33).

6. LVG. § 42 II.

7. Auf die Rechtsmittel gegen das Urteil des BezA. hat die Zuständigkeit des PolPräs. keinen Einfluß.

§ 162. Maßgebend für die Berechnung der Einwohnerzahl einer Stadt ist in betreff der Bestimmungen dieses Gesetzes[1] die durch die jedesmalige letzte Volkszählung[2] ermittelte Zahl der ortsanwesenden Zivilbevölkerung[3].

1. und der auf Grund §§ 109, 121 erlassenen Vdgen., ebenso aber in betreff des LVG. und der übrigen zusammenhängenden Gesetzgebung, weil sonst unheilbare Widersprüche zutage treten würden. So kann z. B. die Vorschrift LVG. § 4 über den Magistrat nicht anders als gleichzeitig mit ZustG. § 109 in Geltung sein. Vgl. Nöll in PrVBl. 21, 369.

2. Ausgenommen die Zählung v. 8. 10. 1919, Vdg. RKzl. v. 24. 10. 1918 (RGBl. 1261) § 10, Vdg. RMin. v. 16. 7. 1919 (RGBl. 652) § 2. Gültig ist aber die Volkszählung v.

16. 6. 1925 auf Grund des G. v. 13. 3. 1925 (RGBl. I 19); Vdg. v. 14. 3. 1925 (RMinBl. 131).

3. Für Hannover sind die Vorschriften über die Einwohnerzahl nicht in Kraft getreten, sondern durch KrO. v. 6. 5. 1884 (GS. 181) §§ 27, 28 ersetzt.

§ 163. Das gegenwärtige Gesetz tritt gleichzeitig mit dem Gesetze über die allgemeine Landesverwaltung vom 30. Juli 1883 in Kraft[1].

Bezüglich der vor diesem Zeitpunkte anhängig gemachten Sachen sind die Vorschriften des § 154 Absatz 3 des letzteren Gesetzes maßgebend[2].

1. §§ 154, 155.

2. Geändert in KrO. Hannover § 120 III; Hessen-Nassau § 119 III; Westfalen § 102 III; Rheinprovinz § 104 III; Schleswig-Holstein § 155 III; EinfG. Posen Art. VI Abs. III.

§ 164. Mit dem Tage des Inkrafttretens des gegenwärtigen Gesetzes kommt das Gesetz, betreffend die Zuständigkeit der Verwaltungsbehörden und der Verwaltungsgerichtsbehörden usw., vom 26. Juni[1] 1876 (Gesetz-Samml. S. 297) in allen seinen Teilen in Wegfall.

Ingleichen treten mit dem gedachten Zeitpunkte alle mit den Vorschriften des gegenwärtigen Gesetzes in Widerspruch stehenden Bestimmungen außer Kraft.

Urkundlich unter Unserer Höchsteigenhändigen Unterschrift und beigedrucktem Königlichem Insiegel.

Gegeben Bad Gastein, den 1. August 1883.

(L. S.) **Wilhelm.**

Fürst v. Bismarck. v. Puttkamer. Maybach. Lucius. Friedberg. v. Goßler. v. Scholz. Gr. v. Hatzfeldt.

1. richtiger Juli.

Anhang I

Allgemeine ergänzende Vorschriften.

3a. Gesetz vom 28. August 1876, betreffend die Geschäftssprache der Behörden, Beamten und politischen Körperschaften des Staats.

(GS. 389)[1].

Wir Wilhelm, von Gottes Gnaden König von Preußen usw. verordnen, unter Zustimmung der beiden Häuser des Landtages, für den ganzen Umfang der Monarchie, was folgt:

§ 1. Die Deutsche Sprache ist die ausschließliche Geschäftssprache aller Behörden, Beamten und politischen Körperschaften des Staats[2]. Der schriftliche Verkehr mit denselben findet in Deutscher Sprache statt.

1. Erläutert in Friedrichs, LandesverwaltungsG. 351 bis 355. Gilt nach Maßgabe der Preußischen Verfassung v. 30. 11. 1920 (GS. 543) Art. 1 Abs. (4): Die Geschäfts- und Verhandlungssprache im öffentlichen Dienste ist die deutsche Sprache.

Art. 73:

Die Provinziallandtage können durch Provinzialgesetz neben der deutschen Sprache zulassen:

a) eine andere Unterrichtssprache für fremdsprachige Volksteile, wobei für den Schutz deutscher Minderheiten zu sorgen ist;

b) eine andere Amtssprache in gemischtsprachigen Landesteilen.

2. nicht anwendbar auf diejenigen Behörden, für welche das GerichtsverfassungsG. v. 20. 5. 1898 (RGBl. 371) §§ 186

bis 193 gilt, vgl. FGG. v. 20. 5. 1918 (RGBl. 771) § 9; wohl aber auf andere Preußische Behörden, selbst wenn sie durch Reichsgesetz eingesetzt sind.

§ 2. In dringlichen Fällen können schriftliche von Privatpersonen ausgehende Eingaben, welche in einer anderen Sprache abgefaßt sind, berücksichtigt werden. Im Falle der Nichtberücksichtigung sind sie mit dem Anheimstellen zurückzugeben, sie in Deutscher Sprache wieder einzureichen.

§ 3[1].

1. Enthielt Übergangsbestimmungen, die seit dem 3. Oktober 1886 gegenstandslos geworden sind, übrigens auf das Verfahren der Verwaltungsgerichte nie anwendbar waren.

§ 4[1]. Ist vor Gericht[2] unter Beteiligung von Personen zu verhandeln, welche der Deutschen Sprache nicht mächtig sind, so muß ein beeidigter Dolmetscher zugezogen werden[3]. I

Personen, welche der Deutschen Sprache nicht mächtig sind, leisten Eide in der ihnen geläufigen Sprache[4]. II

Das Protokoll ist in diesen Fällen in Deutscher Sprache aufzunehmen und falls es einer Genehmigung seitens einer der Deutschen Sprache nicht mächtigen Person bedarf, derselben durch den Dolmetscher in der fremden Sprache vorzutragen. III

Die Führung eines Nebenprotokolls[5] in der fremden Sprache findet nicht statt, jedoch können Aussagen und Erklärungen in fremder Sprache, wenn und soweit der Richter dies mit Rücksicht auf die Wichtigkeit der Sache für erforderlich erachtet, auch in der fremden Sprache in das Protokoll oder eine Anlage niedergeschrieben werden. In dazu geeigneten Fällen IV kann dem Protokolle eine durch den Dolmetscher zu beglaubigende Übersetzung beigefügt werden.

1. Die §§ 4—8 sind, soweit sie sich auf das Verfahren vor den in § 9 bezeichneten Behörden beziehen, weder durch GVG. §§ 186—193 noch durch Pr. FGG. v. 21. 9. 1899 (GS. 249) § 144 Nr. 18 beseitigt worden.

2. gilt vor den in § 9 bezeichneten Behörden.

3. Vgl. GVG. § 187.

4. Vgl. GVG. § 190.

5. Vgl. GVG. § 187.

§ 5. Die Beeidigung des Dolmetschers erfolgt ein für allemal oder vor Ausübung seiner Verrichtung im einzelnen Falle dahin:

daß er treu und gewissenhaft übertragen werde.

Wird ein Beamter als Dolmetscher angestellt, so ersetzt der Diensteid den Dolmetschereid[1].

1. Vgl. GVG. § 191.

§ 6. Bei Handlungen der freiwilligen Gerichtsbarkeit können die Beteiligten dem Dolmetscher die Ableistung des Eides erlassen.

Dieser Verzicht muß in der Sprache der Beteiligten im Protokolle vermerkt werden.

Bei denjenigen Handlungen der freiwilligen Gerichtsbarkeit, bei denen die Zuziehung eines Protokollführers gesetzlich nicht erfordert wird, bedarf es auch der Zuziehung eines Dolmetschers nicht, wenn der Richter der fremden Sprache mächtig ist.

§ 7. Die Zuziehung eines Dolmetschers kann unterbleiben, wenn die beteiligten Personen sämtlich der fremden Sprache mächtig sind[1]. In diesem Falle kann das Protokoll, sofern es Handlungen der freiwilligen

Gerichtsbarkeit betrifft, in der fremden Sprache aufgenommen, es muß jedoch die Übersetzung in das Deutsche alsbald bewirkt werden.

Falls das in deutscher Sprache aufgenommene Protokoll der Genehmigung seitens einer der Deutschen Sprache nicht mächtigen Person bedarf, ist es derselben durch eine der amtlich mitwirkenden Personen in der fremden Sprache vorzutragen.

1. Vgl. GVG. § 187 II.

§ 8. Der Dienst des Dolmetschers kann von dem Gerichtsschreiber oder Protokollführer wahrgenommen werden, sofern der Gerichtsschreiber oder Protokollführer gleichzeitig als Dolmetscher angestellt ist[1].

1. Vgl. GVG. § 192.

§ 9. Die in den §§ 4 bis 8 für die Verhandlungen vor den Gerichten gegebenen Vorschriften finden auf die Verhandlungen vor den Verwaltungsbehörden in denjenigen Angelegenheiten, für welche ein kontradiktorisches Verfahren vorgeschrieben ist, sowie auf die Verhandlungen vor den Auseinandersetzungsbehörden und den Kommissarien derselben und auf die mündlichen Verhandlungen vor den Standesbeamten entsprechende Anwendung.

§ 10[1].

1. Enthält die Außerkraftsetzung einer Anzahl von älteren Vorschriften.

§ 11. Unberührt von diesem Gesetze bleiben:

1) [die Vorschriften, nach welchen den der Deutschen Sprache nicht kundigen Soldaten die Kriegsartikel in ihrer Muttersprache vorzulesen sind;]

2) die Vorschriften über die Anstellung der Dolmetscher, über ihre Ablehnung und ihre Fähigkeit zur Mitwirkung in einer bestimmten Sache, vorbehaltlich der Bestimmung des § 8[1];

3) die Vorschriften über das Verfahren bei Übersetzung von Urkunden;

[4) die Vorschriften über das Verfahren der Notare. — Jedoch tritt der § 34 des Gesetzes über das Verfahren bei Aufnahme von Notariatsinstrumenten vom 11. Juli 1845 (Gesetz-Samml. S. 487) außer Kraft[2];]

5) die Vorschriften über das Verfahren vor den Schiedsmännern[3].

Soweit die zu Nr. 3 [und 4] erwähnten Vorschriften die Beeidigung der Dolmetscher erfordern, erfolgt diese nach § 5 dieses Gesetzes.

1. Die DolmetscherO. v. 18. 12. 1899 (JMinBl. 856) mehrfach abgeändert, findet nur auf die Dolmetscher der Justizverwaltung Anwendung.

2. Aufgehoben durch Pr. FGG. Art. 144 Nr. 18.

3. SchiedsmannsO. v. 3. 12. 1924 (GS. 751). Zulassung von Frauen, G. v. 25. 11. 1926 (GS. 307).

§ 12. Einer nochmaligen Beeidigung der nach den bisherigen Vorschriften ein für allemal beeidigten Dolmetscher bedarf es nicht.

Urkundlich unter Unserer Höchsteigenhändigen Unterschrift und beigedrucktem Königlichen Insiegel.

Gegeben Berlin, den 28. August 1876.

(L. S.) **Wilhelm.**

Fürst v. Bismarck. Leonhardt. Falk. v. Kameke. Achenbach. v. Bülow.

3b. Gesetz vom 25. Mai 1926 über die Vertretung vor den Verwaltungsgerichten.

(GS. 163.)

Der Landtag hat folgendes Gesetz beschlossen:

§ 1. Zur berufsmäßigen Rechtsvertretung vor den Verwaltungsgerichten (advokatorischen Praxis im Sinne des § 6 der Reichsgewerbeordnung[1]) muß zugelassen werden, wer die Befähigung zum preußischen höheren Verwaltungsdienst oder zum Richteramt erlangt hat, danach 2 Jahre in der Verwaltung des Preußischen Staates, preußischer Gemeinden oder Gemeindeverbände oder in einer Kirchenverwaltung oder als preußischer Verwaltungsrichter tätig gewesen und in einer beim Oberverwaltungsgerichte zu führenden Liste der Verwaltungsrechtsräte eingetragen ist.

§ 2. Über die Eintragung in die Liste entscheidet der Vorsitzende eines Senats des Oberverwaltungsgerichts. Zur Versagung der Eintragung bedarf er der Zustimmung des Senats.

§ 3. (1) Die Eintragung ist zu versagen, wenn der Antragsteller

1. durch strafgerichtliches Urteil die Fähigkeit zur Bekleidung öffentlicher Ämter dauernd verloren hat oder zur Zeit nicht besitzt,
2. auf Grund des § 7 Nr. 3 in der Liste der Verwaltungsrechtsräte gestrichen ist,
3. durch gerichtliche Anordnung in der Verfügung über sein Vermögen beschränkt ist,
4. ein Amt bekleidet oder eine Beschäftigung betreibt, die mit der berufsmäßigen Rechtsvertretung nicht vereinbar sind.

5. durch körperliche Gebrechen oder wegen eingetretener Schwäche seiner körperlichen oder geistigen Kräfte zur Erfüllung seiner Pflichten dauernd unfähig ist,
6. sich eines Verhaltens schuldig gemacht hat, das ihn der berufsmäßigen Rechtsvertretung unwürdig erscheinen läßt.

(2) Die Befugnis der Rechtsanwälte zum Auftreten vor den Verwaltungsgerichten bleibt unberührt. Eine besondere Eintragung von Rechtsanwälten in die Liste findet nicht statt.

§ 4. Die Eintragung kann versagt werden, wenn der Antragsteller durch strafgerichtliches Urteil die Fähigkeit zur Bekleidung öffentlicher Ämter auf Zeit verloren hatte.

§ 5. Der Beschluß, der die Eintragung versagt, muß begründet werden.

§ 6. Nach der Eintragung hat der Verwaltungsrechtsrat in einer öffentlichen Sitzung eines Verwaltungsgerichts folgenden Eid zu leisten:

„Ich schwöre, daß ich die Pflichten eines Verwaltungsrechtsrats gewissenhaft erfüllen werde."

Die Beifügung einer religiösen Beteuerung ist zulässig.

§ 7. (1) Die Eintragung ist zu streichen:
1. wenn sich nach der Eintragung ergibt, daß sie nach § 3 hätte versagt werden müssen;
2. wenn nach der Eintragung eine der Voraussetzungen des § 3 eintritt;
3. wenn der Verwaltungsrechtsrat die ihm obliegenden Pflichten gröblich verletzt.

(2) Wird ein Verwaltungsrechtsrat zur Rechtsanwaltschaft zugelassen, so ist er in der Liste der Verwaltungsrechtsräte von Amts wegen zu löschen.

§ 8. Über die Streichung entscheidet das Oberverwaltungsgericht nach Anhörung des Verwaltungsrechtsrats durch Beschluß. Der Beschluß muß begründet werden.

§ 9. Gegen den Beschluß, der die Eintragung versagt (§ 5) oder die Streichung anordnet (§ 8), findet innerhalb von 2 Wochen nach Zustellung des Beschlusses die Beschwerde an einen aus 9 Mitgliedern bestehenden erweiterten Senat statt, dem der Präsident des Oberverwaltungsgerichts vorsitzt. Im Beschwerdeverfahren darf kein Mitglied mitwirken, das bei dem angefochtenen Beschlusse beteiligt war.

§ 10. Will ein Verwaltungsrechtsrat, dessen Berufstätigkeit in Anspruch genommen wird, einen Auftrag nicht annehmen, so muß er die Ablehnung ohne Verzug erklären[1].

1. BGB. §§ 663, 675.

§ 11. Der Verwaltungsrechtsrat darf nicht in einer Angelegenheit tätig werden, an deren Entscheidung er als Richter teilgenommen hat.

§ 12. Das Gesetz über die allgemeine Landesverwaltung vom 30. Juli 1883 (Gesetzsamml. S. 195) wird in folgenden Bestimmungen geändert:

1. Im § 73 Abs. 2 wird vor dem Worte „Rechtsanwälte“ eingeschaltet „Verwaltungsrechtsräte oder“.
2. Im § 103 Abs. 1 wird im Satz 2 das Wort

„Rechtsanwalts" durch die Worte „Verwaltungsrechtsrats oder Rechtsanwalts", im Satz 3 das Wort „Rechtsanwalts" durch die Worte „am Orte des Gerichts wohnenden Verwaltungsrechtsrats oder Rechtsanwalts" ersetzt.

3. § 103 Abs. 3 erhält folgende Fassung:

Die Gebühren bestimmen sich nach den für die Rechtsanwälte bei den ordentlichen Gerichten geltenden Vorschriften.

§ 13. § 37 Satz 1 und 2 des Gesetzes, betreffend die Dienstvergehen der nichtrichterlichen Beamten, die Versetzung derselben auf eine andere Stelle oder in den Ruhestand, vom 21. Juli 1852 (Gesetzsamml. S. 465) erhalten folgende Fassung:

Der Angeschuldigte, welcher erscheint, kann sich des Beistandes eines Rechtsanwalts oder Verwaltungsrechtsrats als Verteidigers bedienen. Der nichterscheinende Angeschuldigte kann sich durch einen Rechtsanwalt oder Verwaltungsrechtsrat vertreten lassen.

§ 14. Im § 9 Abs. 2 Satz 1 und im § 13 Abs. 3 Satz 1 der Verordnung, betreffend die Kompetenzkonflikte zwischen den Gerichten und den Verwaltungsbehörden, vom 1. August 1879 (Gesetzsamml. S. 573) wird das Wort „Rechtsanwalt" ersetzt durch die Worte „Rechtsanwalt oder Verwaltungsrechtsrat", im § 9 Abs. 2 Satz 2 und im § 13 Abs. 3 Satz 2 werden vor den Worten „zum Richteramt" die Worte „zum höheren Verwaltungsdienst oder" eingefügt und im § 9 Abs. 2 Satz 2 das Wort „Rechtsanwalts" durch die

Worte „Rechtsanwalts oder Verwaltungsrechtsrats" ersetzt.

Das vorstehende, vom Landtage beschlossene Gesetz wird hiermit verkündet. Die verfassungsmäßigen Rechte des Staatsrats sind gewahrt.

Berlin, den 25. Mai 1926.

Das Preußische Staatsministerium.

Zugleich für den Minister des Innern:

Braun.

---

4. Gesetz vom 27. April 1885 zur Ergänzung des § 7 des Gesetzes über die allgemeine Landesverwaltung vom 30. Juli 1883.

(GS. 127)[1].

Wir Wilhelm, von Gottes Gnaden König von Preußen usw. verordnen, mit Zustimmung beider Häuser des Landtages, für den ganzen Umfang der Monarchie, was folgt:

Für Streitigkeiten, welche nach reichsgesetzlicher Vorschrift im Verwaltungsstreitverfahren zu entscheiden sind, kann die Zuständigkeit der nach § 7 in Verbindung mit § 4 Absatz 2 und 3 des Gesetzes über die allgemeine Landesverwaltung vom 30. Juli 1883 (Gesetz-Samml. S. 195) bezeichneten Behörden, soweit dieselbe nicht anderweit gesetzlich feststeht, sowie der Instanzenzug, durch Königliche Verordnung bestimmt werden[2].

Urkundlich unter unserer Höchsteigenhändigen Unterschrift und beigedrucktem Königlichen Insiegel.

Gegeben Berlin, den 27. April 1885.

(L. S.) **Wilhelm.**

Fürst v. Bismarck. v. Puttkamer. Maybach. Lucius. Friedberg. v. Bötticher. v. Goßler. v. Scholz. Gr. v. Hatzfeldt. Bronsart v. Schellendorf.

1. Erläutert von Friedrichs, Landesverwaltungsgesetz 355.
2. Erlassen sind: Vdg. v. 26. 7. 1886; Vdg. v. 28. 5. 1890 (Nr. 12 dieser Ausgabe); Vdg. v. 9. 8. 1892; Vdg. v. 19. 8. 1897 (Nr. 14); Vdg. v. 23. 8. 1899; Vdg. v. 16. 11. 1899 Art. 2, 3 (Nr. 15); Vdg. v. 29. 8. 1900; Vdg. v. 30. 6. 1901 (Nr. 17); Vdg. v. 28. 7. 1902 (Nr. 18); Vdg. v. 8. 6. 1903; Vdg. v. 4. 2. 1907 (Nr. 19); Vdg. v. 25. 7. 1910 (Nr. 20). Vdg. v. 24. 3. 1926, Depot- und Depositengeschäfte bei öffentlich-rechtlichen Kreditanstalten (GS. 123). Vdg. v. 12. 3. 1926, Angestelltenversicherung (GS. 120). Andere Vdgen. sind erlassen und sind nachher wieder aufgehoben, namentlich durch die ReichsversicherungsO. Dazu kommen Feld- und ForstPolG. v. 21. 1. 1926 (GS. 83) § 46; G. v. 28. 7. 1926 (Baubeschränkungen in Hannover und Frankfurt (GS. 237) § 4. Zu erwarten ist noch eine Vdg. zur Ausführung des G. v. 7. 2. 1927 zur Abänderung der Gewerbeordnung (RGBl. I 57), (Bewachungsgewerbe).

5. Verordnung vom 15. November 1899, betr. das Verwaltungszwangsverfahren wegen Beitreibung von Geldbeträgen.

(GS. 545)[1].

Wir Wilhelm, von Gottes Gnaden König von Preußen usw., verordnen in Gemäßheit des § 5 des Ausführungsgesetzes zur Zivilprozeßordnung[2] anstelle der Verordnungen vom 7. September 1879 (Gesetz-Samml. S. 591) und vom 4. August 1884 (Gesetz-Samml. S. 321), was folgt:

I. Allgemeine Bestimmungen.

§ 1. (§ 1[3]). Die Zwangsvollstreckung wegen aller derjenigen Abgaben, Gefälle und sonstigen Geldbeträge, welche nach den bestehenden Vorschriften[4] der Beitreibung im Verwaltungszwangsverfahren unterliegen, erfolgt ausschließlich nach den Vorschriften dieser Verordnung.

1. Literatur: Kautz, Kommentar (6. Aufl. 1922); Oppenhoff, Ressortverhältnisse (2. Aufl. 1904) S. 504 ff.; Friedrichs, LandesverwaltungsG. 357—392. Dr. Schultz in PrVBl. 21, 122, 214, Berlin 1899, 1900.

2. in der Fassung v. 22. 9. 1899 (GS. 388) entsprechend dem § 14 der Fassung v. 24. 3. 1879 (GS. 281), nicht berührt durch ZPO. v. 13. 5. 1924 (RGBl. I 437).

3. Um die Benutzung der zur Vdg. v. 7. 9. 1879 ergangenen Rechtsprechung zu erleichtern, sind die entsprechenden Paragraphenzahlen jener Verordnung in Klammern beigefügt, die entsprechenden Vorschriften der Zivilprozeßordnung v. 13. 5. 1924 (RGBl. I 437) und der Reichsabgabenordnung v. 13. 12. 1919 (RGBl. 1993) sind in den Anmerkungen nachgewiesen.

4. Grundlegende Vorschriften: Vdg. v. 26. 12. 1808 (GS. 1806 bis 1810, 464; 1817, 282) §§ 42, 48; KabO. v. 31. 12. 1825 (GS. 1826, 5) D XII; KabO. v. 19. 6. 1836 (GS. 198) in Verb. mit AG. v. 6. 10. 1899 z. ZPO. § 6; Vdg. v. 30. 7. 1853 für Altpreußen ohne Hohenzollern und ohne Neuvorpommern und Rügen (GS. 909) § 1; Vdg. v. 1. 2. 1858 für Neuvorpommern und Rügen (GS. 85) § 1; Vdg. v. 24. 11. 1843 für die Rheinprovinz (GS. 351) § 1; Vdg. v. 30. 6. 1845 für Westfalen (GS. 444) § 1; Vdg. v. 22. 9. 1867 für die neuen Provinzen (GS. 1553) § 1. Einzelvorschriften aufgezählt bei Kautz (Anm. 1) S. 24—56, darunter hervorzuheben: KommAbgG. v. 14. 7. 1893 (GS. 1852) § 90; LVG. § 60, oben S. 40; G. v. 14. 7. 1905 ev. Kirchensteuern (GS. 277) Art. II § 2; aufrechterhalten in G. v. 8. 4. 1924 (GS. 221) Art. 19 Nr. 3, G. v. 14. 7. 1905 kath. Kirchensteuern (GS. 281) § 20; G. v. 22. 3. 1906 ev. Kirchensteuern (GS. 41) Art. II § 2; desgl. (GS. 46) Art. II § 2. Unter den neueren Vorschriften sind zu erwähnen: G. v. 3. 6. 1916 über die Landeskulturbehörden (GS. 101) § 28. AusfG. v. 15. 12. 1919 zum ReichssiedlungsG. (GS. 1920, 31) § 28; G. v. 19. 10. 1920 zur Überführung der standesherrlichen Bergregale an den Staat (GS. 441) § 4. Vdg. d. Reichsreg. v. 5. 3. 1920, betr. Demobilmachungsschulden (RGBl. 307). BergschulG. v. 12. 1. 1921 (GS. 220) § 3 (3); MittelschullehrerDiensteinkommenG. v. 14. 1. 1921 (GS. 325) § 20 (2); HebammenG. v. 20. 7. 1922 (GS. 179) § 16 (2); PrGerichtskostenG. v. 28. 10. 1922 (GS. 363) § 15 (1), § 136; Gebühren für ev. kirchl. Begräbnisplätze, G. v. 8. 4. 1924 (GS. 221) Art. 6 (2); Gebühren für kath. Kirchen und Gemeinde-Verbände, G. v. 24. 7. 1924 (GS. 585) § 15 (2), § 27; Gebühren für Fieberthermometer, Vdg. v. 27. 1. 1925 (RGBl. I 7) § 6; LippeG. v. 19. 1. 1926 (GS. 13) § 17, 26; VerwaltungsgebO. v. 30. 12. 1926 (GS. 327) § 7 (2); ÄrztekammerG. v. 30. 12. 1926 (GS. 354) Art. I §§ 5, 42. Die gerichtliche Zwangsvollstreckung erfolgt ReichswirtschaftsgerichtsVdg. v. 21. 5. 1920 (RGBl. 1167)

§ 44; Anwaltskammerbeiträge, G. v. 9. 7. 1923 (RGBl. I 1647) Nr. 4 § 58b; IndustriebelastungsG. v. 30. 8. 1924 (RGBl. II 257) § 46. Schwandt in DJZ. 1924, 771. SchiedsmannsO. v. 3. 12. 1924 (GS. 751) § 32 (1), § 37. PachtschutzO. v. 30. 9. 1925 (GS. 141) § 57 (8); Vollstreckung durch Gerichtsvollzieher im Verwaltungszwangsverfahren vgl. unten § 6 Abs. IV.

§ 2 (§ 2). Inwieweit über die Verbindlichkeit zur Entrichtung der geforderten Geldbeträge der Rechtsweg stattfindet, richtet sich nach den hierüber bestehenden Vorschriften[1].

Wegen vermeintlicher Mängel des Zwangsverfahrens, dieselben mögen die Form der Anordnung oder die der Ausführung oder die Frage betreffen, ob die gepfändeten Sachen zu den pfändbaren gehören, ist dagegen, unbeschadet der besonderen Vorschriften über die Rechtsmittel im Falle der zwangsweisen Ausführung polizeilicher Verfügungen[2], nur die Beschwerde bei der vorgesetzten Dienstbehörde des Beamten zulässig, dessen Verfahren angefochten wird[3].

1. Beispiele: ALR. II 14 §§ 78, 79; Vdg. v. 26. 12. 1808 (s. § 1 Anm. 4) § 48 II; KabO. v. 19. 6. 1836; G. v. 24. 5. 1861, betr. die Erweiterung des Rechtsweges (GS. 241); Friedrichs, Zuständigkeitsgesetz. (1904) S. 295—321.
2. LVG. § 133.
3. Zu Abs. II vgl. ZPO. § 766.

§ 3 (neu[1]). Soweit nach den Vorschriften des bürgerlichen Rechtes Dritte, insbesondere Erben, Ehegatten, Eltern oder Nießbraucher, kraft Gesetzes zu der Leistung oder zur Duldung der Zwangsvollstreckung verpflichtet sind, kann das Zwangsverfahren auch gegen diese Personen angeordnet werden. Die Vorschriften der §§ 735 bis 749, 778, 779, 781 bis 784, 786 der Zivilprozeßordnung finden mit der Maßgabe entsprechende Anwendung, daß die Anordnung des Zwangsverfahrens an die Stelle des nach den §§ 735 bis 749 zur Zulässigkeit der gerichtlichen Zwangsvollstreckung erforderlichen oder genügenden vollstreckbaren Titels tritt.

Durch die Geltendmachung der dem Erben nach den §§ 2014, 2015 des Bürgerlichen Gesetzbuchs zustehenden Einreden wird die Zwangsvollstreckung in den Nachlaß nicht gehemmt, wenn der beizutreibenden Forderung das im § 61 Nr. 2 oder 3 der Konkursordnung bezeichnete Vorrecht zusteht.

Wird seitens einer der im Abs. 1 benannten Personen die Verpflichtung zu der Leistung oder zur Duldung der Zwangsvollstreckung bestritten oder werden auf Grund der §§ 781 bis 784, 786 der Zivilprozeßordnung Einwendungen erhoben, so entscheidet hierüber derjenige, für dessen Rechnung die Zwangsvollstreckung stattfindet. Gegen die den Widerspruch oder die erhobene Einwendung zurückweisende Entscheidung steht entweder die Beschwerde bei der vorgesetzten Aufsichtsbehörde oder innerhalb einer Ausschlußfrist von einem Monate nach der Zustellung die gerichtliche Klage zu. Die Anbringung des einen Rechtsmittels schließt das andere aus. Die Klage ist gegen denjenigen, für dessen Rechnung die Zwangsvollstreckung stattfindet, zu richten. Auf die Einstellung der Zwangsvollstreckung und die Aufhebung bereits erfolgter Vollstreckungsmaßregeln finden die Vorschriften der §§ 769, 770 der Zivilprozeßordnung entsprechende Anwendung.

1. Vgl. RAO. § 303.

§ 4 (§ 3). Diejenigen Behörden oder Beamten, I
welchen die Einziehung der der Beitreibung im Verwaltungszwangsverfahren unterliegenden Geldbeträge zusteht, bilden die zur Anordnung und Leitung des Zwangsverfahrens zuständigen Vollstreckungsbehörden[1]. Auf die Beamten der Korporationen, welche nach den bisherigen Vorschriften zur eigenen Zwangsvollstreckung nicht berechtigt sind, findet diese Bestimmung nicht Anwendung.

Die Behörde, welcher die Einziehung einer gericht- II
lich erkannten Geldstrafe obliegt[2], ist zugleich Vollstreckungsbehörde für die mit der Einziehung der Strafe verbundene Beitreibung der Kosten. Diese Beitreibung erfolgt nach den für die Beitreibung der Strafe geltenden Vorschriften[3].

Fehlt es an einer nach den vorstehenden Vor- III
schriften zuständigen Vollstreckungsbehörde, so hat die Bezirksregierung (Polizeipräsidium in Berlin) eine solche zu bestimmen.

Den zuständigen höheren Verwaltungs- und den IV
Aufsichtsbehörden ist es gestattet, die Funktionen der Vollstreckungsbehörde selbst zu übernehmen.

1. RAbgO. § 299. Beispiel LVG. § 60. Anmeldung im Konkurs des Schuldners.

2. StrPO. § 483.

3. StrPO. § 495.

§ 5 (§ 4). Muß eine Vollstreckungsmaßregel außerhalb des Geschäftsbezirkes der Vollstreckungsbehörde zur

Ausführung gebracht werden, so hat die entsprechende Behörde desjenigen Bezirkes, in welchem die Ausführung erfolgen soll, auf Ersuchen der Vollstreckungsbehörde das Zwangsverfahren auszuführen[1]. Insoweit von der ersuchten Behörde die Pfändung körperlicher Sachen und deren Versteigerung ausgeführt wird, tritt diese an die Stelle der Vollstreckungsbehörde.

1. Vgl. LVG. § 49 und die Anmerkungen dazu. RAO. § 304. RentenbankVdg. v. 15. 10. 1923 (RGBl. I 963) § 6 (7).

I **§ 6** (§ 5[1]). Die Vollstreckungsbehörde hat das Zwangsverfahren durch die ihr beigegebenen Vollziehungsbeamten oder durch diejenigen Beamten, deren sie sich als solcher zu bedienen hat, auszuführen.

II Fehlt es derselben an solchen Beamten, so kann die Bezirksregierung (Polizeipräsidium in Berlin) eine andere Vollstreckungsbehörde bestimmen.

III Die Vollziehungsbeamten müssen eidlich verpflichtet werden.

IV Die Ausführung der Zwangsvollstreckung wegen der in Angelegenheiten der Justizverwaltung beizutreibenden Geldbeträge findet durch die Gerichtsvollzieher[2] statt; den Gerichtsvollziehern kann die Ausführung einer Zwangsvollstreckung auch in anderen Fällen[3] übertragen werden. Die Gerichtsvollzieher haben an Stelle der Vorschriften der §§ 9, 10, 14, 15, 22 bis 31 die für den Zivilprozeß geltenden Vorschriften zu beobachten.

1. Vgl. RAO. § 306.

2. Vgl. unten § 65.

3. Domänenverwaltung: Erl. JustMin. v. 21. 7. 1924 (JustMinBl. 282). Kreiskassen: Erl. JustMin. v. 14. 6. 1923

(JustMinBl. 439), Erl. FinMin. v. 21. 6. 1923 (FinMinBl. 406).

§ 7 (§ 6[1]). Der Zwangsvollstreckung soll in der Regel eine Mahnung desjenigen, gegen welchen die Zwangsvollstreckung vorzunehmen ist, mit dreitägiger Zahlungsfrist vorhergehen. In betreff der Gerichtskosten vertritt die Mitteilung der Kostenrechnung die Stelle der Mahnung.

1. Vgl. RAO. § 314.

§ 8 (§ 7). Gegen eine dem aktiven Heere oder der aktiven Marine angehörende Militärperson darf die Zwangsvollstreckung erst beginnen, nachdem von derselben die vorgesetzte Militärbehörde Anzeige erhalten hat. Der Vollstreckungsbehörde ist auf Verlangen der Empfang der Anzeige zu bescheinigen[1].

Soll die Zwangsvollstreckung gegen eine dem aktiven Heere oder der aktiven Marine angehörende Person des Soldatenstandes[2] in Kasernen und anderen militärischen Dienstgebäuden oder auf Kriegsfahrzeugen erfolgen, so hat die Vollstreckungsbehörde die zuständige Militärbehörde um die Zwangsvollstreckung zu ersuchen. Die gepfändeten Gegenstände sind dem von der Vollstreckungsbehörde bezeichneten Beamten zu übergeben[3].

1. Vgl. ZPO. § 752. RAO. § 305.

2. WehrG. v. 23. 3. 1921 (RGBl. 329), § 18 geändert durch G. v. 18. 6. 1921 (RGBl. 787).

3. Vgl. ZPO. § 790.

§ 9 (§ 12[1]). Auf die Zustellungen finden die Vorschriften der Zivilprozeßordnung über Zustellungen, die von Amts wegen erfolgen[2], mit folgenden Maßgaben entsprechende Anwendung.

1. Die §§ 9, 10, 14, 15, 22—31 sind von den Gerichtsvollziehern nicht anzuwenden § 6 IV.

2. ZPO. §§ 208—213, vgl. RAO. § 70.

§ 10 (neu[1]). Die Beglaubigung einer bei der Zustellung zu übergebenden Abschrift (§ 210 der Zivilprozeßordnung) ist nicht erforderlich.

Die für Zustellungen zur Nachtzeit und an Sonntagen und allgemeinen Feiertagen notwendige Erlaubnis (§ 188 a. a. O.) wird von der Vollstreckungsbehörde erteilt. Die Niederlegung des Schriftstücks im Falle des § 182 a. a. O. findet bei der Ortsbehörde oder der Postanstalt des Zustellungsorts statt.

Die dem Gerichtsschreiber und Gerichtsdiener obliegenden Geschäfte werden von den dazu bestimmten Beamten wahrgenommen.

1. Anwendbar nach § 9 Anm. 1, vgl. RAO. § 313.

§ 11 (§ 17). In den Fällen der §§ 199 bis 201 der Zivilprozeßordnung erfolgt die Zustellung in der dort vorgeschriebenen Weise.

Eine in einem anderen deutschen Staate zu bewirkende Zustellung erfolgt mittels Ersuchens der zuständigen Behörde desselben.

Die Zustellung wird durch das schriftliche Zeugnis der ersuchten Behörden oder Beamten, daß die Zustellung erfolgt sei, nachgewiesen.

§ 12 (§ 18). Ist der Aufenthalt des Schuldners unbekannt, so kann die Zustellung an denselben durch Anheftung des zuzustellenden Schriftstücks an der zu

Aushängen der Vollstreckungsbehörde bestimmten Stelle erfolgen. Die Zustellung gilt als bewirkt, wenn seit der Anheftung zwei Wochen verstrichen sind. Auf die Gültigkeit der Zustellung hat es keinen Einfluß, wenn das Schriftstück von dem Orte der Anheftung zu früh entfernt wird.

Diese Art der Zustellung ist auch dann zulässig, wenn bei einer im Auslande zu bewirkenden Zustellung die Befolgung der für diese bestehenden Vorschriften unausführbar ist oder keinen Erfolg verspricht oder wenn die Zustellung aus dem Grunde nicht bewirkt werden kann, weil die Wohnung einer nach den §§ 18, 19 des Gerichtsverfassungsgesetzes der Gerichtsbarkeit nicht unterworfenen Person der Ort der Zustellung ist[1].

1. Vgl. ZPO. § 203, RAO. § 72.

§ 13 (§ 19). Dem Schuldner und Dritten gegenüber wird der Vollziehungsbeamte zur Vornahme der Zwangsvollstreckung durch den ihm erteilten und auf Verlangen einer beteiligten Person vorzuzeigenden schriftlichen Auftrag der Vollstreckungsbehörde ermächtigt[1].

1. Vgl. ZPO. § 755. RAO. § 307.

§ 14 (§ 20)[1]. Der Vollziehungsbeamte hat die im § 758, mit Ausnahme des Schlußsatzes, sowie in den §§ 759, 762 der Zivilprozeßordnung dem Gerichtsvollzieher beigelegten Rechte und Pflichten[2].

Die Bestimmungen des § 761 a. a. O. finden mit der Maßgabe Anwendung, daß die Ortspolizeibehörde für die Erteilung der Erlaubnis zur Vornahme einer Vollstreckungshandlung zuständig ist.

1. Vgl. RAO. §§ 308—310. Auf den Gerichtsvollzieher sind §§ 14, 15 nicht anwendbar § 6 IV.

2. Militärische Hilfe, ReichswG. v. 23. 3. 1921 (RGBl. 329) § 17.

§ 15 (§ 21)[1]. Die Aufforderungen und sonstigen Mitteilungen, welche zu den Vollstreckungshandlungen gehören, sind von dem Vollziehungsbeamten mündlich zu erlassen und vollständig in das Protokoll aufzunehmen.

Kann die mündliche Ausführung nicht erfolgen, so hat die Vollstreckungsbehörde demjenigen, an welchen die Aufforderung oder Mitteilung zu richten ist, eine Abschrift des Protokolls zu übersenden[2].

1. Vgl. ZPO. § 763. RAO. § 312.

2. Der frühere § 22, betr. Vollstreckung in den Nachlaß, ist in § 3 mitenthalten.

§ 16 (§ 23). Die Kosten der Mahnung und der Zwangsvollstreckung fallen dem Schuldner zur Last; sie sind zugleich mit dem zur Zwangsvollstreckung stehenden Anspruche beizutreiben[1].

1. Vgl. RAO. § 315, ZPO. § 788 I. Der Abs. II daselbst ist, auch bei Anwendung des § 53 LVG., weder direkt noch analog anzuwenden.

II. Zwangsvollstreckung in das bewegliche Vermögen.

A. Allgemeine Bestimmungen.

§ 17 (§ 24)[1]. Die Zwangsvollstreckung in das bewegliche Vermögen erfolgt durch Pfändung. Sie darf nicht weiter ausgedehnt werden, als zur Deckung der beizutreibenden Geldbeträge und der Kosten der Zwangsvollstreckung erforderlich ist.

Die Pfändung hat zu unterbleiben, wenn sich von der Verwertung der zu pfändenden Gegenstände ein Überschuß über die Kosten der Zwangsvollstreckung nicht erwarten läßt.

1. Vgl. ZPO. § 803, RAO. § 316.

§ 18 (§ 25). Gegen die Pfändung kann sich[1] der Schuldner nur[2] schützen, wenn derselbe entweder eine Fristbewilligung vorzeigt oder die vollständige Berichtigung des beizutreibenden Geldbetrags durch Quittung oder durch Vorlegung eines Postscheins nachweist, aus welchem sich ergibt, daß der beizutreibende Geldbetrag an die für die Einziehung zuständige Stelle eingezahlt ist[3].

Zur Empfangnahme von Geldbeträgen ist der Vollziehungsbeamte nur nach Maßgabe des ihm erteilten schriftlichen Auftrages ermächtigt[4].

1. Einstweilige Verfügung des Gerichts: RheinArch. 106, 75; Oppenhoff, Ressortverhältnisse (2. Aufl.) 508.
2. gemildert durch Erl. Min. Fin. Inn. v. 5. 11. 1921 (MinBlInn. 363).
3. Vgl. ZPO. § 775, RAO. § 318 I.
4. Vgl. ZPO. § 754, RAO. § 318 II.

§ 19 (§ 26). Behauptet ein Dritter, daß ihm an dem gepfändeten Gegenstand ein die Veräußerung hinderndes Recht zustehe oder werden nach Maßgabe der §§ 772, 773 oder 774 der Zivilprozeßordnung Einwendungen erhoben, so ist der Widerspruch gegen die Pfändung erforderlichenfalls im Wege der Klage geltend zu machen[1]. I

Auf die Einstellung weiterer und die Aufhebung bereits erfolgter Vollstreckungsmaßregeln finden die II

Vorschriften der §§ 769, 770 der Zivilprozeßordnung Anwendung[2].

III Der Pfändung einer Sache kann ein Dritter, welcher sich nicht im Besitze der Sache befindet, auf Grund eines Pfand- oder Vorzugsrechts nicht widersprechen; er kann jedoch seinen Anspruch auf vorzugsweise Befriedigung aus dem Erlös im Wege der Klage geltend machen, ohne Rücksicht darauf, ob seine Forderung fällig ist oder nicht[3].

IV In den im Abs. 1 und 3 bezeichneten Fällen ist die Klage ausschließlich bei dem Gerichte zu erheben, in dessen Bezirke die Pfändung erfolgt ist[4]. Wird die Klage gegen denjenigen, für dessen Rechnung die Zwangsvollstreckung stattfindet, und den Schuldner gerichtet, so sind diese als Streitgenossen anzusehen[5].

1. Vgl. ZPO. § 771 I; RAO. § 301.
2. Vgl. ZPO. § 771 III.
3. Vgl. ZPO. § 805 I; RAO. § 319. Die Anwendbarkeit des § 805 Abs. IV ZPO ist selbstverständlich, wenn sie auch nicht in der Verordnung erwähnt wird. Denn mit der Erhebung der Klage erhält das Gericht alle in der ZPO. ihm gewährten Befugnisse.
4. Vgl. ZPO. §§ 771 I, 805 II.
5. Vgl. ZPO. §§ 771 II, 805 III.

§ 20. Wird ein Gegenstand auf Grund der Pfändung veräußert, so steht dem Erwerber wegen eines Mangels im Rechte oder wegen eines Mangels der veräußerten Sache ein Anspruch auf Gewährleistung nicht zu[1].

1. Vgl. BGB. §§ 461, 1244, 1248. RAO. § 320.

§ 21. (§ 27[1]). Hat die Pfändung zu einer vollständigen Deckung der beizutreibenden Geldbeträge nicht geführt oder wird glaubhaft gemacht, daß durch Pfändung eine vollständige Deckung nicht zu erlangen sei, so ist der Schuldner auf Antrag der für die Einziehung des Geldbetrags zuständigen Stelle verpflichtet, ein Verzeichnis seines Vermögens vorzulegen, in betreff seiner Forderungen den Grund und die Beweismittel zu bezeichnen, sowie den Offenbarungseid dahin zu leisten:

daß er nach bestem Wissen sein Vermögen so vollständig angegeben habe, als er dazu imstande sei.

Für die Abnahme des Offenbarungseids ist das Amtsgericht zuständig, in dessen Bezirke der Schuldner seinen Wohnsitz oder in Ermangelung eines solchen seinen Aufenthaltsort hat; für das Verfahren gelten die Vorschriften der §§ 900 bis 915 der Zivilprozeßordnung; jedoch ist die Vorauszahlung der Verpflegungskosten nicht erforderlich, wenn die Leistung des Offenbarungseids wegen solcher Geldbeträge beantragt ist, welche an den Staat zu entrichten sind.

1. Vgl. ZPO. § 807; EG. z. GVG. § 4. RAO. § 298. Pr. GerichtskostenG. v. 28. 10. 1922 (GS. 363) § 116.

B. Zwangsvollstreckung in körperliche Sachen[1].

§ 22 (§ 28). Die Pfändung der im Gewahrsame des Schuldners befindlichen körperlichen Sachen wird dadurch bewirkt, daß der Vollziehungsbeamte dieselben in Besitz nimmt.

Andere Sachen als Geld, Kostbarkeiten und Wertpapiere sind im Gewahrsame des Schuldners zu belassen, sofern nicht hierdurch die Befriedigung des Gläubigers gefährdet wird. Werden die Sachen im

Gewahrsame des Schuldners belassen, so ist die Wirksamkeit der Pfändung dadurch bedingt, daß durch Anlegung von Siegeln oder auf sonstige Weise die Pfändung ersichtlich gemacht ist.

Der Vollziehungsbeamte hat den Schuldner von der geschehenen Pfändung in Kenntnis zu setzen[2].

1. Die §§ 22—31 sind auf das Verfahren des Gerichtsvollziehers nicht anzuwenden § 6 IV; im Bau befindliche Schiffe: G. v. 4. 7. 1926 (RGBl. I 367) § 5.

2. Vgl. ZPO. § 808. RAO. § 321 I—III.

§ 23 (§ 29). Die vorstehenden Bestimmungen finden entsprechende Anwendung auf die Pfändung von Sachen, welche sich im Gewahrsam eines zur Herausgabe bereiten Dritten befinden[1].

1. Vgl. ZPO. § 809. RAO. § 321 IV.

§ 24 (§ 30). Früchte, die von dem Boden noch nicht getrennt sind, können gepfändet werden, solange nicht ihre Beschlagnahme im Wege der Zwangsvollstreckung in das unbewegliche Vermögen erfolgt ist. Die Pfändung darf nicht früher als einen Monat vor der gewöhnlichen Zeit der Reife erfolgen.

Ein Gläubiger, der ein Recht auf Befriedigung aus dem Grundstücke hat, kann der Pfändung nach Maßgabe des § 19 Absatz 1 dieser Verordnung widersprechen, sofern nicht die Pfändung für einen im Falle der Zwangsvollstreckung in das Grundstück vorgehenden Anspruch erfolgt ist[1].

1. Vgl. ZPO. § 810. RAO. § 322.

§ 25[1] (§ 31). Die in dem § 811 der Zivilprozeßordnung bezeichneten Sachen sind der Pfändung nicht unterworfen.

Die Vorschriften der §§ 812 und 813 der Zivilprozeßordnung finden entsprechende Anwendung.

1. RAO. § 323.

§ 26 (§ 32). Die gepfändeten Sachen sind auf schriftliche Anordnung der Vollstreckungsbehörde und zwar in der Regel durch den Vollziehungsbeamten öffentlich zu versteigern; Kostbarkeiten sind vor der Versteigerung durch einen Sachverständigen abzuschätzen. Gepfändetes Geld hat der Vollziehungsbeamte an die Vollstreckungsbehörde abzuliefern; die Wegnahme des Geldes durch den Vollziehungsbeamten gilt als Zahlung von seiten des Schuldners[1].

1. Vgl. ZPO. §§ 814, 815 I, III. RAO. § 324.

§ 27 (§ 33). Die Versteigerung der gepfändeten Sachen darf nicht vor Ablauf einer Woche seit dem Tage der Pfändung geschehen, sofern nicht der Schuldner sich mit einer früheren Versteigerung einverstanden erklärt oder dieselbe erforderlich ist, um die Gefahr einer beträchtlichen Wertverringerung der zu versteigernden Sache abzuwenden oder um unverhältnismäßige Kosten einer längeren Aufbewahrung zu vermeiden.

Die Versteigerung erfolgt in der Gemeinde, in welcher die Pfändung geschehen ist. Zeit und Ort der Versteigerung sind unter allgemeiner Bezeichnung der zu versteigernden Sachen öffentlich bekanntzumachen[1]. Auf Ersuchen der Vollstreckungsbehörde ist der Ortsvorsteher verpflichtet, der Versteigerung beizuwohnen oder einen Gemeinde- oder Polizeibeamten mit der Beiwohnung zu beauftragen.

Die Vorschriften des § 18 finden auf die Versteigerung entsprechende Anwendung.

1. Vgl. ZPO. § 816. RAO. § 325.

§ 28 (§ 34[1]). Bei der Versteigerung ist nach den Vorschriften der §§ 816 Abs. 4, 817 Abs. 1 bis 3, 818 der Zivilprozeßordnung zu verfahren.

Die Empfangnahme des Erlöses durch den versteigernden Beamten gilt als Zahlung von seiten des Schuldners.

1. Vgl. ZPO. § 819. RAO. § 326.

§ 29 (§ 35). Gold- und Silbersachen dürfen nicht unter ihrem Gold- oder Silberwerte zugeschlagen werden[1]. Wird ein den Zuschlag gestattendes Gebot nicht abgegeben, so kann der Verkauf aus freier Hand zu dem Preise bewirkt werden, welcher den Gold- oder Silberwert erreicht[1].

1. Vgl. ZPO. § 820. RAO. § 327.

§ 30 (§ 36). Gepfändete Wertpapiere sind, wenn sie einen Börsen- oder Marktpreis haben, aus freier Hand zum Tageskurse zu verkaufen und, wenn sie einen solchen Preis nicht haben, nach den allgemeinen Bestimmungen zu versteigern[1].

1. Vgl. ZPO. § 821. RAO. § 328.

§ 31 (§ 37). Die Versteigerung gepfändeter, von dem Boden noch nicht getrennter Früchte ist erst nach der Reife zulässig. Sie kann vor oder nach der Trennung der Früchte erfolgen; im letzteren Falle hat der Vollziehungsbeamte die Aberntung bewirken zu lassen[1].

1. Vgl. ZPO. § 824. RAO. § 329.

§ 32 (§ 38). Lautet ein gepfändetes Wertpapier auf Namen, so ist die Vollstreckungsbehörde berechtigt, die Umschreibung auf den Namen des Käufers oder, wenn es sich um ein auf Namen umgeschriebenes Inhaberpapier handelt, die Rückverwandlung in ein Inhaberpapier zu erwirken und die hierzu erforderlichen Erklärungen an Stelle des Schuldners abzugeben[1].

1. Vgl. ZPO. §§ 822, 823. RAO. § 330.

§ 33 (§ 39). Auf Antrag des Schuldners oder aus besonderen Zweckmäßigkeitsgründen kann die Vollstreckungsbehörde anordnen, daß die Verwertung einer gepfändeten Sache in anderer Weise oder an einem anderen Orte, als in den vorstehenden Paragraphen bestimmt ist, stattzufinden habe oder daß die Versteigerung durch eine andere Person als den Vollziehungsbeamten vorzunehmen sei[1].

1. Vgl. ZPO. § 825. RAO. § 331.

§ 34 (§ 40). Zur Pfändung bereits gepfändeter Sachen genügt die in das Protokoll aufzunehmende Erklärung des Vollziehungsbeamten, daß er die Sachen zur Deckung der ihrer Art und Höhe nach zu bezeichnenden Geldbeträge pfände. Der Schuldner ist von der weiteren Pfändung in Kenntnis zu setzen.

Ist die erste Pfändung im Auftrag einer anderen Vollstreckungsbehörde oder durch einen Gerichtsvollzieher erfolgt, so ist dieser Vollstreckungsbehörde beziehungsweise dem Gerichtsvollzieher eine Abschrift des Protokolls zuzustellen.

Eine entsprechende Verpflichtung hat der Gerichtsvollzieher, welcher im Wege der gerichtlichen Zwangsvollstreckung eine bereits im Auftrag einer Vollstreckungsbehörde gepfändete Sache pfändet[1].

1. Vgl. ZPO. § 826. RAO. § 332. Die Bestimmung Abs. III ist durch GVG. § 155 gedeckt.

I **§ 35 (§ 41).** Wenn eine mehrfache Pfändung desselben Gegenstandes im Auftrage verschiedener Vollstreckungsbehörden oder im Auftrag einer Vollstreckungsbehörde und durch Gerichtsvollzieher stattgefunden hat, so begründet ausschließlich die erste Pfändung[1] die Zuständigkeit zur Ausführung der Versteigerung.

II Die Versteigerung erfolgt für alle beteiligten Gläubiger auf Betreiben eines jeden derselben.

III Die Verteilung des Erlöses erfolgt nach der Reihenfolge der Pfändung oder, falls die sämtlichen Beteiligten über die Verteilung einverstanden sind, nach der getroffenen Vereinbarung.

IV Ist der Erlös zur Deckung der Forderungen nicht ausreichend und verlangt der Gläubiger, für welchen die zweite oder eine spätere Pfändung erfolgt ist, ohne Zustimmung der übrigen beteiligten Gläubiger eine andere Verteilung als nach der Reihenfolge der Pfändungen, so ist die Sachlage unter Hinterlegung des Erlöses demjenigen Amtsgericht[2], in dessen Bezirke die Pfändung stattgefunden hat, anzuzeigen. Dieser Anzeige sind die auf das Verfahren sich beziehenden Schriftstücke beizufügen. Die Verteilung erfolgt nach Maßgabe der Vorschriften der §§ 873 bis 882 der Zivilprozeßordnung.

V In gleicher Weise ist zu verfahren, wenn die Pfändung für mehrere Gläubiger gleichzeitig bewirkt ist[3].

1. Vgl. ZPO. § 827. RAO. § 333. Einbruch des Verwaltungsverfahrens in das Verfahren nach der ZPO., gedeckt sowohl durch GVG. § 13, als auch durch die Erwägung, daß es andernfalls dem Gerichtsvollzieher überhaupt nicht möglich wäre, die von der Verwaltungsbehörde gepfändeten und in ihren Besitz übergegangenen Gegenstände anzugreifen. Friedrichs in VerwArch. 6, 537 Anm. 15; LVG. 378; VerwRPfl. 3, 1236, dagegen Jastrow in Gruchots Beitr. 30. 314—321 (1886); Stein-Jonas Note 6; zweifelnd Kautz Anm. 2.

2. Gedeckt durch EG. z. GVG. § 4.

3. Vgl. ZPO. § 728.

C. Zwangsvollstreckung in Forderungen und andere Vermögensrechte.

§ 36 (§ 42[1]). Soll eine Geldforderung gepfändet werden, so hat die Vollstreckungsbehörde durch schriftliche Verfügung dem Drittschuldner zu verbieten, an den Schulder zu zahlen.

Zugleich hat die Vollstreckungsbehörde an den Schuldner durch schriftliche Verfügung das Gebot zu erlassen, sich jeder Verfügung über die Forderung, insbesondere der Einziehung derselben, zu enthalten.

Mit der Zustellung der Verfügung an den Drittschuldner ist die Pfändung als bewirkt anzusehen. Von dieser Zustellung ist der Schuldner in Kenntnis zu setzen.

1. Vgl. ZPO. § 829. RAO. § 334.

§ 37 (neu[1]). Zur Pfändung einer Forderung, für welche eine Hypothek besteht, ist außer dem Pfändungsbeschlusse die Aushändigung des Hypothekenbriefs an die Vollstreckungsbehörde erforderlich. Die

Vorschriften des § 830 der Zivilprozeßordnung finden entsprechende Anwendung.

1. Vgl. ZPO. § 830. RAO. § 335.

§ 38 (§ 43). Die Pfändung von Forderungen aus Wechseln und anderen Papieren, welche durch Indossament übertragen werden können, wird dadurch bewirkt, daß der Vollziehungsbeamte diese Papiere in Besitz nimmt[1].

1. Vgl. ZPO. § 831. RAO. § 336.

§ 39 (§ 44). Die gepfändete Geldforderung ist demjenigen, für dessen Rechnung die Zwangsvollstreckung erfolgt, durch die Vollstreckungsbehörde zur Einziehung zu überweisen; dieselbe hat beglaubigte Abschriften der Verfügung dem Schuldner und dem Drittschuldner zustellen zu lassen[1].

1. Vgl. ZPO. § 835.

I **§ 40** (§ 45). Die Überweisung ersetzt die förmlichen Erklärungen des Schuldners, von welchen nach den Vorschriften des bürgerlichen Rechtes die Berechtigung zur Einziehung der Forderung abhängig ist. Bei Überweisung einer Forderung, für welche eine Hypothek besteht, findet der § 837 der Zivilprozeßordnung entsprechende Anwendung.

II Der Überweisungsbeschluß gilt, auch wenn er mit Unrecht erlassen ist, zugunsten des Drittschuldners dem Schuldner gegenüber solange als rechtsbeständig, bis er aufgehoben wird und die Aufhebung zur Kenntnis des Drittschuldners gelangt.

III Der Schuldner ist verpflichtet, die zur Geltendmachung der Forderung nötige Auskunft zu erteilen und die über die Forderung vorhandenen Urkunden herauszugeben. Im Weigerungsfalle sind die Urkunden auf Anordnung der Vollstreckungsbehörde dem Schuldner durch den Vollziehungsbeamten wegzunehmen[1].

Werden die herauszugebenden Urkunden nicht vor- IV
gefunden, so kann von dem Schuldner die Ableistung des Offenbarungseids dahin,

> daß er die Urkunden nicht besitze, auch nicht wisse, wo dieselben sich befinden,

gefordert werden[2].

Das Gericht kann eine der Lage der Sache ent- V
sprechende Änderung der vorstehenden Eidesnorm beschließen[2].

Für die Zuständigkeit des Gerichts und das Ver- VI
fahren finden die Vorschriften des § 21 entsprechende Anwendung[3].

Befindet sich eine herauszugebende Urkunde im VII
Gewahrsam eines Dritten, so ist demjenigen, für dessen Rechnung die Zwangsvollstreckung erfolgt, der Anspruch des Schuldners auf Herausgabe derselben nach Maßgabe des § 39 zu überweisen.

1. Vgl. ZPO. § 836. RAO. § 338.
2. Vgl. ZPO. § 883.
3. EG. z. GVG. § 4.

§ 41 (§ 46[1]). Auf Verlangen des Gläubigers[2] hat der Drittschuldner binnen zwei Wochen, von der Zustellung der im § 36 Abs. 1 bezeichneten Verfügung an gerechnet, dem Gläubiger zu erklären:

1. ob und inwieweit er die Forderung als begründet anerkenne und Zahlung zu leisten bereit sei;
2. ob und welche Ansprüche andere Personen an die Forderung machen;
3. ob und wegen welcher Ansprüche die Forderung bereits für andere Gläubiger gepfändet sei.

Die Aufforderung zur Abgabe dieser Erklärung kann in die vorgedachte Verfügung[3] aufgenommen werden. Der Drittschuldner haftet dem Gläubiger für den aus der Nichterfüllung seiner Verpflichtung entstehenden Schaden[4].

Die Bestimmungen der §§ 841 bis 843 der Zivilprozeßordnung finden Anwendung.

1. Vgl. ZPO. § 840. RAO. § 339.
2. Fassungsversehen? Vgl. Friedrichs LVG. 381. VerwRPfl. 1238.
3. also nicht in die Zustellungsurkunde.
4. Vgl. BGB. § 823.

§ 42 (§ 47[1]). Schon vor der Pfändung kann die für die Einziehung zuständige Stelle durch die Vollstreckungsbehörde dem Drittschuldner und dem Schuldner die Benachrichtigung, daß die Pfändung bevorstehe, zustellen lassen mit der Aufforderung an den Drittschuldner, nicht an den Schuldner zu zahlen, und mit der Aufforderung an den Schuldner, sich jeder Verfügung über die Forderung, insbesondere der Einziehung derselben, zu enthalten.

Die Benachrichtigung an den Drittschuldner hat die Wirkung eines Arrestes (§ 930 der Zivilprozeßordnung), sofern die Pfändung der Forderung innerhalb drei Wochen bewirkt wird. Die Frist beginnt mit dem Tage, an welchem die Benachrichtigung zugestellt ist.

1. Vgl. ZPO. § 845.

§ 43 (§ 48[1]). Die Zwangsvollstreckung in Ansprüche, welche die Herausgabe oder Leistung körperlicher Sachen zum Gegenstande haben, erfolgt nach den Vorschriften der §§ 36 bis 42 unter Berücksichtigung der nachstehenden Bestimmungen.

1. Vgl. ZPO. § 846. RAO. § 341 I.

§ 44 (§ 49[1]). Bei der Pfändung eines Anspruchs, welcher eine bewegliche körperliche Sache betrifft, hat die Vollstreckungsbehörde anzuordnen, daß die Sache an den zu bezeichnenden Vollziehungsbeamten herauszugeben sei.

Auf die Verwertung der Sache finden die Vorschriften über die Verwertung gepfändeter Sachen Anwendung.

1. Vgl. ZPO. § 848. RAO. § 341 II.

§ 45 (§ 50[1]). Bei Pfändung eines Anspruchs, welcher eine unbewegliche Sache betrifft, hat die Vollstreckungsbehörde anzuordnen, daß die Sache an einen auf ihren Antrag vom Amtsgerichte der belegenen Sache zu bestellenden Sequester herauszugeben sei.

Ist der Anspruch auf Übertragung des Eigentums gerichtet, so hat die Auflassung an den Sequester als Vertreter des Schuldners zu erfolgen. Mit dem Übergange des Eigentums auf den Schuldner erlangt derjenige, für dessen Rechnung die Zwangsvollstreckung erfolgt, eine Sicherungshypothek für seine Forderung.

Der Sequester hat die Eintragung der Sicherungshypothek zu bewilligen.

Die Zwangsvollstreckung in die herausgegebene Sache wird nach den für die Zwangsvollstreckung in unbewegliche Sachen geltenden Vorschriften bewirkt.

1. Vgl. ZPO. § 848. RAO. § 341 III. Über die Zuständigkeit vgl. § 21 II.

§ 46[1]. Die Verbote und Beschränkungen, die für die Pfändung von Forderungen und Ansprüchen nach der Zivilprozeßordnung (§§ 850—852) und anderen reichsrechtlichen Vorschriften[2] bestehen, gelten auch für das Verwaltungszwangsverfahren.

Bei der Einziehung von Disziplinarstrafen und von solchen Zwangsstrafen, welche durch die vorgesetzte Dienstbehörde festgesetzt sind, unterliegt die Pfändung des Diensteinkommens und der Pension der Zivilbeamten, der Geistlichen sowie der Ärzte und Lehrer an öffentlichen Anstalten keinen Beschränkungen. Die zur Bestreitung eines Dienstaufwandes bestimmten Einkünfte sind auch in diesem Falle der Pfändung nicht unterworfen.

1. § 46 in der Fassung der Vdg. St.Min. v. 16. 3. 1926 (GS. 103), Art. I Nr. 1; Abs. I nach dem Vorbild RAbgO. § 342.

2. Vgl. LohnbeschlagnahmeG. v. 21. 4. 1869 (BGBl. 242), geändert durch G. v. 29. 2. 1897 (RGBl. 159) und v. 17. 5. 1898 (RGBl. 332); LohnpfändungsVdg. v. 22. 6. 1919 (RGBl. 589) geändert durch G. v. 19. 8. 1920 (RGBl. 1572), v. 23. 12. 1921 (RGBl. 1657), v. 13. 12. 1923 (RGBl. I 1186), Vdg. v. 7. 1. 1924 (RGBl. I 25) verlängert bis 31. 12. 1928 durch G. v. 17. 12. 1926 (RGBl. I 503); Stein-Jonas, ZPO. 2, 751 bis 760. BesatzungspersonenschadenG. v. 17. 7. 1922 (RGBl. I 624) § 7 V.

§ 47[1].

1. Aufgehoben durch Vdg. StMin. v. 1. 3. 1926 (GS. 103).

§ 48 (§ 52[1]). Ist eine Forderung auf Anordnung mehrerer Vollstreckungsbehörden oder auf Anordnung einer Vollstreckungsbehörde und eines Gerichts gepfändet, so finden die Vorschriften der §§ 853 bis 856 der Zivilprozeßordnung entsprechende Anwendung.

In Ermangelung eines nach §§ 853, 854 zuständigen Amtsgerichts findet die Hinterlegung bei der Hinterlegungsstelle[2] desjenigen Amtsgerichts statt, in dessen Bezirke die Vollstreckungsbehörde, deren Pfändungsverfügung dem Drittschuldner zuerst zugestellt worden, ihren Sitz hat.

1. Vgl. ZPO. § 853. RAO. § 343.

2. HinterlegungsO. (Gesetz) v. 21. 4. 1913 (GS. 225): Ausführungsvorschriften des JustMin. v. 5. 2. 1914 (JustMinBl. 115), geändert durch Vdg. v. 18. 4. 1915 (JustMinBl. 75), v. 8. 6. 1915 (JustMinBl. 113).

§ 49 (§ 53[1]). Auf die Zwangsvollstreckung in andere Vermögensrechte, welche nicht Gegenstand der Zwangsvollstreckung in das unbewegliche Vermögen sind, finden die vorstehenden Bestimmungen entsprechende Anwendung. I

Ist ein Drittschuldner nicht vorhanden, so ist die Pfändung mit dem Zeitpunkt als bewirkt anzusehen, in welchem dem Schuldner das Gebot, sich jeder Verfügung über das Recht zu enthalten, zugestellt ist. II

Ein unveräußerliches Recht ist in Ermangelung besonderer Vorschriften der Pfändung insoweit unterworfen, als die Ausübung einem anderen überlassen werden kann. III

IV Die Vollstreckungsbehörde kann bei der Zwangsvollstreckung in unveräußerliche Rechte, deren Ausübung einem anderen überlassen werden kann, besondere Anordnungen erlassen. Sie kann insbesondere bei der Zwangsvollstreckung in Nutzungsrechte eine Verwaltung anordnen. In diesem Falle wird die Pfändung durch Übergabe der zu benutzenden Sache an den Verwalter bewirkt, sofern sie nicht durch Zustellung der Pfändungsverfügung bereits vorher bewirkt ist.

V Ist die Veräußerung des Rechtes selbst zulässig, so kann auch diese Veräußerung unter der gleichen Voraussetzung von der Vollstreckungsbehörde angeordnet werden.

VI Auf die Zwangsvollstreckung in eine Reallast, eine Grundschuld oder eine Rentenschuld finden die Vorschriften über die Zwangsvollstreckung in eine Forderung, für welche eine Hypothek besteht, entsprechende Anwendung.

VII Bezüglich der Zwangsverwaltung und Wiederverpachtung verpachteter Grundstücke und Gerechtsame behält es bei den besonderen Bestimmungen des § 42 der Verordnung vom 26. Dezember 1808 (Gesetz-Samml. von 1806 bis 1810 S. 464) und der Allerhöchsten Ordre vom 31. Dezember 1825 (Gesetz-Samml. für 1826 S. 5[2]) sein Bewenden.

1. Vgl. ZPO. § 857. RAO. § 344.
2. unter D XII, a. b.

§ 50 (neu). Die Bestimmungen der §§ 858 bis 863 der Zivilprozeßordnung finden entsprechende Anwendung.

§ 50a (neu)[1]. Um die Ausführung von Maßregeln der Zwangsvollstreckung in Forderungen und andere Vermögensrechte kann die Vollstreckungsbehörde die entsprechende Behörde desjenigen Bezirkes, in welchem der Schuldner seinen Wohnsitz oder Aufenthaltsort hat, ersuchen.

In diesem Falle tritt die ersuchte Behörde, soweit von ihr die Zwangsvollstreckung ausgeführt wird, an die Stelle der Vollstreckungsbehörde[2].

1. Eingefügt durch Vdg. v. 18. 3. 1904 (GS. 36). AusfVdg. Min. Just. Kult. Fin. Landw. Inn. Hand. Arb. v. 4. 7. 1904 (MinBlJnn. 257, Hand. 438) Art. 74a.

2. Vgl. G. v. 9. 6. 1895 über den Beistand bei Einziehung von Abgaben und Vollstreckung von Vermögensstrafen (RGBl. 256). Grundsätze betr. die Erstattung von Kosten der Rechtshilfe (MinBlJnn. 1907, 173).

III. Zwangsvollstreckung in das unbewegliche Vermögen.

§ 51 (§ 54). Die Zwangsvollstreckung in das unbewegliche Vermögen erfolgt nach den für gerichtliche Zwangsvollstreckungen bestehenden Vorschriften[1]. Die erforderlichen Anträge sind durch die Vollstreckungsbehörde zu stellen. I

Anträge auf Zwangsversteigerung oder Zwangsverwaltung sind nur zulässig, sobald feststeht, daß durch Pfändung die Beitreibung des Geldbetrags nicht erfolgen kann[2]. II

Die Vollstreckbarkeit der Forderung und die Zulässigkeit der Zwangsvollstreckung nach Maßgabe des Abs. 2 unterliegen nicht der Beurteilung des Gerichts oder Grundbuchamts. III

IV **In den besonderen Rechten der bestehenden Kreditverbände[3] bei der Zwangsversteigerung oder Zwangsverwaltung der zu ihnen gehörigen oder von ihnen beliehenen Güter wird durch die Bestimmungen dieser Verordnung nichts geändert.**

1. ZPO. §§ 864—871; RAO. § 345; G. v. 17. 5. 1898 über die Zwangsversteigerung und die Zwangsverwaltung (RGBl. 713); geändert durch G. v. 8. 6. 1915 zur Einschränkung der Verfügung über Miet- und Pachtzinsforderungen, (RGBl. 327), AusfG. v. 23. 9. 1899 (GS. 291); Kabelpfand-G. v. 31. 3. 1925 (RGBl. I 37) §§ 24—28; im Bau befindliche Schiffe: G. v. 4. 7. 1926 (RGBl. I 367) § 5.

2. Weitere Beschränkungen: Pr. GKG. v. 28. 10. 1922 (GS. 363) § 15 (2), § 115, mit RG. v. 17. 5. 1898 betr. Änderung des GVG. und der StrPrO. (RGBl. 252) Art. IV. G. v. 10. 10. 1899 betr. das Verfahren im Auseinandersetzungsangelegenheiten (GS. 403) § 96 IV mit G. v. 3. 6. 1919 (GS. 101) § 17; G. v. 26. 7. 1897 betr. VerwStrafVerfahren (GS. 237) § 54 II, §§ 58, 61. StempG. v. 27. 10. 1924 (GS. 627) § 21; VerkehrsAbgG. v. 2. 5. 1900 (GS. 123) § 9; vgl. RG. 26. 7. 1918 (RGBl. 799). ReichsabgO. v. 13. 12. 1919 (RGBl. 1993) § 345 (3). Heimstätten wegen persönlicher Schulden des Heimstätters, RG. v. 10. 5. 1920 (RGBl. 966) § 20. Kriegsteilnehmer: ReichsVdg. v. 15. 6. 1920 (RGBl. 1212), RG. v. 22. 12. 1920 (RGBl. 2162). — Keine Genehmigung der Aufsichtsbehörde Anordnung v. 20. 6. 1912 (JMinBl. 355).

3. G. v. 3. 8. 1897 (GS. 388). EG. z. BGB. Art. 167, AG. v. 23. 9. 1899 z. ZVerstG. (GS. 291) Art. 9, 12, 34; AG. v. 22. 9. 1899 zur ZPO.-Novelle (GS. 284) Art. 5. Vdg. v. 5. 11. 1898 wegen der Nassauischen Landesbank (GS. 1899, 1), v. 10. 8. 1899 wegen der Landeskreditkasse in Kassel (GS. 162) geändert durch G. v. 20. 4. 1909 (GS. 33). Vdg. RReg. v. 15. 10. 1923 über Errichtung der Deutschen Rentenbank (RGBl. I 945) § 6 (7).

§ 52 (neu[1]). Ist eine Sicherungshypothek eingetragen, so ist im Falle der Veräußerung des belasteten Grundstücks die Zwangsvollstreckung in Ansehung des Grundstücks gegen den Rechtsnachfolger zulässig. Die Vorschriften des § 3 Abs. 3 finden Anwendung.

1. Vgl. RAO. § 346.

IV. Arrest.

§ 53 (§ 55). Soweit ein Arrest zur Sicherung der Zwangsvollstreckung wegen einer im Verwaltungszwangsverfahren beizutreibenden Geldforderung zulässig ist, erfolgt die Vollziehung desselben unter entsprechender Anwendung der Vorschriften dieser Verordnung. Die Vorschriften der Zoll- und Steuergesetze über die Beschlagnahme zoll- oder steuerpflichtiger Gegenstände werden hierdurch nicht berührt.

V. Kosten der Zwangsvollstreckung.

§ 54[1]. (1) Für die Mahnung (§ 7) wird eine Gebühr erhoben (Mahngebühr).

(2) Die Mahngebühr beträgt
von dem Betrage (§ 60) bis zu 100 Reichsmark einschließlich . . . . . . 1 vom Hundert,
von dem Mehrbetrage . . . ½ vom Hundert,
mindestens jedoch 20 Reichspfennig.

(3) Die Gebührenschuld entsteht, sobald der Mahnzettel zur Post gegeben oder dem mit der Behändigung Beauftragten übergeben wird oder sobald Auftrag zur mündlichen Mahnung erteilt wird.

(4) Die Mahngebühr wird nicht erhoben, wenn der Auftrag zur Mahnung zurückgenommen wird, bevor

der Beauftragte Schritte zur Ausführung des Auftrags unternommen hat.

(5) Erfolgt die Mahnung durch öffentliche Bekanntmachung, so wird keine Mahngebühr erhoben.

1. Abs. (1, 3—5) in der Fassung der Vdg. v. 16. 5. 1923 (GS. 271), Abs. (2) in der Fassung der Vdg. v. 31. 10. 1925 (GS. 153) von Fettdruck der §§ 54—65 wird Abstand genommen.

§ 55[1]. Im Vollstreckungsverfahren werden Gebühren erhoben:

1. für die Pfändung von Sachen, für die Wegnahme der vom Schuldner herauszugebenden Urkunden sowie für die Pfändung von Forderungen oder anderen Vermögensrechten (Pfändungsgebühr, § 56);
2. für die Versteigerung und für den freihändigen Verkauf von Gegenständen (Versteigerungsgebühr, § 57);
3. für die Abschrift einer Niederschrift (Schreibgebühr, § 58).

1. Fassung der Vdg. v. 16. 5. 1923 (GS. 271).

§ 56[1]. (1) Die Pfändungsgebühr (§ 55 Nr. 1) beträgt

von dem Betrage (§ 60) bis zu 100 Reichsmark einschließlich . . . . . 1½ vom Hundert,
von dem Mehrbetrage . . . . ¾ vom Hundert,
mindestens jedoch 60 Reichspfennig.

(2) Die Gebührenschuld entsteht:

1. sobald der Auftrag zur Pfändung von Sachen oder zur Wegnahme von Urkunden dem Vollziehungsbeamten zugeht;

2. sobald die Vollstreckungsbehörde die Verfügung, durch die eine Forderung oder ein anderes Vermögensrecht gepfändet wird, unterzeichnet hat.

(3) Die Pfändungsgebühr wird nicht erhoben:

1. wenn die Vollstreckungsbehörde den Vollstreckungsauftrag zurücknimmt, bevor der Vollziehungsbeamte Schritte zur Ausführung des Auftrags unternommen hat;
2. wenn die Vollstreckungsbehörde von der Zustellung der Verfügung, durch die eine Forderung oder ein anderes Vermögensrecht gepfändet wird, Abstand nimmt.

(4) Wird die Pfändung von Sachen abgewendet (§ 18), so ist

1. die volle Pfändungsgebühr zu entrichten, wenn an den Vollziehungsbeamten, nachdem er sich zur Vornahme der Pfändung an Ort und Stelle begeben hat, gezahlt wird;
2. die halbe Pfändungsgebühr, mindestens aber dreißig Goldpfennig, zu entrichten, wenn an den Vollziehungsbeamten gezahlt wird, bevor er sich an Ort und Stelle begeben hat, oder wenn die Pfändung in anderer Weise als durch Zahlung abgewendet wird, nachdem der Vollziehungsbeamte an Ort und Stelle erschienen ist;
3. keine Pfändungsgebühr zu entrichten, wenn die Pfändung in anderer Weise als durch Zahlung abgewendet wird, bevor sich der Vollziehungsbeamte an Ort und Stelle begeben hat.

(5) Wird die Pfändung als Anschlußpfändung (§ 34) ausgeführt, so wird dadurch die Gebühren-

schuld nicht berührt. Das gleiche gilt, wenn ein Pfändungsversuch erfolglos bleibt, weil pfändbare Sachen nicht vorgefunden werden oder weil die Voraussetzungen des § 17 Abs. 2 vorliegen.

(6) Werden wegen desselben Anspruchs mehrere Forderungen oder andere Vermögensrechte gepfändet, so wird die Pfändungsgebühr nur einmal erhoben.

1. Abs. (1) in der Fassung der Vdg. v. 31. 10. 1925 (GS. 153), Abs. (2—6) in der Fassung v. 16. 5. 1923 (GS. 271), geändert durch Vdg. v. 12. 4. 1924.

§ 57[1]. (1) Die Versteigerungsgebühr (§ 55 Nr. 2) beträgt

von dem Betrage (§ 60) bis zu 100 Reichsmark einschließlich . . . . 2 vom Hundert,
von dem Mehrbetrage . . . 1 vom Hundert,
mindestens jedoch 60 Reichspfennig.

(2) Die Gebührenschuld entsteht, sobald der Auftrag zur Versteigerung oder zum freihändigen Verkaufe dem Vollziehungsbeamten oder dem sonstigen Beauftragten zugeht.

(3) Die Versteigerungsgebühr wird nicht erhoben, wenn die Vollstreckungsbehörde den Auftrag zur Versteigerung oder zum freihändigen Verkauf zurücknimmt, bevor der Beauftragte Schritte zur Ausführung des Auftrags unternommen hat.

(4) Wird die Versteigerung oder der freihändige Verkauf abgewendet (§ 27 Abs. 3), so finden die Bestimmungen des § 56 Abs. 4 mit der Maßgabe entsprechend Anwendung, daß auch im Falle des § 56 Abs. 4 Nr. 1 nur die halbe Versteigerungsgebühr, mindestens aber dreißig Goldpfennig zu entrichten ist.

1. § 57 Abs. (1) in der Fassung v. 31. 10. 1925, Abs. (2, 3) in der Fassung v. 16. 5 1923, Abs. (4) in der Fassung v. 12. 4. 1924 (GS. 209).

§ 58[1]. (1) Die Schreibgebühr (§ 55 Nr. 3) beträgt zwanzig Goldpfennig. Umfaßt die Abschrift mehr als zwei Seiten, so ist für jede weitere angefangene Seite ebenfalls zwanzig Goldpfennig zu entrichten.

(2) Die Gebührenschuld entsteht, sobald die Erklärung, durch die die Abschrift bestellt wird, dem Vollziehungsbeamten oder der Vollstreckungsbehörde zugeht.

(3) Die Schreibgebühr wird nicht erhoben, wenn die Bestellung zurückgenommen wird, bevor mit der Anfertigung der Abschrift begonnen worden ist.

1. Aus der Vdg. v. 16. 5. 1923, Abs. (1) geändert durch Vdg. v. 12. 4. 1924 (GS. 209).

§ 59[1].

1. eingefügt durch Vdg. v. 16. 5. 1923, gestrichen durch Vdg. v. 12. 4. 1924.

§ 60. (1) Der Berechnung der Gebühren wird der Gesamtgoldwert der Beträge zugrunde gelegt, derentwegen gemahnt oder vollstreckt wird. Bei Feststellung des Betrags, von dem die Gebühren berechnet werden, werden Zinsen und Kosten nicht berücksichtigt, wenn sie als Nebenschulden zusammen mit einer Hauptschuld geltend gemacht werden. Bei Ausführung einer Versteigerung oder bei einem Verkauf aus freier Hand wird die Versteigerungsgebühr von dem Erlöse berechnet, soweit er nicht die Summe der beizutreibenden Beträge übersteigt.

(2) Zur Berechnung der Gebühren wird der nach Abs. 1 maßgebende Betrag auf den nächsten durch zehn

teilbaren Reichsmarkbetrag, die Gebühren selbst werden auf den nächsten durch fünf teilbaren Reichspfennigbetrag nach unten abgerundet.

1. Abs. (1) aus Vdg. v. 16. 5. 1923, geändert durch Vdg. v. 12. 4. 1924, Abs. (2) aus Vdg. v. 28. 11. 1924 (GS. 741).

§ 61[1]. (1) Wird gegen Eheleute wegen eines Anspruchs vollstreckt, für den die Eheleute als Gesamtschuldner haften, so werden Pfändungs- und Versteigerungsgebühren nur einmal erhoben. Für die Gebühren haften die Eheleute als Gesamtschuldner.

(2) Wird in anderen Fällen gegen mehrere Schuldner vollstreckt, so sind die Gebühren, auch wenn der Vollziehungsbeamte mehrere Vollstreckungsmaßnahmen bei derselben Gelegenheit vornimmt, von jedem Vollstreckungsschuldner besonders zu entrichten.

1. Vdg. v. 16. 5. 1923.

§ 62[1]. Die im Mahnverfahren entstehenden baren Auslagen sind aus der Mahngebühr zu decken.

1. Vdg. v. 16. 5. 1923.

§ 63[1]. (1) Im Vollstreckungsverfahren sind die Reise- und Zehrungskosten des Vollziehungsbeamten von dem Vollstreckungsschuldner nicht zu erstatten.

(2) Die übrigen baren Auslagen, die im Vollstreckungsverfahren entstehen, hat der Vollstreckungsschuldner zu erstatten. Zu den Auslagen gehören insbesondere:

1. die Post-, Fernsprech- und Telegrammgebühren;
2. die Kosten, die durch öffentliche Bekanntmachung, insbesondere durch Einrücken in öffentliche Blätter, entstehen; hierzu gehören auch die nach

den Vorschriften des Gerichtskostengesetzes zu berechnenden Schreibgebühren für Schriftstücke, die zum Aushange bestimmt sind, dagegen nicht die durch öffentliche Bekanntmachung der Mahnung entstehenden Auslagen;

3. die Beträge, die den zum Öffnen von Türen oder Behältnissen zugezogenen Personen zu zahlen sind, ferner die Kosten der Beförderung, Verwahrung und Beaufsichtigung gepfändeter Sachen, die Kosten der Aberntung gepfändeter Früchte und der Erhaltung gepfändeter Tiere;

4. die an Zeugen und Sachverständige zu zahlenden Beträge (§ 64);

5. die Gerichtskosten und in den Fällen des § 35 etwaige Gebühren und Auslagen des Gerichtsvollziehers.

(3) Die Pflicht zur Erstattung solcher Auslagen, die bei Ausführung einer Vollstreckungsmaßnahme erwachsen, entsteht, sobald der Auftrag zu der Vollstreckungsmaßnahme dem Vollziehungsbeamten oder dem sonstigen Beauftragten zugeht oder sobald die Vollstreckungsbehörde die Verfügung, durch die eine Forderung oder ein anderes Vermögensrecht gepfändet wird, unterzeichnet.

(4) Findet zur Versteigerung oder zum freihändigen Verkaufe von Sachen, die bei mehreren Vollstreckungsschuldnern gepfändet worden sind, ein einheitliches Verfahren statt, so werden die Auslagen, die in diesem Verfahren entstehen, auf die beteiligten Vollstreckungsschuldner verteilt. Dabei ist auf die besonderen Umstände des einzelnen Falles, insbesondere auf Wert,

Umfang und Gewicht der Gegenstände, billige Rücksicht zu nehmen.

1. Vdg. v. 16. 5. 1923.

§ 64[1]. (1) Zeugen und Sachverständigen ist auf Antrag eine Entschädigung zu gewähren.

(2) Die Entschädigung darf die Gebühr einschließlich des Teuerungszuschlags nicht übersteigen, die in bürgerlichen Rechtsstreitigkeiten auf Grund der Gebührenordnung für Zeugen und Sachverständige (in der jeweils geltenden Fassung) gewährt werden kann.

1. Vdg. v. 16. 5. 1923. GebO. v. 21. 12. 1925 (RGBl. I 471).

§ 64a[1]. Auf die Umrechnung eines Reichsmarkbetrags in einen Goldmarkbetrag und umgekehrt finden die Vorschriften der Goldabgabenverordnung vom 18. Januar 1924 (Gesetzsamml. S. 40) Anwendung.

Der Gesamtbetrag der Kosten (Gebühren und Auslagen), der von einem Schuldner zu entrichten ist, wird auf den nächsten durch fünf teilbaren Goldpfennigbetrag nach unten abgerundet.

1. Vdg. v. 12. 4. 1924.

§ 65[1]. Für Zwangsvollstreckungen, die durch Gerichtsvollzieher ausgeführt werden, gelten die Bestimmungen der §§ 54 bis 64 nicht.

1. Vdg. v. 16. 5. 1923. Vgl. oben § 6 IV. LandesgebO. v. 28. 10. 1922 (GS. 410) Art. 23 (2). Vdg. JustMin. v. 26. 5. 1924 (JustMinBl. 240) § 7.

§ 66[1]. Die Gebühren des Vollziehungsbeamten und alle anderen Kosten der Zwangsvollstreckung werden von der Vollstreckungsbehörde aus den eingegangenen Geldern entnommen.

Bei Unzulänglichkeit dieser Gelder werden, soweit für den einzelnen Fall nicht anderweite Bestimmungen maßgebend sind, zunächst die in Ansatz gebrachten Gebühren des Vollziehungsbeamten, sodann die übrigen Kosten der Zwangsvollstreckung berichtigt; soweit die letzteren aus den eingegangenen Geldern nicht gedeckt werden, sind dieselben unbeschadet der bestehenden anderweiten Vorschriften von demjenigen zu tragen, für dessen Rechnung die Zwangsvollstreckung erfolgt.

1. § 57 der urspr. Fassung, § 55 der Fassung v. 1899, Zählung geändert durch Vdg. StMin. v. 16. 5. 1923 (GS. 271) Art. 2.

§ 67[1]. Diese Verordnung tritt gleichzeitig mit dem Bürgerlichen Gesetzbuch in Kraft.

Die zur Ausführung derselben erforderlichen Anordnungen[2] haben die beteiligten Ministerien gemeinschaftlich zu erlassen.

Urkundlich unter Unserer Höchsteigenhändigen Unterschrift und beigedrucktem Königlichen Insiegel.

Gegeben Neues Palais, den 15. November 1899.

(L. S.) **Wilhelm.**

Fürst zu Hohenlohe. v. Miquel. Thielen. Frhr. v. Hammerstein. Schönstedt. Brefeld. v. Goßler. Gr. v. Posadowsky. Gr. v. Bülow. Tirpitz. Studt. Frhr. v. Rheinbaben.

1. § 58 der ursprünglichen Fassung, § 56 der Fassung v. 1899, Zählung geändert durch Vdg. v. 16. 5. 1923.

2. Anw. v. 28. 11. 1899 in Mitt. aus der V. der direkten Steuern Nr. 40, abgedruckt bei Kautz 178—267 (1915), ergänzt durch Anw. FinMin. v. 22. 10. 1921 (MinBl.: Inn. 1922, 553; Fin. 1922, 255).

Anhang II.

Verfassung des Oberverwaltungsgerichts.

6. Gesetz vom 2. August 1880, betreffend die Verfassung der Verwaltungsgerichte und das Verwaltungsstreitverfahren[1].

(GS. 328).

Titel IV.

Von dem Oberverwaltungsgerichte.

§ 17[2]. Das Oberverwaltungsgericht[3] besteht aus einem Präsidenten, den Senatspräsidenten[4] (§ 26) und der erforderlichen Anzahl von Räten. Die eine Hälfte der Mitglieder des Oberverwaltungsgerichts muß zum Richteramte, die andere Hälfte zur Bekleidung von höheren Verwaltungsämtern befähigt[5] sein.

Zum Mitgliede des Oberverwaltungsgerichts kann nur ernannt werden, wer das 30. Lebensjahr vollendet hat.

1. Einführung in Pyrmont, Vdg. v. 31. 3. 1922 (GS. 70) Art. 2 I 4. Erläuterung bei Friedrichs, Landesverwaltungsgesetz 396—403. Die nicht abgedruckten §§ 1—16a, 31—87a, 89 sind durch LVG. § 154 II aufgehoben.

2. Vgl. EmschertalG. v. 14. 7. 1904 (GS. 175) § 21 II. Auslegungsstreitigkeiten in Berlin, G. v. 27. 4. 1920 (GS. 123) § 58 Nr. 11 (2). Eingliederung des Landeswasseramts, Vdg. v. 12. 3. 1924 (GS. 130).

3. Vgl. die Festnummer zum 25jährigen Bestehen PrVBl. 22, 73 ff., zum 50jährigen Bestehen PrVBl. 47, 73 ff.

4. darunter ein Vizepräsident.

5. G. v. 10. 8. 1906 über die Befähigung zum höheren Verwaltungsdienste (GS. 378) § 10 Nr. 2, geändert durch G. v. 8. 7. 1920 (GS. 388) AusfAnw. v. 2. 8. 1914 (MinBlInn. 235) geändert durch Erl. Min. Inn. Fin. v. 30. 12. 1924 (MinBlInn. 1925, 3). Bei der Besetzung der einzelnen Senate kommt es nicht darauf an, wie viele aus der Zahl der als Richter befähigten und wie viele aus der Zahl der als Verwaltungsbeamte befähigten anwesend sind.

§ 18. Die Mitglieder des Oberverwaltungsgerichts werden [auf den Vorschlag des Staatsministeriums vom Könige[1]] ernannt. Die Ernennung erfolgt auf Lebenszeit.

1. vom Staatsministerium, Pr. Verf. v. 30. 11. 1920 (GS. 543) Art. 82 (1).

§ 19. Die Mitglieder des Oberverwaltungsgerichts können ein besoldetes Nebenamt nur in den Fällen bekleiden, in denen das Gesetz die Übertragung eines solchen Amtes an etatsmäßig angestellte Richter[1] gestattet.

1. Besondere Verbote für Richter bestehen weder nach Reichsrecht noch nach Landesrecht. Für Beamte im allgemeinen gelten Kgl. KabO. v. 13. 7. 1839 (GS. 235); GewO. v. 17. 1. 1845 (GS. 41) § 19; RGewO. § 12 II; KabO. v. 25. 7. 1840 (MinBlInn. 436); G. v. 10. 6. 1874 (GS. 244) § 1; Erl. Min. Inn. Landw. v. 21. 12. 1886 (PrVBl. 8, Beilage 32 S. 117).

§ 20. Die Mitglieder des Oberverwaltungsgerichts unterliegen, vorbehaltlich der Bestimmungen der §§ 21 ff., keinem Disziplinarverfahren.

§ 21. Ist ein Mitglied zu einer Strafe wegen einer entehrenden Handlung oder zu einer Freiheitsstrafe von längerer als einjähriger Dauer rechtskräftig verurteilt, so kann es durch Plenarbeschluß[1] des Oberverwaltungsgerichts seines Amtes und seines Gehalts für verlustig erklärt werden[2].

1. Aufrecht erhalten in G. v. 8. 5. 1889 (Nr. 7) § 1 VI nicht berührt durch G. v. 13. 5. 1918 (GS. 53) Art. 8.

2. Vgl. GVG. § 128 I.

§ 22[1]. Ist wegen eines Verbrechens oder Vergehens das Hauptverfahren gegen ein Mitglied eröffnet, so kann die vorläufige Enthebung desselben von seinem Amte durch Plenarbeschluß[2] des Oberverwaltungsgerichts ausgesprochen werden.

Wird gegen ein Mitglied die Untersuchungshaft verhängt, so tritt für die Dauer derselben die vorläufige Enthebung von Rechts wegen ein.

Durch die vorläufige Enthebung wird das Recht auf den Genuß des Gehalts nicht berührt[3].

1. Auf die Laienmitglieder (des wasserwirtschaftlichen Senats) finden §§ 22, 25 Anwendung: An den Sitzungen des Plenums nehmen sie nicht Teil, Vdg. StMin. v. 12. 3. 1924 (GS. 130) § 2 (2).

2. Aufrecht erhalten wie § 21 Anm. 1.

3. Vgl. GVG. § 129.

§ 23. Wenn ein Mitglied durch ein körperliches Gebrechen oder durch Schwäche seiner körperlichen oder geistigen Kräfte zur Erfüllung seiner Amtspflichten dauernd unfähig wird, so tritt seine Versetzung in den Ruhestand gegen Gewährung eines Ruhegehalts ein[1].

1. Vgl. GVG. § 130 I.

§ 24. Wird die Versetzung eines Mitglieds in den Ruhestand nicht beantragt, obgleich die Voraussetzungen derselben vorliegen, so hat der Präsident an das Mitglied die Aufforderung zu erlassen, binnen einer bestimmten Frist den Antrag zu stellen. Wird dieser Aufforderung nicht Folge geleistet, so ist die Versetzung in den Ruhestand durch Plenarbeschluß[1] des Oberverwaltungsgerichts auszusprechen[2].

1. Aufrecht erhalten wie § 21 Anm. 1.
2. Vgl. GVG. § 131 I.

§ 25[1]. Für das nach Maßgabe der §§ 21, 22 Absatz 1 und § 24 einzuleitende Verfahren gelten die folgenden Bestimmungen:

1) Der Präsident ernennt aus der Zahl der Mitglieder des Oberverwaltungsgerichts einen Kommissar.

   Der Kommissar hat die das Verfahren begründenden Tatsachen zu erörtern, erforderlichen Falls den Beweis unter Vorladung des beteiligten Mitglieds zu erheben und darüber Bericht zu erstatten.

   Der Bericht ist dem beteiligten Mitgliede zuzufertigen.

2) Vor der Beschlußfassung findet eine mündliche Verhandlung vor dem Oberverwaltungsgerichte statt. In derselben kann die mündliche Vernehmung von Zeugen und Sachverständigen erfolgen. Das beteiligte Mitglied beziehungsweise sein Kurator[2] ist zu hören.

3) Das beteiligte Mitglied kann sich des Beistandes oder der Vertretung eines Rechtsanwaltes bedienen, jedoch ist das Oberverwaltungsgericht befugt, das persönliche Erscheinen des Mit-

gliedes unter der Warnung anzuordnen, daß bei seinem Ausbleiben ein Vertreter desselben nicht werde zugelassen werden.

4) Die Einleitung des Verfahrens gegen den Präsidenten erfolgt durch den Stellvertreter desselben auf Grund eines Plenarbeschlusses des Oberverwaltungsgerichts.

1. Laienmitglieder wie § 22 Anm. 1.

2. BGB. §§ 1896, 1906, 1910.

§ 26[1]. Das Oberverwaltungsgericht kann auf Beschluß des Staatsministeriums in Senate[2] eingeteilt werden.

Das Präsidium[3] bezeichnet bei Beginn jedes Geschäftsjahres und mindestens auf die Dauer desselben für jeden Senat die ständigen Mitglieder und für den Fall ihrer Verhinderung die erforderlichen Vertreter.

In gleicher Weise erfolgt nach Maßgabe des hierfür erlassenen Regulativs (§ 30) die Verteilung der Geschäfte unter die Senate[4].

Das Präsidium besteht aus dem Präsidenten, den Senatspräsidenten und dem dem Dienstalter nach, bei gleichem Dienstalter dem der Geburt nach ältesten Mitgliede. Das Präsidium entscheidet nach Stimmenmehrheit; im Falle der Stimmengleichheit gibt die Stimme des Präsidenten den Ausschlag.

1. §§ 26—30 auf den wasserwirtschaftlichen Senat anwendbar mit Maßgaben, Vdg. StMin. v. 12. 3. 1924 (GS. 130) Art. I § 3.

2. Die Einteilung in Senate ist in den G. v. 8. 5. 1889 (Nr. 7) und 26. 3. 1893 (GS. 60) als etwas notwendiges vorausgesetzt. Zurzeit bestehen 7 Senate mit der Bezeich-

nung I, II, III, IV, V, VII, VIII; der V. Senat ist der wasserwirtschaftliche.

3. Vgl. GVG. § 133.

4. Abs. II, III waren auch anwendbar auf die Kammern der Steuersenate G. v. 26. 3. 1893 (GS. 60) Art. 1 II.

§ 27. Dem Präsidenten gebührt der Vorsitz im Plenum und in demjenigen Senate, welchem er sich anschließt: in den anderen Senaten führt ein Senatspräsident den Vorsitz.

Im Falle der Verhinderung des ordentlichen Vorsitzenden führt den Vorsitz in Plenum derjenige Senatspräsident und in den Senaten derjenige Rat des Senats, welcher das gedachte Amt am längsten bekleidet, und bei gleichem Dienstalter derjenige, welcher der Geburt nach der Älteste ist[1].

1. Vgl. GVG. §§ 61, 65.

§ 28. Zur Fassung gültiger Beschlüsse des Oberverwaltungsgerichts ist die Teilnahme von wenigstens fünf Mitgliedern erforderlich.

Die Zahl der Mitglieder, welche bei Fassung eines Beschlusses eine entscheidende Stimme führen, muß in allen Fällen eine ungerade sein. Ist die Zahl der anwesenden Mitglieder eine gerade, so hat der zuletzt ernannte Rat und bei gleichem Dienstalter der der Geburt nach jüngere Rat kein Stimmrecht. Dem Berichterstatter steht jedoch in allen Fällen Stimmrecht zu[1].

1. Vgl. GVG. § 139 II.

§ 29. Will ein Senat des Oberverwaltungsgerichtes in einer Rechtsfrage von einer früheren Entscheidung eines anderen Senats oder des Plenums abweichen, so Ia

ist über die streitige Rechtsfrage die Entscheidung des Plenums des Gerichtshofes einzuholen. Dieselbe erfolgt in allen Fällen ohne vorgängige mündliche Verhandlung. Vor der Entscheidung des Plenums ist jedoch den von den Ressortministern zur Wahrnehmung des öffentlichen Interesses bestellten Kommissarien Gelegenheit zu geben, sich schriftlich über die zur Entscheidung stehende Rechtsfrage zu äußern.

Ib **Die Entscheidung der Rechtsfrage durch das Plenum ist in der zu entscheidenden Sache bindend.**

Ic **Soweit die Entscheidung der Sache eine vorgängige mündliche Verhandlung erfordert, erfolgt dieselbe durch den erkennenden Senat auf Grund einer erneuten mündlichen Verhandlung, zu welcher die Parteien unter Mitteilung der ergangenen Entscheidung der Rechtsfrage zu laden sind[1].**

II Zur Fassung von Plenarentscheidungen ist die Teilnahme von wenigstens zwei Dritteln aller Mitglieder erforderlich[2].

1. Abs. Ia, Ib, Ic in der Fassung des G. v. 27. 5. 1888 (GS. 226). Dazu gilt, wenn auch unpraktisch geworden, aus dem G. v. 26. 3. 1893 (GS. 60) der Art. 5 Abs. II:

Will ein Steuersenat von der Entscheidung eines anderen Steuersenats oder einer Kammer eines solchen oder der vereinigten Steuersenate abweichen, so bedarf es der Entscheidung der Vereinigten Steuersenate.

2. Vgl. GVG. § 132 I.

§ 30. Im übrigen wird der Geschäftsgang und die Verteilung der Geschäfte unter die Senate durch ein Regulativ[1] geordnet, welches das Plenum des Oberverwaltungsgerichts zu entwerfen und dem Staatsministerium zur Bestätigung einzureichen hat.

Die Ernennung der erforderlichen Subaltern- und Unterbeamten bei dem Oberverwaltungsgerichte erfolgt, insoweit sie nicht durch das Geschäftsregulativ dem Präsidenten überwiesen wird, durch das Staatsministerium[2].

1. Regul. v. 22. 2. 1892 (MinBlInn. 133); Nachtrag v. 15. 3. 1893 (MinBlInn. 123).

2. § 30 war auch anwendbar auf die Kammern der Steuersenate nach dem G. v. 26. 3. 1893 (GS. 60), von dem seit dem 1. 4. 1900 kein Gebrauch mehr gemacht wird.

§ 30a. Die Disziplin über die bei dem Oberverwaltungsgerichte angestellten Subaltern- und Unterbeamten übt der Präsident mit denjenigen Befugnissen, welche nach dem Gesetze, betreffend die Dienstvergehen der nicht richterlichen Beamten usw., vom 21. Juli 1852 den Ministern in Ansehung der ihnen untergeordneten Beamten zustehen. Die Einleitung des Disziplinarverfahrens auf Entfernung aus dem Amte, die Ernennung des Untersuchungskommissars und des Vertreters der Staatsanwaltschaft erfolgt durch den Präsidenten; entscheidende[1] Behörde erster und letzter Instanz ist das Oberverwaltungsgericht[2].

1. LVG. § 157 Nr. 2.

2. Disziplinarsenat G. v. 8. 5. 1889 (Nr. 7) § 1 I, zeitweilig der I. Senat.

Titel X.

Schluß- und Übergangsbestimmungen.

§ 88. Die Stelle eines Mitgliedes des Oberverwaltungsgerichts darf als Nebenamt fortan nicht mehr verliehen werden.

7. Gesetz vom 8. Mai 1889, betreffend das Disziplinarverfahren bei dem Oberverwaltungsgericht.

(GS. 107)[1].

Wir Wilhelm, von Gottes Gnaden König von Preußen usw. verordnen, mit Zustimmung beider Häuser des Landtages, für den gesamten Umfang der Monarchie, was folgt:

I **§ 1.** [Zur Entscheidung in denjenigen auf Entfernung aus dem Amte gerichteten förmlichen Disziplinaruntersuchungen, in welchen die Gesetze zu derselben das Plenum des Oberverwaltungsgerichts oder das Oberverwaltungsgericht berufen, wird bei demselben ein Disziplinarsenat in der Besetzung von zwei Präsidenten und sieben Räten dieses Gerichtshofes gebildet. Den Vorsitz in diesem Senate führt der Präsident des Gerichtshofes, und im Falle seiner Verhinderung derjenige Senatspräsident, welcher dieses Amt am längsten bekleidet.]

II [Im übrigen setzt sich der Disziplinarsenat in der Weise zusammen, daß bis zur Erfüllung der gesetzlichen Zahl den ständigen Mitgliedern des Ersten Senats derjenige Senatspräsident sowie diejenigen Räte des Gerichtshofes hinzutreten, welche ihr Amt am längsten bekleiden, und bei gleichem Dienstalter diejenigen, welche der Geburt nach die ältesten sind. Die im einzelnen Falle an der Teilnahme tatsächlich oder rechtlich Behinderten kommen hierbei nicht in Betracht.]

[Die Zuständigkeit des Disziplinarsenats erstreckt sich auch auf das Verfahren, in welchem über die Tatsache der Dienstunfähigkeit von Beamten Entscheidung zu treffen ist.]

III [Die für das Verfahren der einzelnen Senate des Oberverwaltungsgerichts geltenden Vorschriften finden auch auf den Disziplinarsenat Anwendung.]

IV **Zur Entscheidung in denjenigen auf Entfernung aus dem Amte gerichteten förmlichen Disziplinaruntersuchungen, in denen die Gesetze hierzu das Plenum des Oberverwaltungsgerichts oder das Oberverwaltungsgericht berufen, ist der erste Senat dieses Gerichtshofs zuständig[2].**

V Die Entscheidung auf Klagen, welche die Verhängung von Ordnungsstrafen zum Gegenstande haben, steht bei dem Oberverwaltungsgerichte dem Ersten Senate desselben zu.

VI Bezüglich der Mitglieder des Oberverwaltungsgerichts bewendet es auch fernerhin bei den §§ 21, 22 und 24 des Gesetzes, betreffend die Verfassung der Verwaltungsgerichte usw., vom $\frac{\text{3. Juli 1875}}{\text{2. August 1880}}$ (Gesetz-Samml. von 1880 S. 328).

1. Erläutert bei Friedrichs LVG. 405.

2. Tritt vorübergehend an Stelle des Abs. I—IV nach dem G. v. 13. 5. 1918 (GS. 53) Art. 8. Geltung verlängert bis 11. 11. 1927, vgl. LVG. (Nr. 1) § 31 Anm. 3.

§ 2. Der § 1 dieses Gesetzes findet auf alle zur Zeit seines Inkrafttretens noch nicht endgültig entschiedenen Sachen Anwendung.

Urkundlich unter Unserer Höchsteigenhändigen Unterschrift und beigedrucktem Königlichen Insiegel.

Gegeben im Schloß zu Berlin, den 8. Mai 1889.

(L. S.) **Wilhelm.**

Fürst v. Bismarck. v. Boetticher. v. Maybach. Frhr. Lucius v. Ballhausen. v. Goßler. v. Scholz. Gr. v. Bismarck. Herrfurth. v. Schelling. v. Verdy.

Anhang III.

Sonderbestimmungen für Berlin[1].

8. Verordnung vom 26. Januar 1881 zur Ausführung des § 35 des Gesetzes über die Organisation der allgemeinen Landesverwaltung vom 26. Juli 1880.

(GS. 14).

Wir Wilhelm, von Gottes Gnaden König von Preußen usw., verordnen auf Grund des § 35 des Gesetzes über die Organisation der allgemeinen Landesverwaltung vom 26. Juli 1880 (Gesetz-Samml. S. 291), was folgt:

Art. 1. Mit dem 1. April 1881 wird die Verwaltung der Invaliden-Pensions- und Unterstützungs-Angelegenheiten der in Berlin wohnhaften Militär- und Marine-Invaliden[2] aus dem Stande vom Feldwebel abwärts, sowie der Angelegenheiten, betreffend die Unterstützung der hinterbliebenen Eltern, Kinder und Witwen solcher Personen, soweit diese Verwaltung bisher von der Abteilung des Innern der Regierung zu Potsdam geführt worden ist, dem Polizeipräsidenten von Berlin übertragen.

Mit demselben Zeitpunkt gehen alle sonstigen Zuständigkeiten der gedachten Regierungsabteilung in betreff Berlins gleich der bereits durch § 35 des Organisationsgesetzes vom 26. Juli 1880[3] dem Oberpräsidenten von Berlin übertragenen Aufsicht des Staats über die Verwaltung der Gemeindeangelegenheiten der Stadt Berlin auf den Oberpräsidenten von Berlin über.

1. Die in der ersten Auflage enthaltenen Sonderbestimmungen für Potsdam und Posen werden wegen ihres geringen örtlichen Geltungsbereichs nicht wiederholt. Von den Sonderbestimmungen für Berlin ist alles, was sich auf den Landespolizeibezirk Berlin bezog, aufgehoben durch das G. v. 27. 4. 1920 (GS. 123), die übrigen Sonderbestimmungen dagegen nicht.

2. Vgl. RVdg. v. 1. 2. 1919 über Änderung des Verfahrens in Militärversorgungssachen (RGBl. 149) geändert durch G. v. 15. 5. 1920 (RGBl. 1064), ferner RG. v. 15. 5. 1920 über die Versorgungsbehörden (RGBl. 1063). ReichsversorgungsG. v. 12. 5. 1920 (RGBl. 989).

3. Wiederholt in LVG. § 42.

Art. 2. Der Minister des Innern wird mit der Ausführung dieser Verordnung beauftragt.

Urkundlich unter Unserer Höchsteigenhändigen Unterschrift und beigedrucktem Königlichen Insiegel.

Gegeben Berlin, den 26. Januar 1881.

(L. S.) Wilhelm.

Gr. zu Eulenburg.

9. Gesetz vom 12. Juni 1889, betreffend die Übertragung polizeilicher Befugnisse in den Kreisen Teltow und Niederbarnim, [sowie im Stadtkreise Charlottenburg[1]] an den Polizeipräsidenten zu Berlin.

(GS. 129)[2].

Wir Wilhelm, von Gottes Gnaden König von Preußen usw. verordnen, unter Zustimmung beider Häuser des Landtages, für die Kreise Teltow und Niederbarnim [sowie für den Stadtkreis Charlottenburg], was folgt:

§ 1. Der Minister des Innern wird ermächtigt, die orts- und landespolizeiliche Zuständigkeit des Polizeipräsidenten zu Berlin mit Zustimmung des Provinzialrates der Provinz Brandenburg [auf die Stadt Charlottenburg und] auf die Kreise Osthavelland, Teltow und Niederbarnim oder auf Teile dieser Kreise nach den Bestimmungen des gegenwärtigen Gesetzes zu erstrecken.

1. Geltungsbereich eingeengt durch G. v. 13. 6. 1900 (GS. 247), v. 27. 3. 1907 (GS. 37), v. 7. 3. 1908 (GS. 21) und zuletzt durch G. v. 27. 4. 1920 über die Bildung einer neuen Stadtgemeinde Berlin (GS. 123) zugleich aber ebenda § 33 (1) ausgedehnt auf den Kreis Osthavelland.

2. Erläutert in Genzmer, die Polizei (1905) 75; Friedrichs, LandesverwaltungsG. (1910) 691.

§ 2. Der Minister des Innern bestimmt im Einverständnisse mit dem Provinzialrat den Umfang der

Zuständigkeiten, für welche die Erstreckung gelten soll. Jedoch bleiben von der Erstreckung ausgeschlossen die Bau-, Gewerbe-, Schul-, Markt-, Feld-, Jagd-, Forst-, Gesinde-, Armen-, Wege-, Wasser-, Fischerei- und Feuerpolizei.

§ 3. Orts-[1] und landespolizeiliche[2] Verordnungen, welche von dem Polizeipräsidenten von Berlin in den durch die §§ 1 und 2 seiner Verwaltung unterstellten Angelegenheiten erlassen werden, bedürfen der Zustimmung des Oberpräsidenten.

Vor dem Erlasse ortspolizeilicher Verordnungen ist der Magistrat der betreffenden Stadt beziehungsweise der Amtsausschuß des betreffenden Bezirks zu hören.

Gegen die ortspolizeilichen Verfügungen des Polizeipräsidenten zu Berlin findet gemäß den Vorschriften in den §§ 127 ff. des Gesetzes über die allgemeine Landesverwaltung vom 30. Juli 1883 (Gesetz-Samml. S. 195 ff.) die Beschwerde an den Oberpräsidenten[3] oder die Klage bei dem Bezirksausschusse zu Potsdam[4] statt.

1. Ausnahme von LVG. § 143 KrO. § 62.
2. Ausnahme von LVG. § 139, übereinstimmend mit LVG. § 43 III.
3. Vgl. LVG. § 127, I, c.
4. Vgl. LVG. § 128, I, b.

§ 4[1].

1. erledigte Übergangsvorschrift.

§ 5. Bei Feuersbrünsten, Aufläufen, Tumulten und ähnlichen Störungen der öffentlichen Ruhe und

Ordnung sind in Fällen, welche keinen Aufschub zulassen, die Exekutivbeamten des Polizeipräsidiums zu Berlin in den der Stadt Berlin benachbarten Amtsbezirken [sowie im Polizeibezirke der Stadt Charlottenburg][1] auch ohne vorangegangenes Ersuchen der zuständigen Ortspolizeibehörde Amtshandlungen vorzunehmen berechtigt. Der letzteren ist jedoch von der Vornahme der Amtshandlungen unverzüglich Anzeige zu erstatten. Auch ist bei dem Eintreffen des Ortspolizeiverwalters oder seines Stellvertreters den Anordnungen desselben Folge zu leisten.

[Die vorstehenden Bestimmungen finden auf die Exekutivbeamten der Polizeidirektion zu Charlottenburg mit der Ausdehnung sinngemäße Anwendung, daß dieselben auch in dem Polizeibezirke der Stadt Berlin Amtshandlungen vorzunehmen befugt sind][1].

1. s. § 1 Anm. 1.

§ 6. Der Minister des Innern ist mit der Ausführung dieses Gesetzes beauftragt und erläßt die hierzu erforderlichen Anordnungen und Anweisungen.

Urkundlich unter Unserer Höchsteigenhändigen Unterschrift und beigedrucktem Königlichen Insiegel.

Gegeben Neues Palais, den 12. Juni 1889.

(L. S.) **Wilhelm.**

Fürst v. Bismarck. v. Boetticher. v. Maybach.
Frhr. Lucius v. Ballhausen. v. Goßler.
v. Scholz. Gr. v. Bismarck. Herrfurth.
v. Schelling. v. Verdy.

Anhang IV.

Ergänzungen des Zuständigkeitsgesetzes.

10. Verordnung vom 31. Dezember 1883 zur Ausführung des Reichsgesetzes vom 1. Juli 1883, betreffend Abänderung der Gewerbeordnung.

(GS. 1884, 7)[1].

Wir Wilhelm, von Gottes Gnaden König von Preußen usw. verordnen zur Ausführung des Reichsgesetzes vom 1. Juli 1883, betreffend Abänderung der Gewerbeordnung (Reichs-Gesetzbl. S. 159) auf Grund des § 121 des Gesetzes vom 1. August 1883 über die Zuständigkeit der Verwaltungs- und Verwaltungsgerichtsbehörden (Gesetz-Samml. S. 237), was folgt:

I § 1. Der Kreis- (Stadt-) Ausschuß beschließt[2]

a) über die Erteilung der Erlaubnis an diejenigen, welche gewerbsmäßig in ihren Wirtschafts- oder sonstigen Räumen Singspiele, Gesangs- und deklamatorische Vorträge, Schaustellungen von Personen oder theatralische Vorstellungen, ohne daß ein höheres Interesse der Kunst oder Wissenschaft dabei obwaltet, öffentlich veranstalten oder zu deren öffentlicher Veranstaltung ihre Räume benutzen lassen wollen (§ 33a der Reichs-Gewerbeordnung)[3],

b) über Anträge auf Erteilung der Erlaubnis, innerhalb des Gemeindebezirks des Wohnsitzes oder der gewerblichen Niederlassung den im

§ 42b Abs. 1 der Reichs-Gewerbeordnung[4] bezeichneten Gewerbebetrieb auszuüben, soweit es dazu der Erlaubnis bedarf.

Wird die Erlaubnis versagt, so steht dem Antragsteller innerhalb zwei Wochen der Antrag auf mündliche Verhandlung[5] im Verwaltungsstreitverfahren vor dem Kreis- (Stadt-) Ausschusse zu. II

Die Entscheidung des Bezirksausschusses ist endgültig[6]. III

In den zu einem Landkreise gehörigen Städten mit mehr als 10 000 Einwohnern[7] tritt an die Stelle des Kreisausschusses der Magistrat (kollegialische Gemeindevorstand)[8]. IV

1. Erläutert in Friedrichs, Zuständigkeitsgesetz S. 233.
2. LVG. §§ 115—126.
3. AusfAnw. v. 1. 5. 1904 z. GewO. (MinBlHand. 123) Nr. 49; VGO. v. 30. 12. 1926 TarifSt. 30, Ik.
4. AusfAnw. Nr. 56. VGO. TarifSt. 30 Ia.
5. LVG. §§ 69, 74 III.
6. Ausnahme von LVG. § 93.
7. ZustG. (Nr. 2) § 162.
8. LVG. § 4 II, III.

§ 2[1]. Gegen Verfügungen der unteren Verwaltungsbehörden, durch welche Reichsangehörigen

a) eine Gewerbelegitimationskarte (§ 44a Abs. 6 a. a. O.[2]) versagt,

b) eine Gewerbelegitimationskarte oder eine Legitimationskarte zum Aufsuchen von Warenbestellungen oder zum Aufkaufen von Waren (§ 44a Abs. 1 a. a. O.) durch Zurücknahme entzogen

worden ist, findet innerhalb zwei Wochen die Klage

bei dem Bezirksausschusse statt[3], gegen dessen Endurteile nur das Rechtsmittel der Revision zulässig ist.

1. Abänderung zu ZustG. (Nr. 2) § 117.
2. AusfAnw. Nr. 57; Bek. BundesR. v. 27. 11. 1896 (RGBl. 745).
3. LVG. § 69. Verfahren GewO. §§ 20, 21, 44a V, 63.

§ 3. Der Bezirksausschuß, im Stadtkreis Berlin der Polizeipräsident, beschließt über Anträge auf Genehmigung des im § 56 Abs. 4 a. a. O.[1] vorgesehenen Druckschriftenverzeichnisses[2].

Gegen den versagenden Beschluß des Bezirksausschusses findet der Antrag auf mündliche Verhandlung im Verwaltungsstreitverfahren[3], gegen den versagenden Beschluß des Polizeipräsidenten die Klage bei dem Bezirksausschusse innerhalb zwei Wochen[4] statt.

Gegen die Endurteile des Bezirksausschusses ist nur das Rechtsmittel der Revision zulässig.

1. AusfAnw. Nr. 74, 75.
2. Schund- und Schmutzschriften, G. v. 18. 12. 1926 (RGBl. I 505) § 1 (1) 1.
3. LVG. § 69. Verfahren GewO. §§ 20, 21, 63 I.
4. LVG. § 52.

§ 4. Der Kreisausschuß, in Stadtkreisen und in den zu einem Landkreise gehörigen Städten mit mehr als 10 000 Einwohnern[1] der Bezirksausschuß, entscheidet[2] auf Klage der Ortspolizeibehörde[3]

a) über die Zurücknahme der Erlaubnis zu dem im § 33a der Reichs-Gewerbeordnung bezeichneten Gewerbebetrieb und über die Untersagung desselben[4],
b) über die Zurücknahme der Erlaubnis, innerhalb

des Gemeindebezirks des Wohnorts oder der gewerblichen Niederlassung den im § 42b Abs. 1 a. a. O. bezeichneten Gewerbebetrieb auszuüben[5],

c) über die Untersagung des im § 42b Abs. 1 a. a. O. bezeichneten Gewerbebetriebes mit den im § 59 Ziffer 1 und 2 aufgeführten Erzeugnissen und Waren, falls eine solche Untersagung nach § 42b Abs. 3 zugelassen worden ist[6],

d) über die Untersagung des Gewerbebetriebes solcher Pfandleiher, welche den Gewerbebetrieb vor dem Inkrafttreten des Gesetzes vom 23. Juli 1879 begonnen haben (§ 53 Abs. 3 der Reichs-Gewerbeordnung)[7],

e) über die Untersagung des ohne Wandergewerbeschein zulässigen Gewerbebetriebes im Umherziehen (a. a. O. § 59a)[8].

1. ZustG. § 162.

2. Verfahren GewO. §§ 20, 21, 40 II, 54, 63 I. Rechtsmittel LVG. §§ 82, 83, 93.

3. KrO. Hannover v. 6. 5. 1884 (GS. 181) § 35 Nr. 6, 7, § 36; Hessen-Nassau v. 7. 6. 1885 (GS. 193) § 31 Nr. 2, 3; AusfAnw. z. GewO. Nr. 58—62.

4. GewO. §§ 33a III, 40 II.

5. GewO. §§ 42b II, 58, 63 I.

6. GewO. §§ 42b III, 63 I.

7. GewO. § 54.

8. GewO. §§ 57 Nr. 1—4, 59a, 63 I.

§ 5. Der Bezirksausschuß entscheidet[1] auf Klage der Ortspolizeibehörde[2] über die Zurücknahme des Wandergewerbescheins (§ 58 a. a. O.), der Ausdehnung desselben (§ 60 Abs. 3 a. a. O.) und der Erlaubnis, bei dem Gewerbebetrieb im Umherziehen andere Personen von Ort zu Ort mitzuführen, in den Fällen des § 62 Abs. 2 a. a. O.

1. § 4 Anm. 2. GewO. §§ 20, 21, 63 I.
2. § 4 Anm. 3.

§ 6. Diese Verordnung tritt gleichzeitig mit dem Gesetz vom 30. Juli 1883 über die allgemeine Landesverwaltung (Gesetz-Samml. S. 195)[1] in Kraft.

1. LVG. §§ 154, 155.

Urkundlich unter Unserer Höchsteigenhändigen Unterschrift und beigedrucktem Königlichen Insiegel.

Gegeben Berlin, den 31. Dezember 1883.

(L. S.) **Wilhelm.**

Für den Minister für Handel und Gewerbe:

v. Puttkamer. v. Boetticher.

---

11. Gesetz vom 26. Mai 1887, betreffend die Feststellung von Anforderungen für Volksschulen.

(GS. 175)[1].

Wir Wilhelm, von Gottes Gnaden König von Preußen usw. verordnen, mit Zustimmung beider Häuser des Landtages der Monarchie, über die Feststellung von Anforderungen für Volksschulen, was folgt:

§ 1. Unter Volksschulen im Sinne dieses Gesetzes sind diejenigen öffentlichen Schuleinrichtungen zu verstehen, welche zur Erfüllung der allgemeinen Schulpflicht dienen.

1. Das Gesetz ist in G. v. 28. 7. 1906, betr. die Unterhaltung der öffentlichen Volksschulen (GS. 335) §§ 14 III, 36 X, 37 II, 39 II als fortbestehend anerkannt unter Einschränkung des Ermessens der Behörde. Nicht aufgehoben im VolksschullehrerDiensteinkommenG. v. 18. 2. 1925 (GS. 17) § 56. Vgl. Grotefend in VerwArch. 10, 73—112 (1902); Erläuterung in Friedrichs, Zuständigkeitsgesetz S. 91.

§ 2. Werden von den Schulaufsichtsbehörden für eine Volksschule Anforderungen gestellt, welche durch neue oder erhöhte Leistungen der zur Unterhaltung der Schule Verpflichteten (Gemeinden, Gutsbezirke, Schulgemeinden, Schulsozietäten, Schulkommunen usw. und dritte, statt derselben oder neben denselben Verpflichtete) zu gewähren sind, so wird in Ermangelung des Einverständnisses der Verpflichteten die zu gewährende Anforderung, soweit solche innerhalb der gesetzlichen Zuständigkeit nach dem Ermessen der Verwaltungsbehörden zu bestimmen ist, bei Landschulen durch Beschluß des Kreisausschusses, bei Stadtschulen durch Beschluß des Bezirksausschusses, insbesondere mit Rücksicht auf das Bedürfnis der Schule und auf die Leistungsfähigkeit der Verpflichteten festgestellt.

§ 3. Die Einleitung des Beschlußverfahrens[1] erfolgt auf Antrag der Schulaufsichtsbehörde. I

Gegen die Beschlüsse des Kreisausschusses beziehungsweise Bezirksausschusses ist binnen einer Frist von zwei Wochen nur die Beschwerde[2] an den Provinzialrat[3] zulässig. II

Die zuständige Behörde kann zur Vervollständigung der Beschwerde eine angemessene Nachfrist gewähren. Die Beschwerde hat aufschiebende Wirkung. III

VI Die Vorschrift des zweiten Absatzes findet auf die Hohenzollernschen Lande keine Anwendung[4]. Die Beschlußfassung des Bezirksausschusses in den Hohenzollernschen Landen bezüglich der Stadtschulen ist endgültig.

1. LVG. §§ 115—120.
2. LVG. § 123.
3. Im Stadtkreise Berlin an den Min. Wissensch. LVG § 43 I.
4. also Beschwerde gegen den KrA. an den BezA. nach LVG. § 121.

§ 4[1].

1. veraltete Übergangsbestimmung.

§ 5. Auf Schulbausachen im Sinne des § 47 Absatz 1 des Gesetzes über die Zuständigkeit der Verwaltungs und Verwaltungsgerichtsbehörden vom 1. August 1883 (Gesetz-Samml. S. 237) findet dies Gesetz keine Anwendung.

Auch bleiben die Vorschriften des Gesetzes vom 6. Juli 1885, betreffend die Pensionierung der Lehrer und Lehrerinnen an den öffentlichen Volksschulen (Gesetz-Samml. S. 298), unberührt[1].

1. Ergänzt durch G. v. 23. 7. 1893 (GS. 194). Vgl. Volksschullehrer-DiensteinkommenG. v. 18. 2. 1925 (GS. 17), § 56; AltruhegehaltsG. v. 17. 12. 1920 (GS. 655).

§ 6. Für die Provinz Posen bewendet es bei den bestehenden Bestimmungen[1].

1. Zuständigkeit der Regierung Abt. II, RegInstr. v. 23. 10. 1817 § 2 Nr. 6, § 18; KabO. v. 31. 12. 1825 unter D II 1, und in 2. Instanz des UntMin.; nicht berührt durch G. v. 21. 7. 1922 (GS. 171).

§ 7. Der Minister des Innern und der Minister der geistlichen, Unterrichts- und Medizinal-Angelegenheiten[1] sind mit der Ausführung dieses Gesetzes beauftragt.

Urkundlich unter Unserer Höchsteigenhändigen Unterschrift und beigedrucktem Königlichen Insiegel.

Gegeben Berlin, den 26. Mai 1887.

(L. S.) Wilhelm.

Fürst v. Bismarck. v. Puttkamer. Maybach. Lucius. Friedberg. v. Boetticher. v. Goßler. v. Scholz. Bronsart v. Schellendorff.

1) jetzt Ministerium für Wissenschaft, Kunst und Volksbildung.

---

12. Verordnung vom 28. Mai 1890, betreffend die Zuständigkeit der Verwaltungsgerichte und den Instanzenzug für Streitigkeiten, welche nach reichsgesetzlicher Vorschrift im Verwaltungsstreitverfahren zu entscheiden sind.

(GS. 135.)[1]

Wir Wilhelm, von Gottes Gnaden König von Preußen usw. verordnen auf Grund des Gesetzes, zur Ergänzung des § 7 des Gesetzes über die allgemeine Landesverwaltung vom 30. Juli 1883, vom 27. April 1885 (Gesetz-Samml. S. 127)[2], was folgt:

Einziger Paragraph.

Über die Auflösung einer eingetragenen Genossenschaft [nach § 79 Absatz 2] des Reichsgesetzes, betreffend die Erwerbs- und Wirtschaftsgenossenschaften, [vom

1. Mai 1889 (Reichs-Gesetzbl. S. 55)][3] entscheidet im Verwaltungsstreitverfahren auf Klage des Regierungspräsidenten der Bezirksausschuß[4].

Urkundlich unter Unserer Höchsteigenhändigen Unterschrift und beigedrucktem Königlichen Insiegel.

Gegeben Neues Palais, den 28. Mai 1890.

(L. S.) Wilhelm.

Herrfurth. Frhr. v. Berlepsch.

1. Erläutert in Friedrichs, Zuständigkeitsgesetz S. 264.
2. Nr. 4 dieser Ausgabe.
3. jetzt in der Fassung der Bek. v. 20. 5. 1898 (RGBl. 810) § 81. Sachlich sind keine Veränderungen eingetreten.
4. GewO. §§ 20, 21 nicht anwendbar. Berufung LVG. § 83.

13. Verordnung vom 20. August 1894 zur Ausführung des Artikels 3 des internationalen Vertrages zur Unterdrückung des Branntweinhandels unter den Nordseefischern auf hoher See.

(GS. 161)[1].

Wir Wilhelm, von Gottes Gnaden König von Preußen usw. verordnen auf Grund des § 121 des Gesetzes über die Zuständigkeit der Verwaltungs- und Verwaltungsgerichtsbehörden vom 1. August 1883 (Gesetz-Samml. S. 237), was folgt:

Über Anträge auf Erteilung der Konzession zum Verkauf von Mundvorrat und anderer zu ihrem Gebrauch dienender Gegenstände, abgesehen von spirituösen Getränken, an Fischer —

Artikel 3 des internationalen Vertrages zur Unterdrückung des Branntweinhandels unter den Nordseefischern auf hoher See vom $\frac{\text{16. November 1887}}{\text{14. Februar 1893}}$ (Reichs-Gesetzbl. von 1894 S. 427) und § 2 des Gesetzes, betreffend die Ausführung dieses Vertrages vom 4. März 1894 (Reichs-Gesetzbl. S. 151) —, sowie über die Zurücknahme dieser Konzession, beschließt der Landrat, in Stadtkreisen die Ortspolizeibehörde[2].

Urkundlich unter Unserer Höchsteigenhändigen Unterschrift und beigedrucktem Königlichen Insiegel.

Gegeben Neues Palais, den 20. August 1894.

(L. S.) Wilhelm.

Für den Minister des Innern
und den Minister für Handel und Gewerbe:

v. Heyden.

1. Erläutert in Friedrichs, Zuständigkeitsgesetz S. 237.
2. des Heimathafens HGB. § 480; Rechtsmittel LVG. §§ 127—129.

---

14. Verordnung vom 19. August 1897, betreffend die Zuständigkeit der Verwaltungsgerichte und den Instanzenzug für Streitigkeiten, welche nach reichsgesetzlicher Vorschrift im Verwaltungsstreitverfahren zu entscheiden sind.

(GS. 401)[1].

Wir Wilhelm, von Gottes Gnaden König von Preußen usw. verordnen auf Grund des Gesetzes vom

27. April 1885 zur Ergänzung des § 7 des Gesetzes über die allgemeine Landesverwaltung vom 30. Juli 1883 (Gesetz-Samml. S. 187), was folgt:

Einziger Paragraph.

Gegen die Verfügung der unteren Verwaltungsbehörde[2], durch welche die Befugnis zum Halten und zur Anleitung von Lehrlingen entzogen wird (§ 126a Absatz 3 der Gewerbeordnung) oder durch welche die Befugnis zum Halten von Lehrlingen beschränkt wird (§ 128 Absatz 1 der Gewerbeordnung)[3], findet binnen zwei Wochen die Klage beim Kreis- (Stadt-) Ausschuß statt[4]. Die Entscheidung des Bezirksausschusses ist endgültig[5].

Urkundlich unter Unserer Höchsteigenhändigen Unterschrift und beigedrucktem Königlichen Insiegel.

Gegeben Wilhelmshöhe, den 19. August 1897.

(L. S.) **Wilhelm.**

Für den Minister für Handel und Gewerbe:

Frhr. v. d. Recke. Thielen.

1. Erläutert in Friedrichs, Zuständigkeitsgesetz S. 247.
2. in Städten über 10 000 Einwohner der Gemeindebehörde, im übrigen des Landrats AusfAnw. v. 1. 5. 1904 (MinBlHand. 123) Nr. 3.
3. AusfAnw. Nr. 204.
4. GewO. §§ 20, 21 sind nicht anzuwenden.
5. Ausnahme von LVG. § 93.

15. Verordnung vom 16. November 1899 zur Ausführung des Bürgerlichen Gesetzbuchs.

(GS. 562.) (Auszug.)

Wir Wilhelm, von Gottes Gnaden König von Preußen usw. verordnen zur Ausführung des Bürgerlichen Gesetzbuchs vom 18. August 1896, des zugehörigen Einführungsgesetzes und des Ausführungsgesetzes vom 20. September 1899 (Gesetz-Samml. S. 177), was folgt:

Artikel 2[1].

In den Fällen des § 43 des Bürgerlichen Gesetzbuchs[2] entscheidet über die Entziehung der Rechtsfähigkeit eines Vereins im Verwaltungsstreitverfahren[3] der Bezirksausschuß. Für die Erhebung der Klage ist der Landrat, in Stadtkreisen die Ortspolizeibehörde zuständig[4].

1. Art. 2 und 3 beruhen auf G. v. 27. 4. 1885 (Nr. 4). Die hier abgedruckten Artikel sind erläutert in Friedrichs, Zuständigkeitsgesetz S. 260.

2. und wohl auch G. m. b. H.-G. v. 20. 5. 1898 (RGBl. 810) § 62.

3. Verfahren BGB. § 44; G. m. b. H.-G. § 62. Die §§ 20, 21 GewO. sind nicht anzuwenden. Rechtsmittel LVG. § 83.

4. Zusammenstellung des Schrifttums von Stier-Somlo in VerwArch. 10, 524—528.

Artikel 3[1].

Für die Erhebung des Einspruchs gegen die Eintragung eines Vereins in das Vereinsregister oder gegen die Eintragung einer Änderung der Satzung eines eingetragenen Vereins (Bürgerliches Gesetzbuch §§ 61, 71) ist der Landrat, in Stadtkreisen die Ortspolizeibehörde zuständig[2].

Über die Rechtmäßigkeit des Einspruchs entscheidet im Verwaltungsstreitverfahren[3] der Bezirksausschuß[4].

1. Aufgehoben durch ReichsVerf. v. 11. 8. 1919 (RGBl 1383) Art. 124 II, Anschütz Erl. 3, Giese Erl. 8.
2. Erl. KultMin. v. 6. 2. 1904 (MinBlMed. 78).
3. GewO. §§ 20, 21 nicht anwendbar. Keine Klagefrist.
4. Berufung LVG. § 83.

Artikel 15.

Diese Verordnung tritt gleichzeitig mit dem Bürgerlichen Gesetzbuch[1] in Kraft.

Urkundlich unter Unserer Höchsteigenhändigen Unterschrift und beigedrucktem Königlichen Insiegel.

Gegeben Neues Palais, den 16. November 1899.

(L. S.) Wilhelm

Fürst zu Hohenlohe. v. Miquel. Thielen. Frhr. v. Hammerstein. Schönstedt. Brefeld. v. Goßler. Gr. v. Posadowsky. Gr. v. Bülow. Tirpitz. Studt. Frhr. v. Rheinbaben.

1. 1. Januar 1900, EG. z. BGB. Art. 1.

---

16. Verordnung vom 30. Juli 1900 zur Ausführung des Reichsgesetzes, betreffend die Abänderung der Gewerbeordnung vom 30. Juni 1900.

(GS. 308)[1].

Wir Wilhelm, von Gottes Gnaden König von Preußen usw. verordnen zur Ausführung des Reichsgesetzes, betreffend die Abänderung der Gewerbeordnung vom 30. Juni 1900 (Reichs-Gesetzbl. S. 321), auf Grund des § 121 des Gesetzes über die Zuständigkeit der Verwaltungs- und Verwaltungsgerichtsbehörden vom 1. August 1883 (Gesetz-Samml. S. 237), was folgt:

§ 1. Über Anträge auf Erteilung der Erlaubnis zum Betriebe des Gewerbes eines Pfandvermittlers[2] Gesindevermieters oder Stellenvermittlers[3] beschließt[4] der Kreis- (Stadt-) Ausschuß.

Wird die Erlaubnis versagt, so steht dem Antragsteller innerhalb zwei Wochen der Antrag auf mündliche Verhandlung[5] im Verwaltungsstreitverfahren[6] vor dem Kreis- (Stadt-) Ausschusse zu.

Die Entscheidung des Bezirksausschusses ist endgültig[7].

In den zu einem Landkreise gehörigen Städten mit mehr als 10000 Einwohnern[8] tritt an die Stelle des Kreisausschusses der Magistrat (kollegialische Gemeindevorstand)[9].

1. Erläutert in Friedrichs, Zuständigkeitsgesetz S. 238.
2. AusfAnw. v. 1. 5. 1904 zur GewO. (MinBlHand. 123) Nr. 50, 53; VerwGebO. v. 30. 12. 1926; TarifSt. 30 I h.
3. Ersetzt durch Vdg. v. 25. 7. 1910 (Nr. 20).
4. LVG. §§ 115—126.
5. LVG. §§ 69, 74 III.
6. GewO. §§ 20, 21. Berufung LVG. § 82.
7. Ausnahme von LVG. § 93.
8. ZustG. § 162.
9. LVG. § 4 II, III.

§ 2. Der Kreisausschuß, in Stadtkreisen und in den zu einem Landkreise gehörigen Städten mit mehr als 10000 Einwohnern[1] der Bezirksausschuß, entscheidet[2] auf Klage der Ortspolizeibehörde[3]:

a) über die Zurücknahme der Erlaubnis zum Betriebe des Gewerbes eines Pfandvermittlers [Gesindevermieters oder Stellenvermittlers][4],

b) über die Untersagung des Gewerbebetriebs solcher Pfandvermittler [Gesindevermieter und Stellenvermittler], welche vor dem 1. Oktober 1900 den Gewerbebetrieb begonnen haben (§ 53 Abs. 3 der Gewerbeordnung in der Fassung des Reichsgesetzes vom 30. Juni 1900).

1. ZustG. § 162.
2. Verfahren: GewO. §§ 20, 21, 40 II, 54; AusfAnw Nr. 59—62.
3. Vgl. ZustG. § 119 Anm. 3.
4. Aufgehoben wie § 1 Anm. 3.

§ 3. Diese Verordnung tritt am 1. Oktober 1900 in Kraft.

Urkundlich unter Unserer Höchsteigenhändigen Unterschrift und beigedrucktem Königlichen Insiegel.

Gegeben Helgoland, an Bord M. Y. „Hohenzollern", den 30. Juli 1900.

(L. S.) Wilhelm.

Für den Minister für Handel und Gewerbe
und den Minister des Innern.
Schönstedt.

17. Verordnung vom 30. Juni 1901 zur Ausführung des Reichsgesetzes über die privaten Versicherungsunternehmungen vom 12. Mai 1901.

(GS. 141)[1].

Wir Wilhelm, von Gottes Gnaden König von Preußen usw. verordnen zur Ausführung des Reichsgesetzes über die privaten Versicherungsunternehmungen vom 12. Mai 1901 (Reichs-Gesetzbl. S. 139) was folgt:

Gemäß § 125 Abs. 2 des Reichsgesetzes über die privaten Versicherungsunternehmungen vom 12. Mai 1901 wird die Beaufsichtigung der Versicherungsunternehmungen, soweit sie nach § 2, § 3 Abs. 2 dieses Gesetzes durch Landesbehörden zu erfolgen hat[3], den Regierungspräsidenten, in deren Bezirken die Versicherungsunternehmungen ihren Sitz haben, übertragen. Für den Landespolizeibezirk Berlin[4] tritt an die Stelle des Regierungspräsidenten der Polizeipräsident.

Ferner wird auf Grund des Gesetzes vom 27. April 1885 (Gesetz-Samml. S. 127)[5] bestimmt, daß in den Fällen des § 73 Abs. 1 des Reichsgesetzes über die privaten Versicherungsunternehmungen vom 12. Mai 1901 gegen Verfügungen der Regierungspräsidenten und des Polizeipräsidenten von Berlin innerhalb eines Monats nach der Zustellung die Klage[6] bei dem Oberverwaltungsgerichte stattfindet.

Urkundlich unter Unserer Höchsteigenhändigen Unterschrift und beigedrucktem Königlichen Insiegel.

Gegeben an Bord M. Y. „Hohenzollern", Travemünde, den 30. Juni 1901.

(L. S.) **Wilhelm.**

Gr. v. Bülow. v. Thielen. Schönstedt.
Gr. v. Posadowsky. Studt.
Frhr. v. Rheinbaben. Frhr. v. Hammerstein.
Möller.

1. Erläutert in Friedrichs, Zuständigkeitsgesetz S. 337.

2. In Kraft getreten am 1. Januar 1902 Vdg. v. 24. 11. 1901 (RGBl. 489). Vgl. AusfAnw. v. 4. 5. 1902 (MinBl.-Inn. 86).

3. Bek. RKzl. v. 6. 2. 1902 (RZentrBl. 26), v. 16. 2. 1903 (RZentrBl. 477).

4. Der Landespolizeibezirk fällt jetzt wieder mit dem Stadtbezirk Berlin zusammen, G. v. 27. 4. 1920 (GS. 123).

5. Nr. 4 dieser Ausgabe.

6. GewO. §§ 20, 21 nicht anwendbar.

---

18. Verordnung vom 28. Juli 1902 über die Zuständigkeit der Verwaltungsgerichte und den Instanzenzug für Streitigkeiten, welche nach dem Reichsgesetze, betreffend die Unfallfürsorge für Gefangene, im Verwaltungsstreitverfahren zu entscheiden sind.

(GS. 294).

Wir Wilhelm, von Gottes Gnaden König von Preußen usw. verordnen auf Grund des Gesetzes zur Ergänzung des § 7 des Gesetzes über die allgemeine Landesverwaltung vom 30. Juli 1883, vom 27. April 1885 (Gesetz-Samml. 1885 S. 127)[1], was folgt:

§ 1. Die nach § 21 Abs. 2 des Reichsgesetzes betreffend die Unfallfürsorge für Gefangene, vom 30. Juni 1900 (ReichsGesetzbl. 1900 S. 536)[3] im Verwaltungsstreitverfahren zu entscheidenden Streitigkeiten unterliegen der Entscheidung[4] des Bezirksausschusses.

Gegen die Entscheidung des Bezirksausschusses ist nur das Rechtsmittel der Revision zulässig[5].

1. Erläutert in Friedrichs, Zuständigkeitsgesetz S. 342. Vgl. dazu das Gesetz vom gleichen Tag (GS. 393).

2. Nr. 4 dieser Ausgabe.

3. Vgl. Vdg. RArbMin. v. 21. 11. 1924 (RGBl. I 753); Vdg. StMin. v. 9. 12. 1924 (GS. 763).

4. GewO. §§ 20, 21 nicht anwendbar.

5. Ausnahme von LVG. § 93.

§ 2. Diese Verordnung tritt gleichzeitig mit dem im § 1 angeführten Gesetz in Kraft[1].

1. Am 1. April 1903 Vdg. v. 14. 11. 1902 (RGBl. 208).

Urkundlich unter Unserer Höchsteigenhändigen Unterschrift und beigedrucktem Königlichen Insiegel.

Gegeben Saßnitz, an Bord M. Y. „Hohenzollern", den 28. Juli 1902.

(L. S.) **Wilhelm.**

Gr. v. Bülow. Schönstedt. v. Goßler. Gr. v. Posadowsky. Studt. Frhr. v. Rheinbaben. v. Podbielski. Frhr. v. Hammerstein. Möller. Budde.

19. Verordnung vom 4. Februar 1907, betreffend die Zuständigkeit der Verwaltungsgerichte für Streitigkeiten, welche nach reichsgesetzlicher Vorschrift im Verwaltungsstreitverfahren zu entscheiden sind.

(GS. 27).

Wir Wilhelm, von Gottes Gnaden König von Preußen usw. verordnen auf Grund des Artikels 4 des Reichsgesetzes vom 7. Januar 1907 (Reichs-Gesetzbl. S. 3) sowie auf Grund des Gesetzes vom 27. April 1885 zur Ergänzung des § 7 des Gesetzes über die allgemeine Landesverwaltung vom 30. Juli 1883 (Gesetz-Samml. S. 127)[1], was folgt:

§ 1. Gegen den Bescheid der unteren Verwaltungsbehörde[2], der die auf Grund des § 53a der Reichsgewerbeordnung in der Fassung des Reichsgesetzes vom 7. Januar 1907 (Reichs-Gesetzbl. S. 3) erfolgte Untersagung der Ausführung oder Leitung eines Baues gegenüber dem erhobenen Einspruch aufrecht erhält (§ 54 Abs. 2 a. a. O.), findet binnen zwei Wochen die Klage[3] beim Bezirksausschusse[4] statt.

1. Nr. 4 dieser Ausgabe.
2. Erl. v. 26. 2. 1907 (MinBlHand. 50).
3. GewO. §§ 20, 21 nicht anwendbar.
4. Berufung nach LVG. § 83.

§ 2. Diese Verordnung tritt am 1. April 1907 in Kraft.

Urkundlich unter Unserer Höchsteigenhändigen Unterschrift und beigedrucktem Königlichen Insiegel.

Gegeben Berlin im Schloß, den 4. Februar 1907.

(L. S.) Wilhelm.

v. Bethmann-Hollweg. Delbrück.
Breitenbach.

---

20. Verordnung vom 25. Juli 1910 zur Ausführung des Stellenvermittlergesetzes vom 2. Juni 1910 (RGBl. S. 860).

(GS. 155).

Wir Wilhelm, von Gottes Gnaden König von Preußen usw. verordnen zur Ausführung des Stellenvermittlergesetzes vom 2. Juni 1910 (Reichs-Gesetzbl. S. 860)[1] auf Grund des § 121 des Gesetzes über die Zuständigkeit der Verwaltungs- und Verwaltungsgerichtsbehörden vom 1. August 1883 (Gesetzsamml. S. 237)[2], was folgt:

§ 1. Über die Anträge auf Erteilung der Erlaubnis zum Gewerbebetrieb eines Stellenvermittlers beschließt[3], vorbehaltlich der Ausnahme im § 2, nach Anhörung der Ortspolizeibehörde[4] der Kreis- (Stadt-) Ausschuß. Wird von der Ortspolizeibehörde Widerspruch erhoben, so darf die Erlaubnis nur auf Grund mündlicher Verhandlung im Verwaltungsstreitverfahren erteilt werden. I

Wird die Erlaubnis versagt, so steht dem Antragsteller binnen zwei Wochen der Antrag auf mündliche II

Verhandlung[5] im Verwaltungsstreitverfahren vor dem Kreis- (Stadt-) Ausschusse zu.

III Die Entscheidung des Bezirksausschusses ist endgültig[6].

IV In den zu einem Landkreise gehörenden Städten mit mehr als 10 000 Einwohnern tritt an die Stelle des Kreisausschusses der Magistrat (kollegialische Gemeindevorstand).

1. Vgl. ArbeitsnachweisG. v. 22. 7. 1922 (RGBl. II 657) § 48, nicht berührt durch AbänderungsVdg. RKzl. v. 30. 10. 1923 (RGBl. 1065).

2. oben Nr. 4.

3. LVG. §§ 115—126. Gebühr: VerwGebO. v. 30. 12. 1926 (GS. 327) TSt. 30 I, h.

4. ähnlich ZustG. § 114.

5. LVG. §§ 69, 74 III.

6. Ausnahme von LVG. § 93.

§ 2. Über Anträge auf Erteilung der Erlaubnis zum Gewerbebetrieb eines Stellenvermittlers für Bühnenangehörige beschließt der Bezirksausschuß[1]. § 1 Abs. 1, 2 gilt entsprechend.

Im Landespolizeibezirke[2] Berlin tritt an die Stelle des Bezirksausschusses der Polizeipräsident. Gegen seinen versagenden Bescheid findet binnen zwei Wochen die Klage beim Bezirksausschusse statt[3].

1. ähnlich ZustG. § 115.

2. Vgl. oben Nr. 17 Anm. 4.

3. ähnlich ZustG. § 161 II.

§ 3. Der Kreisausschuß, in Stadtkreisen und in den zu einem Landkreise gehörigen Städten mit mehr als 10 000 Einwohnern der Bezirksausschuß, entscheidet auf Klage der Ortspolizeibehörde[1]:

a) über die Zurücknahme der Erlaubnis zum Betriebe des Gewerbes eines Stellenvermittlers;
b) über die Untersagung des Gewerbebetriebs solcher Stellenvermittler, welche ihn vor dem 1. Oktober 1900 begonnen haben;
c) über die Untersagung des Betriebs eines nicht gewerbsmäßigen Stellen- oder Arbeitsnachweises.

1. ähnlich ZustG. § 119.

§ 4. Die Verordnung tritt am 1. Oktober 1910 in Kraft. Zu gleicher Zeit tritt die Verordnung vom 30. Juli 1900 (Gesetzsamml. S. 308), soweit sie das Gewerbe eines Gesindevermieters oder Stellenvermittlers betrifft, außer Kraft.

Urkundlich unter Unserer Höchsteigenhändigen Unterschrift und beigedrucktem Königlichen Insiegel.

Gegeben Molde, an Bord M. Y. „Hohenzollern", den 25. Juli 1910.

(L. S.) **Wilhelm.**

Sydow. v. Dallwitz.

Verzeichnis der Stichworte.

Die Zahlen verweisen auf die Seiten.

Um bei enger Raumausnutzung doch Übersichtlichkeit zu erreichen, sind zusammengesetzte Hauptwörter mit gleichem Bestimmungswort zusammengefaßt und nach den Bestimmungswörtern geordnet; dabei ist auf Verbindungs-Silben und -Buchstaben keine Rücksicht genommen, außer bei Land und Landes, wo die Endung des zweiten Falles vielfach die Bedeutung ändert.

Gedruckt bei A. W. Hayn's Erben, Potsdam.

März 1927

Band

37. **Unlauterer Wettbewerb.** Von A. Pinner. 7. Auflage von A. Elster. — 1921. *Rm* 1,40
38/39. **Bürgerliches Gesetzbuch nebst Einführungsgesetz.** Von A. Achilles. In Verbindung mit F. André, O. Meyer, O. Strecker, K. v. Unzner herausgegeben von M. Greiff. 12. Auflage. — 1926. *Rm* 24,—
40. Gesetz, betr. die **Pflichten der Kaufleute bei Aufbewahrung fremder Wertpapiere [Depotgesetz].** Von F. Lusensky. 3. Auflage. — 1916. Mit Nachtrag 1924. *Rm* 1,—
41. **Börsengesetz.** Von Th. Hemptenmacher. 3. Auflage von O. Meyer. — 1915. *Rm* 3,50
42. **Grundbuchordnung.** Von O. Fischer. 8. Auflage. — 1924. *Rm* 3,—
43. **Zwangsvollstreckung.** Von J. Krech und O. Fischer. 9. Auflage von O. Fischer. — 1922. *Rm* 3,50
44. **Auswanderungswesen.** Von F. Stoerk. — 1899. *Rm* 2,—
45. **Entmündigungsrecht.** Von P. Koll. — 1900. *Rm* 1,20
46. **Freiwillige Gerichtsbarkeit.** Von H. Jastrow. 6. Auflage von Herm. Günther. — 1921. *Rm* 4,50
47. **Deutsches Vormundschaftsrecht.** Von M. Schultzenstein und P. Köhne. 2. Auflage. — 1901. *Rm* 2,50
48. Gesetze, betr. den **Drogen-, Gift- und Farbenhandel** außerhalb der Apotheken. Von J. Broh. — 1899. *Rm* 1,20
49. **Deutsche Kolonialgesetzgebung.** Von Ph. Zorn. 2. Auflage von Sassen. — 1913. *Rm* 5,—
50. **Der Viehkauf [Viehgewährschaft].** Von H. Stölzle und H. Weiskopf. 6. Auflage. — 1926. *Rm* 15,—
51. **Hypothekenbankgesetz.** Von H. Göppert. 2. Auflage von Seidel. — 1911. Mit Nachtrag 1926. *Rm* 2,20
52. **Rechte der Besitzer von Schuldverschreibungen.** Von H. Göppert. 2. Auflage von E. Trendelenburg. — 1915. *Rm* 1,50
53. **Reichspreßgesetz.** Von A. Born. 3. Auflage. — 1924. *Rm* 4,—
54. Verkehr mit **Nahrungsmitteln, Genußmitteln und Gebrauchsgegenständen.** Von G. Lebbin. — 2. Auflage in 2 Bänden. II.: **Getränkegesetze und Getränkesteuergesetze** (Wein, Bier, Branntwein, Mineralwasser). Unter Mitwirkung von Dr. Kniebe. *Rm* 10,—
55. **Beschlagnahme von Lohn- und Gehaltsforderungen.** Von G. Meyer. 5. Auflage. — 1914. Durch Nachträge ergänzt 1925. Nachträge allein *Rm* 0,70. *Rm* 2,30
56. **Bekämpfung gemeingefährlicher Krankheiten.** Von B. Burkhardt. — 1900. *Rm* 1,20
57. **See-Unfallversicherungsgesetz** siehe Bd. 108 und 161 a.
58. **Recht der unehelichen Kinder.** Von H. Jastrow. — 1901. Mit Nachtrag 1925. *Rm* 1,60

Band

59. **Beurkundung des Personenstandes und die Eheschließung.** Von F. Fidler. 2. Auflage. — 1912. *Rm* 2,30
60. **Das Urheberrecht an Werken der Literatur und der Tonkunst.** Von O. Lindemann. 4. Auflage. — 1921. *Rm* 1,80
61. **Verlagsrecht.** Von B. Marwitz. 3. Auflage. — 1922. *Rm* 1,60
62. **Private Versicherungsunternehmungen.** Von H. Könige. 3. Auflage von Könige und Petersen. — 1927. *Rm* 20,—
63. **Gesetzestafel des deutschen Reichsrechts.** Von H. Bruhns. 2. Auflage. — 1913. *Rm* 3,—
64. Gesetzsammlung, betr. den **Handel mit Drogen und Giften.** Von H. Sonnenfeld. 3. Auflage. — 1926. *Rm* 12,—
65. **Weingesetz.** Von G. Lebbin. 2. Auflage. — 1909. *Rm* 2,— (Siehe auch Reichsgesetz Bd. 54 II.)
66. **Die Eisenbahngesetzgebung.** Von W. Pietsch. 2. Auflage. — 1913. (Siehe auch Bd. 91.) Vergriffen.
67. **Militärstrafgesetzbuch.** Von A. Romen und C. Rissom. 3. Auflage. — 1918. *Rm* 5,—
68. **Fleischbeschaugesetz.** Von G. Lebbin und G. Baum. — 1903. Vergriffen.
69. Reichsgesetz über die **Naturalleistungen der bewaffneten Macht im Frieden.** Von W. v. Hippel. — 1903. *Rm* 1,—
70. **Das Reichshaftpflichtgesetz.** Von G. Eger. — 1903. Vergriffen. (Als Ersatz Kommentar von Seligsohn. — 1920. *Rm* 8,—, geb. *Rm* 9,50)
71. **Kinderarbeit in gewerblichen Betrieben.** Von H. Spangenberg. 2. Auflage. — 1904. *Rm* 1,20
72. **Unfallversicherungsgesetz** siehe Bd. 108 und 161 a.
73. **Entschädigung für unschuldig erlittene Verhaftung und Bestrafung.** Von A. Romen. — 1904. *Rm* 1,70
74. **Die Kaufmannsgerichte.** Von M. Apt. 3. Auflage. — 1904. (Siehe auch Bd. 112 und 112 a.) Vergriffen.
75. **Konsulargerichtsbarkeit.** Von A. F. Vorwerk. 2. Ausgabe, mit den Schutzgebietsgesetzen. — 1908. *Rm* 1,60
76. **Die Rechtshilfe im Verkehr mit den ordentlichen Gerichten.** Von A. Friedländer. — 1906. *Rm* 1,50
77. **Das Erbschaftssteuergesetz.** Von B. Henckel. 1920. *Rm* 5,— Neue Fassung von H. Schachian. 4. Auflage. — 1926. *Rm* 2,50.
78. **Zigarettensteuergesetz.** Von Cuno. Vergriffen.
79. **Die Militärpensionsgesetze.** Von A. Romen.
    a) I. Teil: **Offizierpensionsgesetz.** — 1907. *Rm* 2,—
    b) II. Teil: **Mannschaftsversorgungsgesetz.** Mit **Kapitalabfindungsgesetz.** — 1908. *Rm* 2,—

Militärversorgungsgesetze siehe auch Bd. 152 und 152 a.

Band

102. **Urheberrecht an Mustern und Modellen** und Schutz von **Gebrauchsmustern.** Von J. Neuberg. — 1911. *Rm* 2,40
103. **Reichs-Viehseuchengesetz.** Von W. v. Hippel. 2. Auflage. — 1912. *Rm* 4,—
104. **Versicherungsgesetz für Angestellte** siehe Seite 12.
105. **Das Geldwesen in den deutschen Schutzgebieten.** Von W. Hintze. — 1912. *Rm* 1,80
106—109. **Reichsversicherungsordnung.** Von F. Caspar und A. Spielhagen. 1913—1921. 4 Bände. Komplett. *Rm* 18,—
    Reichsversicherungsordnung in neuester Fassung von K. Lippmann siehe Bd. 161 und 161 a/b.
110. **Wehrbeitragsgesetz.** Von A. Fernow. 2. Auflage. — 1913. *Rm* 1,60
111. **Reichs- und Staatsangehörigkeitsgesetz.** Von A. Romen. 2. Auflage. In Bearbeitung.
112. **Kaufmannsgerichtsgesetz.** Von H. Depène. — 1914. *Rm* 2,60
112 a. **Kaufmanns- und Gewerbegerichtsgesetz nebst Schlichtungsordnung.** (Ergänzungsband zu Bd. 112.) Von H. Depène. — 1924. *Rm* 3,50
    Die Bde. 112 und 112 a enthalten zusammen den vollständigen Text des Gewerbegerichtsgesetzes.
113. **Postscheckgesetz.** Von J. Weiland. — 1914. Mit Nachtrag 1918. *Rm* 1,50
113 a. **Postscheckordnung.** Von J. Weiland. — 1914. Mit Nachtrag 1918. *Rm* 1,50
114. **Waffengebrauch und Festnahmerecht des Militärs.** Von A. Romen und C. Rissom. — 1914. *Rm* 1,80
115. **Das vertragliche Wettbewerbsverbot [Konkurrenzklausel].** Von G. Baum. — 1914. *Rm* 3,—
116. **Kriegs-Zivil- und Finanzgesetze.** 3. Auflage. — 1915. *Rm* 1,50
116a. Desgl. Zweite Folge: Jahr 1915. — 1916. *Rm* 1,20
117. **Darlehnskassengesetz.** — 1915. *Rm* 1,80
118. **Militärhinterbliebenengesetz.** Von Reh. — 1915. (Siehe auch Bd. 152, 152 a und 160.) *Rm* 2,20
119. **Kriegsleistungsgesetz.** Vergriffen.
120. **Telegraphenwegegesetz.** Von Wolf. — 1916. *Rm* 1,—
121. **Direkte Kriegssteuer.** Von A. Mrozek. — 1916. *Rm* 3,50
122. **Belagerungszustand.** Von H. Pürschel. — 1916. *Rm* 3,50
123. **Warenumsatzstempel.** (**Umsatzsteuer** siehe Bd. 132.)
124. **Todeserklärung Kriegsverschollener.** Von J. Partsch. — 1917. *Rm* 2,—
125. **Vaterländischer Hilfsdienst.** 3. Auflage. — 1917. *Rm* 1,—

Band
152. **Wohlfahrtsgesetze.** Von Behrend und Stranz-Hurwitz. Teil I. — 1923. *Rm* 5,—
152 a. Desgl. Teil II. — 1925. *Rm* 9,—
Bd. 152 und 152 a zusammen bezogen *Rm* 12,—
153. **Zwangsanleihegesetz.** Von Simon und Beutner. — 1923. *Rm* 8,—
154. **Jugendwohlfahrtsgesetz und Jugendgerichtsgesetz.** Von Drewes und Sandré. — 1923. Mit Nachtrag, enthaltend die Ergänzungen bis April 1924. *Rm* 6,—
155. **Reichsknappschaftsgesetz.** Von Max Reuß und Fritz Hense. 2. Auflage. — 1926. *Rm* 12,—
156. **Mietrecht und Wohnungsmangelgesetz.** Von Krieg. 3. Auflage. — 1925. Mit Nachtrag 1927. *Rm* 7,—
Nachtrag apart *Rm* 0,60
157. **Dritte Steuernotverordnung vom 14. Februar 1924** mit den Vorschriften über **Aufwertung.** 2. Auflage unter dem Titel: **Aufwertungsgesetze.** Von Michaelis. — 1925. *Rm* 16,—
158. **Strafprozeßordnung.** Alte u. neue Fass. synoptisch gegenübergestellt. Von Feisenberger. — 1925. Mit Nachtrag 1927. *Rm* 4,50
159. **Industriebelastungsgesetz.** Von Höpker. *Rm* 4,—
160. **Fürsorgepflicht.** Von Sandré. — 1925. *Rm* 6,—
161. **Reichsversicherungsordnung.** Von Lippmann. *Rm* 11,—
161 a. Desgl. **Ergänzungsband**, enthaltend die neue Fassung des **Unfallversicherungsgesetzes** sowie die Änderungen der übrigen Bücher der RVO. Von Lippmann. *Rm* 4,—
161 b. Desgl. **Zweiter Ergänzungsband**, enthaltend die im ersten Halbjahr 1926 ergangenen Änderungen der RVO. — 1926. *Rm* 0,80
162. **Handelsrechtl. Nebengesetze.** Von Schreiber. — 1926. *Rm* 14,—
163. **Notariatsrecht.** Von Szkolny. — 1925. *Rm* 8,50
164. **Aufwertung von Versicherungsansprüchen.** Teil I: **Lebensversicherungen.** Von Berliner und Pfaffenberger. — 1926. *Rm* 6,50
164 a. Desgl. Teil II: **Sach-** (Feuer-, Glas-, Wasser- usw.) **und Transportversicherung, Unfall- und Haftpflichtversicherung.** — 1926. *Rm* 3,50
165. **Handbuch der Erwerbslosenfürsorge.** Von Schmeißer. 2. Auflage. — 1926. Mit Nachtrag 1927. *Rm* 13,—
Nachtrag apart *Rm* 2,50
166. **Das deutsche Ausländerrecht.** Von Fraustädter und Kreutzberger. — 1927. *Rm* 9,—
167. **Verordnung gegen Mißbrauch wirtschaftlicher Machtstellungen** (Kartellgesetz). Von Staffel. — 1927. *Rm* 3,—
168. **Arbeitsgerichtsgesetz.** Von Depène. — 1927. *Rm* 3,60

B. Preußische Gesetze.

Band

1. **Die Verfassung des Freistaats Preußen.** Von A. Arndt. — 1921. *Rm* 2,—
   Ausführlicher Kommentar von Stier-Somlo. — 1921. *Rm* 5,—
2. **Preußische Beamtengesetzgebung.** Von K. Pfafferoth. 5. Auflage. — 1916. *Rm* 2,40
3. **Nottestamente.** Von E. Kurtz. — 1904. *Rm* 1,50
4. **Gebührenordnung für Notare.** Vom 28. Oktober 1922. Von Rausnitz. 6. Auflage. — 1925. *Rm* 7,—

5—9 vergriffen.

10. **Einkommensteuergesetz** siehe Reichsgesetze Bd. 151.
11. **Gewerbesteuergesetz.** Von A. Fernow. Vergriffen.
12. **Allgemeines Berggesetz.** Von Schlüter und Hense. 4. Auflage. In Vorbereitung.
13. **Ergänzungssteuergesetz.** Von A. Fernow. 5. Auflage. *Rm* 3,—
14. **Kommunalabgabengesetz.** Von F. Adickes. 6. Auflage von Falk. — 1922. *Rm* 3,50
15. **Die Kreisordnungen.** Von O. Kolisch. — 1894. Vergriffen.
16. **Konzessionierung gewerblicher Anlagen.** Von W. v. Rüdiger. 2. Auflage. — 1901. Vergriffen.
17. **Preußisches Gerichtskostengesetz.** Von P. Siméon. 8. Auflage. In Vorbereitung.
18. **Preußisches Stempelsteuergesetz.** Von P. Loeck und W. Seyffarth. 10. Auflage von Eiffler. In Bearbeitung.
19. **Jagdscheingesetz.** Von F. Kunze. 2. Auflage. — 1899. *Rm* 2,—
20. **Die preußischen Erbschaftssteuergesetze.** Von U. Hoffmann. — 1905. *Rm* 3,—
    (**Reichs**-Erbschaftssteuergesetz siehe S. 12.)
21. **Handelskammern.** Von F. Lusensky. 2. Auflage. — 1909. *Rm* 3,—
22. **Anstellung und Versorgung der Kommunalbeamten.** Von W. Ledermann. 2. Auflage von L. Brühl. — 1914. *Rm* 2,—
23. **Ausführungsgesetze zum Bürgerlichen Gesetzbuche.** Von P. Siméon. 3. Auflage. — 1914. *Rm* 2,20
24. **Die Hinterlegungsordnung [1879].** Von G. Bartels. 2. Auflage. — 1908. *Rm* 2,—
    Abänderungsgesetz vom 21. April 1913 siehe Bd. 53.

Band

25. **Preußische Kommunalbeamtengesetzgebung.** Von F. Kremski. — 1901. *Rm* 3,—
26. **Diensteinkommen der Lehrer und Lehrerinnen.** Von E. Cremer. — 1900. *Rm* 2,20
27. **Warenhaussteuer.** Von G. Strutz. — 1900. *Rm* 1,20
28. **Die Fürsorgeerziehung Minderjähriger.** Von P. F. Aschrott. 3. Auflage. — 1917. *Rm* 2,80
29. **Ärztliche Ehrengerichte, das Umlagerecht und die Kassen der Ärztekammern.** Von F. Fidler. — 1901. *Rm* 1,50
30. **Preußisches Staatsschuldbuch** und **Reichsschuldbuch.** Von J. Mücke. — 1902. *Rm* 2,—
31. **Die preußischen Gesindeordnungen.** Zwei Bände. Von St. Gerhard.
    31 a. Altpreußische Provinzen und Rheinland. 2. Auflage. — 1914. *Rm* 3,—
    31 b. Hannover, Schleswig-Holstein, Hessen-Nassau und Hohenzollern. — 1902. *Rm* 2,50
32. **Städteordnung.** Von W. Ledermann und L. Brühl. 2. Auflage. — 1913. *Rm* 6,—
33. **Rentenguts- und Anerbenrechtsgesetzgebung.** Von M. Peltasohn und B. Peltasohn. — 1903. Vergriffen.
34. Sammlung der wichtigsten **preußischen Strafgesetze.** Von Lindemann. 2. Auflage. — 1912. *Rm* 3,50
35. **Geschäftsordnung für Gerichtsvollzieher.** Von E. Exner. — 1904. *Rm* 3,—
36. **Polizeiverordnungen in Preußen.** Von O. Lindemann. 2. Auflage. — 1912. *Rm* 2,50
37. **Enteignung von Grundeigentum.** Von O. Meyer. 3. Auflage. — 1927. *Rm* 5,50
38. **Kreis- und Provinzialabgabengesetz.** Von F. Schmidt. — 1906. *Rm* 1,20
39. **Unterhaltung der öffentlichen Volksschulen.** Von A. Marcks. — 1906. *Rm* 1,80
40. **Verwaltungsstrafverfahren.** Von R. Katzenstein. — 1907. *Rm* 3,50
41. **Die preußischen Jagdpolizeigesetze.** Von F. Kunze und R. Kühnemann. 2. Auflage. — 1907. Vergriffen.
42. **Allgemeine Landesverwaltung** und **Zuständigkeit der Verwaltungs- und Verwaltungsgerichtsbehörden.** Von K. Friedrichs. 2. Auflage. — 1921. *Rm* 3,—

Band

43. **Verschuldungsgrenze** für land- und forstwirtschaftlich benutzte Grundstücke. Von R. Leweck. — 1908. *Rm* 2,40
44. **Quellenschutzgesetz.** Von L. Voelkel. — 1909. *Rm* 1,—
45. **Rechtsverhältnisse der Juden in Preußen.** Von M. Kollenscher. — 1910. *Rm* 2,40
46. **Austritt aus der Landeskirche.** Von H. Caro. — 1911. *Rm* 2,40
47. **Feuerbestattung.** Von W. Lohmann. — 1912. *Rm* 1,50
48. **Zweckverbandsgesetz für Groß-Berlin.** Von L. Brühl, K. Gordan und W. Lebermann. — 1912. *Rm* 4,—
49. **Gesetze gegen die Verunstaltung landschaftlich hervorragender Gegenden.** Von O. Goldschmidt. — 1912. *Rm* 2,40
50. **Gesetz, betr. die Anlegung und Veränderung von Straßen und Plätzen in Städten und ländlichen Ortschaften.** Von O. Meyer. — 1913. *Rm* 3,—
51. **Das preußische Disziplinargesetz für die nichtrichterlichen Beamten.** Von E. v. Dultzig. — 1914. *Rm* 4,20
52. **Preußisches Wassergesetz.** Von G. Wulff und F. Herold. — 1913. *Rm* 4,50
53. **Hinterlegungsordnung** von 1913. Von Hagemann. — 1914. *Rm* 2,20
54. **Anlegung von Sparkassenbeständen in Inhaberpapieren.** Von H. Döhring. — 1914. *Rm* 2,80
55. **Preußisches Wohnungsgesetz.** Von B. Schmittmann. — 1918. *Rm* 2,60
56. **Das preußische Tumultschadengesetz.** Von Bruno Friedländer. — 1919. *Rm* 0,80
57. Gesetz über **Landeskulturbehörden.** Von W. Holzapfel. — 1919. *Rm* 2,—
58. **Arbeitsnachweis.** Von P. Wölbling. — 1920. *Rm* 1,—
59. **Bildung der neuen Stadtgemeinde Berlin.** Von P. Wölbling 2. Auflage. — 1920. *Rm* 1,40
60. **Umlegungsordnung.** Von W. Holzapfel. — 1921. *Rm* 1,80
61. **Preußische Verwaltungsgebührenordnung.** Von K. Eiffler. Mit Nachtrag. — 1325 *Rm* 6,—

C. Textausgaben

ohne Anmerkungen mit Sachregister.

Aufwertungsgesetze mit Einleitung. Von Michaelis. *Rm* 1,50

Bürgerliches Gesetzbuch. 14. Auflage. *Rm* 5,—

Erbschaftsteuergesetz. Neue Fassung von H. Schachian. 3. Auflage. *Rm* 2,50

Freiwillige Gerichtsbarkeit. — 1920. *Rm* 1,—

Handelsgesetzbuch mit **Seerecht.** 11. Auflage. — 1924. *Rm* 2,60

Konkursordnung. 2. Auflage. — 1915. Mit Nachtrag 1925. *Rm* 1,—

Reichsmietengesetz. — 1922. *Rm* 0,50

Reichssteuergesetze 1925 (Steuerüberleitungsgesetz mit Durchführungsbestimmungen — Einkommensteuer, Körperschaftsteuer, Reichsbewertungsgesetz, Vermögensteuer, Erbschaftsteuer). *Rm* 4,—

Strafgesetzbuch. — 1925. *Rm* 3,—

Strafprozeßordnung. 5. Auflage. — 1924. *Rm* 2,50

Verfassung des Freistaates Preußen. *Rm* 0,60

Versicherungsgesetz für Angestellte. — 1927. *Rm* 2,50

Wechselordnung. — 1908. *Rm* 0,50

Wehrbeitrag und **Besitzsteuer.** — 1913. *Rm* 1,50

Zivilprozeßordnung mit **Gerichtsverfassungsgesetz** und **Einführungsgesetzen.** — 1924. *Rm* 3,50

Zuwachssteuergesetz. — 1911. *Rm* 0,50

— **Ausführungsbestimmungen.** — 1911. *Rm* 0,40

Preuß. Ausführungsanweisung zur **Gewerbeordnung.** — 1904. *Rm* 1,—

---

de Gruytersche Sammlung Deutscher Gesetze.

Handkommentare.

Zivilprozeßordnung von Sydow-Busch-Krantz. 19. Auflage. — 1926. *Rm* 25,—

Strafprozeßordnung von Feisenberger. — 1926. Mit Nachtrag 1927. *Rm* 17,—

Aufwertungsrecht von Michaelis. — 1926. *Rm* 16,—

Schlagwort-Register.

R = Nummer der Sammlung Deutscher Reichsgesetze, P = Nummer der Sammlung Preußischer Gesetze, S. = Seite.

Otto Walter, Buchdruckerei, Berlin S 14

FSC
www.fsc.org
MIX
Papier | Fördert
gute Waldnutzung
FSC® C083411

Kolibri 360 GmbH
Ferdinand-Jühlke-Straße 7
99095 Erfurt, Deutschland
produktsicherheit@kolibri360.de